गंगा स्नान करने चलोगे ?

(संस्मरण)

गंगा स्नान करने चलोगे

विश्वनाथ त्रिपाठी

भारतीय ज्ञानपीठ

वाणी प्रकाशन : भारतीय ज्ञानपीठ की पुस्तकों
के एकमात्र प्रकाशक एवं वितरक

सजिल्द तीसरा संस्करण : 2019
सजिल्द चौथा संस्करण : 2024

लोकोदय ग्रन्थमाला : ग्रन्थांक 1108

प्रकाशक
वाणी प्रकाशन ग्रुप
4695, 21-ए, दरियागंज, नयी दिल्ली-110 002
फ़ोन : 011-23273167, 23275710
ईमेल : sales@vaniprakashan.in

ISBN : 978-93-5775-811-6

गंगा स्नान करने चलोगे
(संस्मरण)
विश्वनाथ त्रिपाठी

GANGA SNAAN KARANE CHALOGE
(Memoir)
by vishwanath Tripathi

मुद्रक : आर. टेक ऑफ़सेट प्रिंटर्स, दिल्ली-110 032

Price : INR. 400

समर्पण

रामेश्वर दत्त मानव से मेरी जान पहचान बलरामपुर में उन दिनों हुई जब मैं आठवीं या नवीं क्लास में पढ़ता था। मैं डी.ए.वी. हायर सेकेंड्री स्कूल का छात्र था। और वे एलसी (लायर कालिजिएट) के। डी.ए.वी. स्कूल नया-नया खुला था। एलसी महाराजा बलरामपुर द्वारा सहायता प्राप्त स्कूल था। जो बहुत प्रतिष्ठित था। मैं आरएसएस का पक्का स्वयंसेवक था। और वे योगेशचन्द्र चटर्जी, झारखंडे राय और केशवप्रसाद शर्मा वाली क्रान्तिकारी समाजवादी पार्टी के। एक शाम हमारी उनकी भेंट हो गयी। बहस होने लगी। बहस बहुत ज़ोरदार हुई। उन्होंने कहा—चलो हमारे क्वार्टर पर। अभी बहस ख़त्म नहीं हुई है। रामेश्वर दत्त के पिता स्कूल मास्टर थे। स्कूल में ही खाना बनता था। हमने वहीं खाना खाया। बहस की। और साथ-साथ सो गये। रामेश्वर दत्त मानव बोले—तुम अभी आर.एस.एस. में हो लेकिन ज़्यादा दिन रह नहीं पाओगे। उसके बाद हममें और उनमें पक्की दोस्ती हो गयी। रामेश्वर दत्त मानव पढ़ने लखनऊ विश्वविद्यालय चले गये। वहीं से दर्शनशास्त्र में एम.ए. किया। मैं कानपुर चला गया और फिर बनारस। रामेश्वर दत्त मानव पढ़ने में तेज़ थे। कविताएँ करते थे। गद्य बहुत अच्छा लिखते थे। विवाह उनका छात्र-जीवन में ही हो गया था। कई पुत्र हुए। जीवनभर पार्टी ही का काम करते रहे। नौकरी की सोची भी नहीं। वे पार्टी में केशवप्रसाद शर्मा के अनुयायी थे। उनके साथ वे भी मुख्यपार्टी से अलग होकर एक अन्य पार्टी में चले आये। अखिल भारतीय महासचिव हुए। उनकी आर.एस.पी. (एमएल) की आर्थिक स्थिति कभी अच्छी नहीं रही। और रामेश्वर दत्त मानव को साफ़-सुथरे कपड़े पहने मैंने देखा ही नहीं। वे दिल्ली कई बार आये। मेरे साथ रुकते। हम दोनों साथ-साथ सोते। उन्होंने पैसे कभी नहीं माँगे। दो-तीन दिन के बाद जाने लगते तो मैं कुर्ता-धोती खरीद देता। उन्होंने अपनी पारिवारिक स्थिति की बात भी कभी नहीं की। हमेशा राजनीतिक बहस ही करते या किसी दार्शनिक विषय पर। साहित्य में गहरी रुचि थी। ट्रेड यूनियन कार्यकर्ता की हैसियत से मास्को गये। वहाँ बीमारी की वजह से लगभग एक वर्ष तक किसी हॉस्पिटल में रहना पड़ा। तपेदिक थी। रूसी सीखी। और अनेक

रूसी कविताओं का हिन्दी में अनुवाद किया। वहाँ से चिट्ठियाँ लिखीं। एक चिट्ठी में लिखा—रूसी लड़कियाँ आप जैसे गोरे रंग के लड़कों को नहीं पसन्द करतीं। मेरे जैसे साँवले रंग के लड़कों को पसन्द करती हैं। यानी मैं यहाँ प्रेम भी कर रहा हूँ।

सोवियत संघ का विघटन होने, भारतीय कम्युनिस्ट पार्टी के तीन धड़ों में विभाजित होने, और केन्द्र में भारतीय जनता पार्टी की सरकार में आने के बाद मैं उनके ऑफ़िस ए-113 पान दरीबा, इलाहाबाद में मिलने गया। ऑफ़िस चौथी मंज़िल पर था। दो कमरे। एक कमरे में टूटी चारपाई। दूसरे में एक लँगड़ी मेज और एक-दो लोहे की कुर्सियाँ। वहाँ रामेश्वर दत्त मानव के नेता केशवप्रसाद शर्मा बैठे कुछ लिख रहे थे। दाँत सब टूट गये थे। लेकिन आवाज़ कड़क थी। मैंने पूछा—अब आपको क्या लगता है? अभी भी आप समाजवादी क्रान्ति की आशा करते हैं? आप निराश क्यों नहीं होते?

कामरेड शर्मा ने जवाब दिया—द्वन्द्वात्मक भौतिकवाद वैज्ञानिक चिन्तन प्रक्रिया है। वह हमें कर्मठ भी बनाता है और निष्पक्ष अध्ययन करने के लिए तैयार भी करता है। इसमें निराशा की बात कहाँ से आ गयी। एक ऐतिहासिक प्रक्रिया है। हम लोगों ने अपनी समझ से यथाशक्ति कुछ किया। सफलता या असफलता हमारे हाथ में नहीं थी। वह वस्तुगत स्थितियों पर निर्भर थी। इस स्थिति में हमें अपने पुराने साथी याद आते हैं जिन्होंने हमारे साथ-साथ देश के लिए बड़ी कुर्बानियाँ कीं। वे अब नहीं हैं या बदतर ज़िन्दगी झले रहे हैं। हमारा उनके प्रति भी कुछ कर्तव्य है। हम न तो संघर्ष के रास्ते से अलग हो सकते हैं न निराश हो सकते हैं और न उन्हें भूल सकते हैं।

रामेश्वर दत्त मानव दूसरे कमरे में थे। दाढ़ी बढ़ी हुई थी। दाँत टूट रहे थे। कुर्ता ज़्यादा मैला था। थोड़ा-थोड़ा फटा भी था। मैंने कहा—रामेश्वर चलो कॉफी हाउस चलते हैं। वहाँ मसाल दोसा खाएँगे। कॉफी पिएँगे। बातें करेंगे। और पान खाएँगे। रामेश्वर ने पहली बार अजीब निगाहों से मुझे देखा। बोले—इतना मैला और फटा कुर्ता पहनकर तुम्हारे साथ कॉफी हाउस चलूँ। मैंने कहा—अबे पागल हो गया है। रामेश्वर मेरे साथ कॉफी हाउस गये। मसाला दोसा खाया। कॉफी पी। पान खाना। फिर वापस आये। बोले—कामरेड केशवप्रसाद अजीब जीवट का आदमी है। निराश होना जानता ही नहीं। मैं पूछना चाहता था लेकिन पूछ नहीं पाया। और तुम? रामेश्वर ने कहा—यहाँ मछली अच्छी मिलती है। मछली लूकरगंज में सवेरे मिलती है। कल आओ तो बनाऊँगा।

इस घटना के करीब डेढ़ साल बाद विश्वविद्यालय में संस्कृत के अध्यापक और रामेश्वर के बड़े भाई कामेश्वर के साथी विशाल त्रिपाठी ने कहा—क्या बताऊँ मैं परेशान था, खुद सारनाथ गया तो वहाँ कामेश्वर ने बताया कि उनके बड़े भाई रामेश्वर की मृत्यु हो गयी है। जिसे पता चला कि अन्तिम बीमारी में रामेश्वर गाँव

चले आये थे। इलाहाबाद में उनकी तीमारदारी के लिए कोई नहीं रहा होगा। इसके साथ कामरेड केशव प्रसाद शर्मा कोई ख़बर मुझे नहीं मिली। वे अगर जीवित भी होंगे भी तो सौ से कम के नहीं होंगे।

—विश्वनाथ त्रिपाठी

रामेश्वर दत्त मानव की एक कविता—

दुपहर में पलाश के वन में
पगडंडी क्या पगचिह्नों को भी तज काफी आगे जाऊँ
एकाकी सुन सके न कोई इतने ज़ोर-ज़ोर से गाऊँ
पीली-पीली सुई चुभो कर टाँके तपन पवन के कपड़े
काले होठ लाल पड़ जाएँ रूमालों की गर्म छुअन में
दुपहर में पलाश के वन में
सूखी दूब एक मुट्ठी भर सूरज के मुख पर उछाल दूँ
डाल झुका हँफती हिरनी को गाछों की छाया निकाल दूँ
भन-भन-भन करती मधुमक्खी पंख तोल छत्तों से निकलें
वस्त्र पहन उनके मन के आग लगा लूँ अपने तन में
दुपहर में पलाश के वन में...।

अनुक्रम

गंगा स्नान करने चलोगे?

जिस उम्र में लोग गम्भीरतापूर्वक पढ़ना शुरू करते हैं उस समय तक द्विवेदी जी उद्‌भट विद्वान हो चुके थे, लगभग 30 वर्ष की आयु से ही आचार्य कहलाने लगे थे। विद्वानों के प्रति उनके हृदय में पूजा का भाव था। एक बार जाड़े की रात लगभग 7 बजे बोले, "गंगा स्नान करने चलोगे?"

मैं कुछ समझ नहीं पाया। पंडित जी गर्मी की छुट्टी में कभी-कभी गंगा स्नान करने जाते थे। कुछ दिनों तक मुझे साथ ले लेते थे। रास्ते में वह अपनी प्रिय पुस्तकों के बारे में बहुत उल्लसित होकर बातें करते। बीच-बीच में कहते जाते, "यह किताब ज़रूर पढ़ लो। उस लाइब्रेरी में है। मेरे पास थी, पता नहीं किसको दे दी। चलो कोई विद्यानुरागी ही होगा जो वापस नहीं कर रहा है।" फिर ज़ोर से ठठा कर हँसते, प्राय: रास्ता चलते लोग बिना देखे, सुनकर ही समझ लेते 'द्विवेदी जी हैं।'

लेकिन जाड़े की रात में गंगा स्नान! वह कमरे से निकले, मैं भी साथ हो लिया। विश्वविद्यालय के एक छोर पर प्रज्ञाचक्षु पं. सुखलाल जी के यहाँ पहुँचे। कुछ उनसे जैन दर्शन के बारे में पूछा जैसे कोई शिष्य गुरु से पूछ रहा हो। मेरा परिचय कराया, "सन्देशरासक पर काम कर रहे हैं।" पं. सुखलाल जी ने मुझसे कहा, "विद्वान बनना चाहते हो तो संस्कृत पढ़ लो। पढ़ना चाहते हो तो रात में सोने के पहले कम से कम तीन घंटे पहले भोजन कर लिया करो।"

वापस लौटते हुए पंडित जी ने कहा, "हो गया न गंगास्नान।" फिर पंडित सुखलाल जी की विद्वता की प्रशंसा, उनसे परिचय कैसे हुआ, गाँधीजी इनको कितना मानते थे, आदि।

वह संस्कृत, प्राकृत, अपभ्रंश, बांग्ला के मर्मज्ञ विद्वान थे। पढ़कर लेखक का मर्म जान लेते। उस सन्दर्भ को पहचान लेते जिसमें रचना हुई है। उनमें बहुत गहराई में जाकर रचनाकार का आशय ग्रहण करने की क्षमता थी। क्लास में भी कोई विद्यार्थी नये अर्थ का संकेत करता तो बहुत तारीफ़ करते। पहली बार तारीफ़ करने से मन नहीं भरता, थोड़ी-थोड़ी देर पर पीरियड में तीन-चार बार तारीफ़ करते—"बहुत ठीक,

मुझे नहीं सूझा था, मैं तो खींच-खाँच कर अर्थ कर रहा था।'' प्रसन्न होकर शिष्यों से कहते, ''पुस्तकें भी पढ़ो, पुस्तकालय भी पढ़ो, किताबों की दुकान पढ़ो, पुस्तकालय में, किताबों की दुकान पर जाकर पता चलता है कि कितना कम पढ़ा है, पढ़ने को कितना है।'' जब किसी भारतीय के विषय में सुनते कि विद्वान है और पता चलता कि संस्कृत नहीं जानता तो उन्हें आश्चर्य होता। कोई योग्य शिष्य संस्कृत न पढ़ता, झुँझला कर कहते, ''तुम इतने अभागे हो कि संस्कृत नहीं पढ़ते। हिन्दीवालों को संस्कृत-अंग्रेज़ी दोनों खूब आनी चाहिए। संस्कृत-अंग्रेज़ी आये तो हिन्दीवाले आकर ग्रन्थ मूल में ही पढ़ लें।''

लेकिन द्विवेदी जी विद्वता की सीमा भी बहुत पहचानते थे, उनसे बार-बार सुना हुआ वाक्य—''विद्वान होने से क्या होता है! पचास किताबें पढ़ ले तो कोई भी व्यक्ति विद्वान हो जाये। मनुष्य बनने की साधना करना बड़ी बात है।'' विद्वानों के विषय में उनका कथन है—''कम लोग जानते हैं कि वे कितना कम जानते हैं।'' लोकजीवन में घुले-मिले सांस्कृतिक इतिहास को उधेड़ना और बुनना उनका मुख्य विलास था। उनके एकाधिक शिष्यों ने उनसे चमारों का एक गीत सुना होगा—'करो जिनि जारी हे गिरवर धारी'—पहले पंडित जी वह गीत सस्वर गाते फिर सामवेद के कुछ मन्त्र भी उसी स्वर में गाते। कहते, देखो दोनों में समानता है कि नहीं। निष्कर्ष-सामवेद की गायन पद्धति भोजपुरी के लोकगीतों में जीवित है। यह निष्कर्ष : निकालते और जब तक हम लोग 'मूक चकित' हो रहे हों, आचार्य ठठा कर हँसते। सब हँसी में प्रवाहित—एक पान और लगे, प्राय: हर घंटे पर चाय और हर पन्द्रह मिनट पर पान। शिवप्रसाद सिंह ने और मैंने पान खाना पंडित जी के ही यहाँ सीखा, नामवर जी पहले से ही खाते थे।

क्लास में उनका पाठ्यक्रम समाप्त नहीं होता, वह प्राय: क्लास के बाहर जैसा भाषण देते थे क्लास में भी वैसा ही बोलते। वह पंक्तियों की व्याख्या बहुत विस्तार से करते, कबीर के एक-एक दोहे का अर्थ कभी-कभी तीन-चार घंटों तक चलता रहता। फलत: 'कोर्स' ख़त्म न होता, परीक्षा सिर पर आ जाती तो कहते, ''और कितना पढ़ाएँ, बहुत पढ़ा दिया है।'' हम लोग एम.ए. अन्तिम वर्ष में थे। तब पंडित जी सरकारी भाषा आयोग के सदस्य थे। उस वर्ष प्राय: काशी से बाहर रहे। परीक्षा निकट आयी तो बहुत चिन्तित होकर क्लास में बोले, ''इस वर्ष मैं ज़्यादातर बाहर रहा। कल तुम लोग घर पर आ जाना, परीक्षा की दृष्टि से उपयोगी प्रश्नों को समझा दूँगा।'' दूसरे दिन हम लोग गये, पूरे तीन घंटे तक तन्मय होकर पंडित जी ने महत्त्वपूर्ण परीक्षोपयोगी प्रश्नों को समझाया। प्रत्येक प्रश्न का उत्तर सूत्रबद्ध तौर पर नोट कराया। हमलोग परम आश्वस्त होकर लौटे, जो विद्यार्थी नहीं

पहुँच पाये थे उनकी किस्मत को दोष देते हुए। परीक्षा-कक्ष में प्रश्नपत्र मिला तो उसमें पंडित जी द्वारा बताए गये महत्त्वपूर्ण प्रश्नों को छोड़कर सभी 'महत्त्वहीन' प्रश्न आये थे, द्विवेदी जी विभागाध्यक्ष थे।

घर पर वह पढ़ते, चाय पीते या सूजी हुई आँखों को गर्म पानी से सेंकते हुए मिलते। घर के लोग कहते, "बाबूजी घर में नहीं हैं।" वह अन्दर से बोलते, "बाबूजी घर में नहीं हैं, चले आओ।" ऐसा आदेश घरवालों को तब देते जब कुछ लिखना होता। लेकिन वह अपना आदेश स्वयं तोड़ते और आनेवाला घरवालों को बुरा कहता। आँखें उनकी प्रायः दुखती ही रहती थीं, बहुत दुखतीं और लिखने का मन होता तो बोलकर लिखवाते। 'मेघदूत—एक पुरानी कहानी' बहुत तन्मय होकर, अपने छोटे पुत्र या समधी के पुत्र को—ठीक याद नहीं, गोद में लिये टहलते हुए लिखवाते। एक दिन मैं लिखने पहुँचा तो बोले, "खाना खा लें फिर बोलते हैं, आज 'उत्तरमेघ' शुरू करना है।" खाना खाते मुझसे बोले, "पच्चीस वर्षों से योजना बना रहा हूँ कि कम खाऊँ—तुम क्यों कम खा रहे हो?" खाने के बाद मैंने कहा, "पंडित जी बोलिए।" बोले, "मारो उत्तरमेघ को गोली। मैं सोने जा रहा हूँ, तुम अभी तो भग जाओ। कल देखेंगे।"

पंडित जी सर पर उँगलियों से कँघी कर लेते। अपनी समझ से कुर्ता-वुर्ता ठीक पहनकर घर से निकलते। उपकुलपति आदि से मिलना होता और पान की पीक कुर्ते पर पड़ जाती तो गम्भीर हो जाते—मन में सोचते होंगे—क्या करें, पान की पीक पड़ गयी तो क्या करें।

1960 में जब काशी हिन्दू विश्वविद्यालय ने उनकी सेवाएँ समाप्त कर दीं तो दिल्ली में सर पर उँगलियाँ फेरकर, मूँछों पर कंघी करने लगे। मुझे देखा तो कंघी रख दी। मुस्कराकर बोले, "अभी क्या फैशन देखा है। नौकरी मिल जाएगी तब देखना कितना टन्नन-मन्नन रहता हूँ।" कोई बहुत प्रशंसा करे या कहीं कुछ बहुत अप्रिय बात हुई हो—दोनों स्थितियों में 'गुडुप्प' 'चुप्प' हो जाते। ठोड़ी के नीचे की खाल और नीचे खिंच आती। कोई कहने लगे कि अमुक ने आपको यह कहा तो बोलते—"जाने दो, मन में विकार पैदा होता है।"

नाराज़ वह तीन बातों से ज़रूर होते—

(1) कोई किसी महिला के चरित्र की निन्दा करे, (2) दोपहर के भोजन के बाद सोते में जगा दे। (3) रवीन्द्रनाथ ठाकुर, मदनमोहन मालवीय, गाँधी जी और जवाहरलाल नेहरू के बारे में हल्की बात करे। साहित्यिक बहस करते मैंने उन्हें नहीं देखा। या तो वह बोलते या सुनते, भवभूति को बहुत बड़ा मानो कोई आपत्ति नहीं। हाँ, हाँ, क्या कहना है। बहुत बड़े कवि थे गोदावरी नदी पर से जब ट्रेन गुजरती तो मैं सो रहा था। पुल पर गाड़ी के गुज़रने के शोर से जगा। फौरन समझ गया कि ट्रेन

गोदावरी पर से गुज़र रही है तभी ऐसी गड़गड़ाहट है—

एतेते कुहरेषु गद्गद नदद् गोदावरी-वारयो
मेघालम्बित मौलिनीलशिखराः क्षोणीभृतो दक्षिणाः।
अन्योन्य-प्रतिघात-संकुल-चलत्कल्लोल-कोलाहलै-
रुत्तालास्त इमे गम्भीरपयसः पुण्याःसरित्संगया॥

भवभूति की चाहे जितनी तारीफ़ करो, बस, कालिदास से बड़ा न कहो। कालिदास, के बराबर कहने से भी उन्हें मन में खीझ होती। दूसरा कुछ प्रतिवाद करता तो 'चुप्प' 'गुडुप्प' हो जाते। हम लोग कुछ खुसर-पुसर करते तो गुस्से में कहते, "थोड़ा पढ़ा-वढ़ा भी करो।" गुस्से में वह गुस्से का अनुभव कम करते, थकान का अनुभव ज़्यादा करते। "पढ़ता ही नहीं है तो समझेगा क्या।" या "पढ़ता भी है तो रचनाकार जो 'मीन' करता है उसे नहीं पकड़ पाता।"

द्विवेदी जी की शवयात्रा में आधुनिक साहित्यकारों की संख्या पुराने साहित्यकारों से ज़्यादा थी। वह तो प्राचीन साहित्य के पंडित थे। आधुनिक रचनाकार उनसे इतना लगाव क्यों रखते थे? राजेन्द्र यादव ने कहा, "आधुनिक साहित्यकार उनसे जुड़ा महसूस करते थे।" सर्वेश्वर ने कहा, "पंडित जी ने आधुनिक नवलेखन का विरोध कभी नहीं किया।" जिन लोगों को नयी पीढ़ी से शिकायत रहती है कि यह पीढ़ी परम्परा का सम्मान करना नहीं जानती उन्होंने सुख और आश्चर्य से देखा होगा कि यदि प्राचीन सम्माननीय हो तो नयी पीढ़ी बहुत सम्मान करना जानती है। द्विवेदी जी प्राचीन और नवीन दोनों थे। यह कैसे था?

काल की वस्तुगत सत्ता नहीं है। वह केवल बोझ या मनोविकार है। काल घटनाओं से छलकता है। वह घटनाओं को नापने का बोध-माध्यम मात्र है। अतः महत्त्वपूर्ण यह नहीं कि कोई घटना कब घटी, किसी व्यक्ति की उम्र क्या है? वह बुड्ढा है या किशोर? महत्त्वपूर्ण उसका दृष्टिकोण होता है। नयापन आधुनिकता का पर्याय नहीं। नया पुरातनपन्थी भी हो सकता है। प्राचीन साहित्य को आधुनिक दृष्टि से देखा जा सकता है और आधुनिक को पुराणपन्थी दृष्टि से, द्विवेदी जी प्राचीन की व्याख्या करते थे। ऐसी व्याख्या जिसे आधुनिक अपने लिए ग्राह्य और सन्दर्भवान पाते थे। जैसे हर द्वन्द्व में तनाव होता है वैसे प्राचीनता और आधुनिकता के द्वन्द्व में भी तनाव होता है। जो आधुनिक होगा वही इस तनाव को झेलेगा। जो प्राचीनता और आधुनिकता के इस तनाव को नहीं झेलता वह या तो पुराणपन्थी होगा या 'नया'। 'चारुचन्द्र लेख' पढ़ कर कमलेश ने मुझसे कहा, "चेतना प्रवाह का उपन्यास तो यह है।" पंडित जी कभी-कभी राजनैतिक समस्याओं पर नवयुवकों से बहुत

देर तक उलझे रहते। आखिर में बोलते, ''बहस करने पर पता चल जाता है कि तुम लोग सोच क्या रहे हो।''

द्विवेदी जी ने नाथपन्थ और निर्गुण सन्त साहित्य पर विशेष काम किया। वह आचरण और चिन्तनपद्धति में भक्तों के अधिक निकट थे। भक्ति मूलत: संयम नहीं। संयम में जो आत्म-पीड़न होता है उसका नाम भक्ति नहीं। भक्ति मन का दमन नहीं करती। वह मन को मोड़ती है। 'कम सुन्दर' से इन्द्रियों को हटा कर 'अचिन्त्य सौन्दर्य' की ओर लगा देती है। तुलसीदास कामदेव से बहुत घबड़ाते थे। कहते थे—कामदेव से राम ही बचा सकते हैं। तुलसी को राम ने काम से बचाया होगा। लेकिन राम खुद क्या थे—*'कोटि मनोज लजावन हारे, सुमुखि कहहु को आहिं तुम्हारे।'* यानी तुलसी एक कामदेव से पिंड छुड़ाकर करोड़ कामदेव के पास गये। यही भक्ति है। यही सीमा द्वारा असीम की उपासना है। भक्त सौन्दर्य की भावना से तुष्ट रहता है इसलिए शामक होता है। संयम का आग्रही क्रुद्ध, अपनों से, दूसरों से अकारण उलझने वाला बेचैन होता है। पंडित जी कहते, ''कुपित ब्रह्मचारी रात में खुद से लड़ता है, दिन में दूसरों से।'' पंडित जी कश्मीर से लौटे तो बहुत पुलकित थे। वहाँ के प्राकृतिक सौन्दर्य पर बातें करते। और मानव सौन्दर्य पर! कहते, ''ऐसी सुन्दर कन्याएँ ऐसी सुन्दर कन्याएँ...'' हम लोग साँस रोके रहते पंडित जी कहने वाले क्या है! पंडित जी आख़िर उपमा ढूँढ़ ही लाते—''ऐसी सुन्दर कन्याएँ साक्षात् पार्वती। कालिदास कश्मीर के ही थे।'' उनके लिए रूप, आकार, सीमा बाधक नहीं बनते थे। वह रूप नहीं सौन्दर्य देखते थे। सौन्दर्य जो रूप की उपलब्धि है जिसे मानवीय चेतना ही देख सकती है—जिसे सब उज्ज्वल वरदान चेतना का सौन्दर्य कहते हैं। पंडित जी आधुनिक जीवन की जटिलताओं को झेलते थे किन्तु आचरण मध्यकालीन सन्तों की तरह करते थे—इसीलिए नये-पुराने सभी लोगों को उनका व्यक्तित्व आश्वासन देनेवाला और शामक लगता था।

द्विवेदी जी में मध्यकालीन सन्तों जैसी संघर्षशीलता नहीं थी। किसी को दुख न पहुँचाया जाये इस विषय में तो उनका आचरण आदर्श था किन्तु अनुचित का सक्रिय प्रतिरोध करना, उसके विरुद्ध संघर्ष करना उनके बस में नहीं था। अपने को जो वह अनेकान्तवादी कहते थे, वह भी वस्तुत: संघर्ष को टालने की ही वृत्ति के कारण था। काशी हिन्दू विश्वविद्यालय से निकाले गये तो सबने हाईकोर्ट में अपील की, उन्होंने नहीं, हम लोगों को उनका यह पक्ष समझ में नहीं आता था। इससे उनकी आलोचना भी होती थी। किसी भी रचना की प्रशंसा कर देते, सबके अभिनन्दन समारोह में पहुँच जाते, विवादास्पद मुद्दों पर चुप हो जाते, आचार्य नरेन्द्रदेव, स्तालिन, गोलवलकर सबकी प्रशंसा करते। सम्भवत: वह सब में गुण देख लेते थे। ज़ोर पड़ने पर उस

व्यक्ति के भी केवल गुण ही बखान देते। वरना पंडित जी, स्तालिन, आचार्य नरेन्द्रदेव और गोलवलकर में अमृत समझते थे—कहते, ''तारीफ़ कर देने से क्या बिगड़ जाता है। रचना की समीक्षा थोड़े ही है, भाई! मैंने सम्मति दी है। सम्मति तो मिठाई बाँटना है।'' पंडित जी नहीं समझ पाते कि उनकी सम्मति का महत्त्व क्या है।

मुझे द्विवेदी जी में संघर्षशीलता के अभाव का एक कारण समझ में आता है। वह साहित्य और साहित्यकार की सीमा का अनुभव बहुत तीव्रता से करते थे। वह जानते थे कि साहित्य समाज नहीं बदल सकता। बड़े-बड़े राजनीतिज्ञों, श्रीमन्तों के साहित्य-प्रेम को वह गहन सन्देह की दृष्टि से देखते थे। उन्होंने अज्ञेय को एक काव्य-पत्र लिखा था। वह उनकी एक हस्तलिखित नोटबुक में सुरक्षित था। नोटबुक के कवर पर उनका बनाया हुआ हनुमान जी का चित्र था। कविता में कहा गया था—क्या हो गया बड़े-बड़े कवियों की कविताओं से, क्या दमन, शोषण, अन्याय कुछ भी रुक पाया। नहीं रुक पाया।

द्विवेदी जी कहीं-न-कहीं बहुत गहरे अनुभव करते थे कि असत्य सत्य से कम शक्तिशाली नहीं है। मैं इस कथन के ख़तरे को समझते हुए भी कहना चाहता हूँ कि पंडित जी कहीं-न-कहीं असत्य एवं अमानवीय शक्ति से रह-रहकर पस्त, पराजित अनुभव करते थे। क्या कर लिया है मानवीय प्रयत्नों ने और क्या कर लेगा। यह भाव निराला के राम के भाव से मिलता-जुलता था—

''अन्याय जिधर है उधर शक्ति
मित्रवर विजय होगी न समर।''

इसके सामने वह हथियार डाल देते थे। उनका 'न थकने वाला दूसरा मन' उतना सक्रिय नहीं था। उन्हें पारिवारिक चिन्ताएँ थीं। उनमें नौकरशाही, राजसत्ता का व्यवहार रह-रहकर असुरक्षा की भावनाएँ पैदा करता था। इन सब से लड़ना उनके लिए सम्भव नहीं था। इस विषय में वह निम्नमध्यमवर्गीय ग्रामीण क़िसान थे जो अदालत में पहुँच कर अदने से अदने सरकारी नौकर को देखकर काँप उठता है।

यह असुरक्षा की भावना उनमें और भी बढ़ गयी जब उन्हें काशी हिन्दू विश्वविद्यालय का पद छोड़ना पड़ा। उन्हें असत्य एवं अमानवीयता की शक्ति अजेय लगी। काशी तक के द्विवेदी जी और बाद के द्विवेदी जी के मनोबल में बहुत अन्तर आ गया था। उन्हें बाद में भी बहुत सम्मान मिला, उच्चतर पद मिले, अन्त तक द्विवेदी जी को आग्रहपूर्वक हिन्दी संस्थान के उच्चपद पर रखा गया। किन्तु बलिया के किसान-पुत्र ने इस व्यवस्था का जो दोमुँहापन देखा था, उसे भुला नहीं पाया। द्विवेदी जी में

अगर अन्याय से जूझने की भी प्रवृत्ति होती तो वह तिलक या आचार्य नरेन्द्रदेव बनते, सक्रिय राजनीति में ज़रूर कूदते।

द्विवेदी जी लेखन की सीमा को शिद्दत से महसूस करते थे फिर भी बिना लिखे रह नहीं सकते थे। अन्तिम बार दिल्ली आये, बहुत थके थे, तब भी कह रहे थे—''लिखने को सूझ रहा है। ऐसी बात मन में उठ रही है कि...'' स्वर थका था, आँखें चमक रही थीं। पता नहीं क्या लिखना चाहते थे। कई बार वादा किया था। ''तुलसीदास पर लिख कर फिर कुछ नहीं लिखूँगा।''

उनके प्रशंसक-पाठक अभी उनकी अनेक रचनाओं की प्रतीक्षा कर रहे थे। इसीलिए 72 वर्षीय आचार्य की मृत्यु असामयिक लग रही है।

उन्होंने अपने शिष्यों, मित्रों, प्रशंसकों, पाठकों को बहुत कुछ दिया है। लगता था पंडित जी केवल देते हैं। अब लग रहा है कि वह वसूल भी करेंगे। अभी तो उन के जाने की रिक्तता का जो अनुभव हो रहा है, उसकी शुरुआत है।

हरिजन गाथा का कवि

नागार्जुन का कृतित्व ही नहीं उनका व्यक्तित्व भी कालजयी है। नागार्जुन बुजुर्गों के साथ बुजुर्ग, जवानों के साथ जवान और बच्चों के साथ बच्चे हैं। जिन लोगों ने उन्हें महिलाओं के साथ घुल-मिलकर बातें करते देखा है वे लिस्ट को और आगे बढ़ाएँगे। अपनी एक कविता में वह शिशु चिनार से बात करते हैं और कालिदास से जवाब-तलब करते हैं—'कालिदास सच-सच बतलाना... ।'' उनका जीवन-अनुभव व्यापक है, कबीरदास की भाँति वह अनेक परस्पर विरोधी प्रवृत्तियों के समुच्चय हैं। जीवन के प्रति गहरी आसक्ति है, तीव्र सौन्दर्यानुभूति के रचनाकार हैं और इसीलिए गहरी घृणा और तिलमिला देने वाले व्यंग्य के सहज कवि। यह सहजता जटिल अन्तर्वस्तु का रूप है। जटिल अन्तर्वस्तु के बगैर सहजता आ ही नहीं सकती। इसीलिए सहजता मार्मिक और भेदक होती है। कविता की बात छोड़िए, जीवन में भी वह जो इतने सहज हैं उसकी भी वजह व्यापक परस्पर-विरोधी जीवन स्थितियों को पचा सकने वाली क्षमता का ही प्रभाव है।

मैनेजर पांडे के यहाँ नागार्जुन प्राय: ठहरते हैं। वहाँ उन्हें आत्मीयता मिलती है। पांडे जी बता रहे थे—एक बार उन्होंने देखा, बाबा जाँघों पर ताल देकर गा रहे हैं—''दमकिपा, दमकिपा, दमकिपा।'' दमकिपा यानी दलित-मजदूर-किसान पार्टी। उन दिनों यह पार्टी बनी थी—गैर कांग्रेसी और गैर-वामपन्थी दलों की। नागार्जुन के उस गान-तान में ही इस पार्टी के प्रति गहरे व्यंग्य की अन्तर्वस्तु मौजूद रही होगी। रुक-रुककर कहिए—सामान्य ढंग से दमकिपा तो व्यंग्य नहीं होगा—ज़रा लय में गाकर बोलिए ताल के साथ—तो दलित-मजदूर-किसान के प्रति प्रतिबद्धता का सारा पाखंड ढह जाएगा। यह कला जितनी नागार्जुन को आती है, किसी को नहीं। वाचन की लय वस्तुत: बोलने की लय ही है, गद्य में भी यह लय होती है। नागार्जुन ऐसी सर्व ध्वंसक लय का उपयोग कविता में ही करते हैं—गद्य में इसका उपयोग परसाई और अमरकान्त करते हैं।

एक बार नागार्जुन मेरे यहाँ भी आये। वह जाते, ठहरते वहीं हैं जहाँ उनका

मन रमता है। पटना में खगेन्द्र ठाकुर के यहाँ, सादतपुर में वीरेन्द्र जैन के घर। एक घर और है जहाँ उनका मन रमता है, लेकिन में उन सज्जन का नाम भूल रहा हूँ—वहाँ नागार्जुन के साथ मैंने मसूर की दाल का कबाब खाया था।

सो, एक बार नागार्जुन ने मेरे घर पर भी कृपा की। घर पहुँचते ही उन्होंने परिवार के सभी लोगों से सीधा सम्बन्ध जोड़ लिया। सवेरे दलिया में नमक कम था। बोले, "नमक नहीं पड़ा है दलिया में।"

पत्नी ने कहा, "कम डाला है, इन्हें ब्लडप्रेशर रहता है, कम खाते हैं।"

बाबा के शरीर में पता नहीं कहाँ से फुर्ती आ गयी—कटोरा लेकर सीधे किचन में पहुँचे, "खा मैं रहा हूँ—नमक का पता मुझे है या तुम्हें! दलिया ऐसे नहीं बनाया जाता। पहले थोड़ा घी में भून लो फिर पकाओ तो खिलता है।"

पत्नी मुझसे अकेले में बोली, "यह तुम मेरी सासू कहाँ से ले आये। ऐसी डाँट और ऐसी शिक्षा तो अम्मा ने भी कभी नहीं दी।"

मेरी बड़ी नातिन चार-पाँच साल की थी। उससे नागार्जुन की सबसे ज़्यादा पटी। एक दिन तीसरे पहर मैं भोजनोपरान्त शयन के बाद उठा तो देखा, नागार्जुन बहुत देर तक फर्श पर पड़ी किसी चीज़ को बड़ी गम्भीरता से देखने में तन्मय हैं। समाधि लगी हो मानो। जब उन्हें मेरी आहट मिली तो बोले, "देखो, कविता है यह।" नातिन की छोटी-छोटी चप्पलों को, वह देख रहे थे। रचना-समाधि में लीन उनका चेहरा मैं कभी नहीं भूल सकता।

तीन-चार दिनों के बाद वह जाने लगे तो पत्नी रोने लगीं। बोलीं, "बड़े भाग्य से ऐसे लोग घर में आते हैं। जानो सचमुच माँ-बाप हों।"

उन्हीं दिनों मुझसे कहा, "मौका मिलने पर चार-पाँच महीने में एक बार दिल्ली से बाहर हो आया करो। स्वास्थ्य ठीक रहेगा। ब्लडप्रेशर वगैरह के लिए अच्छा रहेगा।"

राहुल सांकृत्यायन की घुमक्कड़ी की बात होती है। मुझे लगता है, नागार्जुन की भी घुमक्कड़ी की बात होनी चाहिए। फ़र्क़ होगा भी तो उन्नीस-बीस का ही होगा। नागार्जुन का यात्री-जीवन ज़्यादा सहज होगा अनुकरणीय तो निश्चय ही ज़्यादा।

•

मैंने पहली बार नागार्जुन को बनारस में, 1951 में देखा। साहित्यिक संघ का समारोह था। उसी में पहली बार रामविलास शर्मा, शमशेर, उपेन्द्रनाथ 'अश्क' को देखा। समारोह के प्रारम्भ में नागार्जुन ने 'हे कोटि बाहु, हे कोटि शीश' कविता पढ़ी। अजब पोशाक थी। शायद कम्बल का कोट और पैंट पहने थे। दिल्ली माडल टाउन में रहने लगा तो अक्सर दिखलाई पड़ते। कर्णसिंह चौहान, सुधीश पचौरी, अशोक चक्रधर

के सामूहिक निवास पर। मैं दोमंज़िले पर एक बरसातीनुमा मकान में रहता था। एक दिन सुबह-सुबह खटखट सीढ़ियाँ चढ़ते हुए आये। बोले, ''एक महीने इलाहाबाद रहकर आया हूँ। रोज़ सबेरे अमरूद खाता था। दमा ठीक हो गया है।'' बहुत प्रसन्न, स्वस्थ, प्रमन लगे। इमरजेंसी के कुछ दिन पहले उन्होंने एक लम्बी कविता इन्दिरा गाँधी पर लिखी। मैं इन्दिरा गाँधी को फासिस्ट, तानाशाह नहीं मानता था। कविता में उन्हें यही बताया गया था। फिर भी कविता मुझे बहुत अच्छी लगी। ख़ास तौर पर यह पंक्ति—

पूँछ उठाकर नाच रहे हैं लोकसभाई मोर

मोर आत्ममुग्धता का प्रतीक है। अंग्रेजी में 'पीकाकिश' का भी यही अर्थ है। पूँछ उठाकर नाचने में जो बिम्ब बनता है उसका अर्थ न भी खुले तो भी वह सुनने-पढ़ने वालों को लहालोट कर देने में समर्थ है। अर्थ खुलने पर तो व्यंग्यार्थ गज़ब ढाता है। आत्ममुग्ध मोर नाच रहा है। आत्ममुग्धता की चरमावस्था में उसकी पूँछ ऊपर उठ जाती है। पूँछ ऊपर उठाए वह चारों ओर घूमता है। समझता है कि दर्शक भी उस पर मुग्ध हैं और दर्शकों का यह हाल है कि या तो हँसी के मारे पेट में बल पड़ रहे हैं या घृणा-जुगुप्सा से मुँह फेरकर इधर-उधर देख रहे हैं—या आँख मूँदे, नाक दाबे हैं। पूँछ उठाने से जो अंग दिखलाई पड़ने लगता है, मोर को इसकी ख़बर ही नहीं है, उल्टे वह प्रसन्न, मत्त है। आत्ममुग्ध, अहंकारी, सत्ता-मत्त शासक-शोषकों का यही हश्र होता है।

नागार्जुन सम्पूर्ण क्रान्ति में शामिल हुए—जयप्रकाश नारायण और रेणु के साथ। लालू यादव से उनकी प्रगाढ़ता उसी समय हुई होगी। आपातकाल में जेल गये। फिर छूट आये। सम्पूर्ण क्रान्ति से मोहभंग हुआ। मोहभग क्यों हुआ। सम्पूर्ण क्रान्ति के समर्थक दलों का वर्ग-चरित्र क्या था? इस सबका प्रभाव नागार्जुन पर जेल में पड़ा होगा। उस दौर में लिखी कविताओं के संकलन का नाम है—'खिचड़ी विप्लव।'

बेलछी कांड हुआ। 13 दलितों को, सवर्णों ने ज़िन्दा आग में डाल दिया। यह अभूतपूर्व था। नागार्जुन ने कविता लिखी—'हरिजन-गाथा'। 'हरिजन-गाथा' में हरिजन-बालक कलुआ को सम्पूर्ण क्रान्ति का भावी नेता कहा गया है :

श्याम सलोना यह अछूत शिशु
हम सबका उद्धार करेगा।
अजी यही सम्पूर्ण क्रान्ति का
बेड़ा सचमुच पार करेगा।

इतना यश और इतनी उम्र! फिर भी इतना सन्तुलित। मेरा अनुमान है कि

नागार्जुन हमेशा सन्तुलित रहते हैं—चिड़चिड़ाते वह अपनों पर ही हैं। जिस पर क्रुद्ध हों, समझो वह उनका आत्मीय है। 'नापसन्दों' को मुँह नहीं लगाते, उनके मुँह लगते भी नहीं। जिसको पसन्द नहीं करते, उसके साथ खाना-पीना उन्हें अच्छा नहीं लगता। उन्हें वह अपने यहाँ खिलाते भी नहीं। खाने-खिलाने का बेहद शौक है। जिभ-चटोर हैं। चिउरा, मछली विशेष प्रिय है। उनकी कविताओं में चिउरा, मछली, गन्ना, मखाना शहद, कटहल, धान—और भी कई-कई चीज़ों की भरमार है—कविताओं में इसका मज़ा अलग है। जिन कविताओं में ऐसी खानेवाली चीज़ें आती हैं, मुझे विशेष पसन्द आती हैं।

सन्तुलन का एक वाकया। 1980 ई. में भोपाल में 'महत्त्व केदारनाथ अग्रवाल' का आयोजन हुआ। आयोजन मध्य प्रदेश प्रगतिशील लेखक संघ ने किया था। सभा में नागार्जुन अध्यक्ष, वक्ताओं में त्रिलोचन, केदारनाथ सिंह, धनंजय वर्मा, इन पंक्तियों का लेखक भी। धनंजय और पंक्ति लेखक ने पर्चा पढ़ा। किसी के पर्चे में 'ऐन्द्रिय' शब्द आया था। त्रिलोचन को बोलने को कहा गया। त्रिलोचन ने लगभग 45 मिनटों तक ऐन्द्रिय शब्द का अर्थ, ऐन्द्रिय और ऐन्द्रिक के अर्थ में अन्तर, हिन्दी शब्दकोशों का महत्त्व, उनके निर्माण का इतिहास आदि बताया। केदार का पूरे भाषण में नामोल्लेख तक नहीं। 46वें मिनट में धैर्य टूट गया। श्रोता तो साँस दबाए रहे। केदारनाथ अग्रवाल ने डपटकर कहा—"त्रिलोचन तुम शब्दकोशों पर बोलने आये हो या मुझ पर, मेरी कविताओं पर। यह (उन्होंने एक चकार का प्रयोग करते हुए कहा) बन्द करो।" त्रिलोचन वाक्य बीच में छोड़कर बैठ गये। कुछ हुआ ही नहीं मानो। सभा में, मौन में स्पन्दित वातावरण विषम छा गया।

नागार्जुन अध्यक्ष थे। बोले, "केदार त्रिलोचन से उम्र में बड़े हैं। हमारे बीच ऐसा होता आया है। केदार जहाँ आदरणीय होते हैं वहाँ हम फादरणीय हो जाते हैं। जहाँ हम आदरणीय होते हैं वहाँ वह फादरणीय हो जाते हैं। आज तो केदार आदरणीय हैं और फादरणीय भी हो गये।" हँसी-ठहाके से विषम मौन टूटा।

एक ऐसी कविता लिखी जानी चाहिए जिसमें नागार्जुन, शमशेर, रामविलास शर्मा, त्रिलोचन के पारस्परिक सम्बन्ध और आत्मीय संस्मरण हों। मेल और रूठने के आत्मीय-चित्रांकन (क्लोजअप) हों। एक-दूसरे की रचनाओं पर बेबाक राय हो। कुछ सामग्री तो पहले से मौजूद है—जैसे नागार्जुन की केदार पर और केदार की नागार्जुन पर लिखी हुई कविता।

नागार्जुन, केदार, त्रिलोचन—तीनों का काव्य जनपदीयता पर टिका है, टिका क्या है, काव्य के रेशे-रेशे में मिला है। नागार्जुन के पूर्वज कवि विद्यापति हैं। नागार्जुन

की कविताओं पर अनेक आलोचना-पुस्तकें और लेख लिखे गये हैं। मुझे उनकी कविताओं की विशेषताओं का सर्वोत्तम आकलन केदारनाथ अग्रवाल की उन पर लिखी गयी इन पंक्तियों में दिखलाई पड़ता है—

आओ साथी गले लगा लूँ
तुम्हें, तुम्हारी मिथिला की प्यारी धरती को,
तुममें व्यापे विद्यापति को,
और वहाँ की जनवाणी के छन्द चूम लूँ
और वहाँ के गढ़-पोखर का पानी छूकर नैन जुड़ा लूँ
और वहाँ के दुख मोचन, मोहन माँझी को मित्र बना लूँ
और वहाँ के हर चावल को हाथों में ले हृदय लगा लूँ
और वहाँ की आब हवा से वह सुख पा लूँ
जो गीतों में गाया जाकर कभी न चुकता
जो नृत्यों में नाचा जाकर कभी न चुकता
जो आँखों में आँजा जाकर कभी न चुकता
जो ज्वाला में डाला जाकर कभी न जलता
जो रोटी में खाया जाकर कभी न कमता
जो गोली से मारा जाकर कभी न मरता
और वहाँ नदियों में बहता/नावों को ले आगे बढ़ता
और वहाँ फूलों में खिलता/बागों को सौरभ से भरता।

यह सब नागार्जुन की कविता में व्याप्त है। यह सब कवि नागार्जुन में व्याप्त है। पंक्तियाँ पढ़ते हुए 'नैनं छिन्दन्ति शस्त्राणि नैनं दहति पावक:' की याद आती है। ठेठ द्वन्द्वात्मक भौतिकवादी सिद्धान्त का शब्द-चित्र— संसार नश्वर नहीं, मिथ्या नहीं, सत्य है। सत्य यानी जो हमेशा बना रहे। ऐसी कृति और ऐसे कृतिकार को कालजयी कहते हैं।

नागार्जुन, केदार, त्रिलोचन—तीनों प्रगतिशील कवि हैं, किन्तु वे तीनों अपने भिन्न-भिन्न जनपदीय संस्कारों के साथ-साथ प्रगतिशील हैं। उनकी विशेषताएँ यानी परस्पर-भिन्नता इसी आधार पर समझी जाएगी। अस्तु।

नागार्जुन की एक पंक्ति है—'जनकवि हूँ मैं क्यों हकलाऊँ!' उनकी भाषा की सहजता का प्रतीक है यह न हकलाना।

हकलाना भौतिक बाधा की अपेक्षा आत्मविश्वास की कमी ज़्यादा प्रकट करता है। आत्मविश्वास की कमीवाला आदमी सहज और स्वस्थ (मानसिक रूप से) नहीं हो सकता। जो सहज, स्वस्थ नहीं वह प्रकृति, इतिहास और बोली की लय—कुछ

भी नहीं पकड़ सकता। बात सुनने में अटपटी लगती है किन्तु शमशेर की कविता के बारे में मुझे हमेशा लगता है कि उनमें लय की खोज बहुत है किन्तु खुद कविता में लय की कमी है। कारण कि उनकी बोली का प्रभाव उनकी काव्य-भाषा पर कम है, उनमें जनपदीयता कम है। इस दृष्टि से मुक्तिबोध का अध्ययन विशेष रूप से किया जाना चाहिए और काव्यभाषा पर विचार उनकी मातृभाषा मराठी के सन्दर्भ में होना चाहिए।

प्रगतिशील कवि कल्पना, स्मृति आदि की अपेक्षा देखने पर अर्थात् जो सामने दिख रहा है, उससे ज़्यादा आकृष्ट होते हैं। 'जो सामने है' उसी में इतिहास, भविष्य सब कुछ समाया है। इसलिए देखने को कल्पना आदि से कम महत्त्वपूर्ण नहीं समझना चाहिए। वस्तुतः यह अन्तर लोक और वेद का है। लोक और वेद के सन्तुलन की बात तुलसी करते थे। कबीर लोक और वेद के सन्तुलन पर नहीं, उसके अन्तर पर बल देते थे—तू कहता है कागद लेखी। मैं कहता हूँ आँखिन देखी।

इस देखी की रचनात्मकता में बड़ी महिमा है। नागार्जुन की एक कविता है:

'बादल को घिरते देखा है।'

'देखा है' का अर्थ प्रत्यक्ष अनुभव किया है। अपनी आँखों देखकर जाना है। किताबों में पढ़कर, सुनी-सुनाई बात नहीं। मैं अपने अनुभव को अभिव्यक्त कर रहा हूँ। आँख और कान में अन्तर होता है। अनुभव का सर्वाधिक विश्वसनीय इन्द्रिय माध्यम आँख है। आँख प्रतीक है प्रत्यक्ष अनुभव का—अनुमान इससे कमतर है। इसी कविता में नागार्जुन ने लिखा—

कहाँ गया धनपति कुबेर वह
कहाँ गयी उसकी वह अलका
नहीं ठिकाना कालिदास के
व्योम-प्रवाही गंगाजल का
ढूँढ़ा बहुत परन्तु लगा क्या
मेघदूत का पता कहीं पर

* * *

जाने दो वह कवि-कल्पित था
मैंने तो भीषण जाड़ों में
नभचुम्बी कैलाश-शीर्ष पर
महामेघ को झंझानिल से

गरज गरज भिड़ते देखा है।
बादल को घिरते देखा है।

कुबेर, अलका, व्योम-प्रवाही गंगाजल—सुनी-सुनाई बातें हैं, मेघदूत किताब है—मैंने जो बादल देखे, वे किताबी नहीं—आँखों से देखे—ये पंक्तियाँ उनको चित्रित करती हैं। लोग कालिदास के बादलों के बारे में लिखते होंगे। 'मैंने तो' में 'तो' के आग्रह पर विचार कीजिए। कालिदास की महानता से इंकार नहीं लेकिन उनका अनुभव नागार्जुन का भी अनुभव हो—तो नागार्जुन की कविता की क्या ज़रूरत है! सच्चे अर्थ में यह कवि की स्वायत्तता और निजता है।

कविता का सौन्दर्य नैतिकता की धार से खरादकर गढ़ा जाता है। कविता सर्वाधिक जनतान्त्रिक संस्कृति रूप है। मानवीय नैतिकता की प्रवृत्ति यह है कि विकास-यात्रा में जो पीछे रह गये हैं, या जो किसी तरह, किसी भी कारण से साथ नहीं चल पाते, पीछे छूट गये हैं या पीछे छूट जाते हैं, उन्हें अपने साथ ले लिया जाए। इसी प्रवृत्ति के कारण मानवता और कविता दोनों की भाव-परिधि की व्याप्ति सर्वाधिक होती है। सच पूछिए तो 'जहाँ न जाये रवि वहाँ जाये कवि' का रहस्य यही है। भाव-योग इस नैतिकता को सौन्दर्य-बोध में परिणत कर देता है। सौन्दर्य-बोध की तह में नैतिकता होती है—मनुष्य प्रकृति को बहुत प्यार करता है। एक तरफ जंगल काटता है, शेर मारता है, दूसरी तरफ पेड़ लगाता है। पर्यावरण सुरक्षा का कारण सिर्फ उपयोगिता नहीं। पेड़, पौधे, वनस्पतियाँ, पशु-पक्षी, नदी, तालाब, पर्वत, समुद्र मनुष्य को अनायास सुन्दर लगते हैं। वस्तुतः मनुष्य भी प्रकृति का ही अंग है। लेकिन मनुष्य विद्या, बुद्धि से भाषा-व्यवहार, सामाजिक चेतना आदि के कारण प्रकृति की अन्य वस्तुओं और प्राणियों को पीछे छोड़कर बहुत आगे चला आया है। वह पीछे छूटी हुई चिर-सहचरी प्रकृति को इतिहास के समकालीन में नहीं ला सकता तो भावात्म के क्षेत्र में लाता है—यही प्रकृति-सौन्दर्य है। नागार्जुन ने प्रकृति पर जो कविताएँ लिखी हैं वे इसका प्रमाण हैं—प्रकृति-प्रेम की उत्कट कविता है—'मेरे नास्तिक को पछाड़ दिया'—यह प्रकृति-सौन्दर्य का बोध है कि आत्म-बोध, कि प्रकृति के एक घटक मनुष्य के प्रकृति-मात्र में विलीन होने या उसे आत्म-लीन न कर पाने की पीड़ा। इसे पीड़ा नहीं करुणा कहना चाहिए। या फिर सत्व।

बच्चों के प्रति हमारी अपार ममता का मूल कारण यही है। हम बच्चे थे। बचपन छोड़कर हम बहुत आगे बढ़ गये हैं। हम फिर बचपन में लौटना चाहते हैं। जो छूट गया है उसकी दुर्निवार ललक है। सशरीर हम अतीत में नहीं लौट सकते। एक मन है जिसके सहारे हम बचपन से भावात्म्य कर लेते हैं। परिवार में बाबा

की सबसे ज्यादा पटरी पोते/पोती से बैठने का यह रहस्य है। नागार्जुन की कविताओं में से इसके उदाहरणों को उद्धृत करके लेख का कलेवर बढ़ने की ज़रूरत नहीं। वह तो विचार के भी शिशु पर कविता लिखते हैं। 'दन्तुरित-मुस्कान' जैसा बिम्ब अन्यत्र नहीं होगा। गुलाबी-चूड़ियाँ की याद कीजिए और इस लेख में पहले आये हुए उस उल्लेख का कि मेरी नातिन की छोटी-छोटी चप्पलों को देखकर समाधि में स्थित नागार्जुन उन्हें कविता कह रहे थे।

अभावग्रस्त भी पिछड़े हुए हैं। इन सुविधा में हैं और वे असुविधा में। जो सार्वभौमिकता, एकता, विश्वबन्धुत्व की बात करते हैं वे प्राय: गरीबी-अमीरी का भेद-भाव बनाए रखना चाहते हैं। फिर बन्धुत्व किसका? अमीरों, धनवानों का! सच्चा मानवतावाद गरीबी, बेरोजगारी, वर्ण-व्यवस्था, ऊँच-नीचे को समाप्त करने में है। कोई आदमी भोजन कर रहा हो और उसके सामने कुछ लोग भूख से तड़प रहे हों तो खानेवाले को भोजन रुचेगा नहीं, अगर वह मनुष्य है। यहाँ की व्यापक मानवीय भाव-परिधि अपने में अभावग्रस्त जनों को समेटकर उन्हें अपने साथ लाना चाहती है। आर्थिक विषमता को बरकरार रखकर विश्वबन्धुत्व, संस्कृति या मानवतावाद की बात करना पाखंड है। आर्थिक समानता मानवीय संस्कृति का अन्तरंग है। सवाल उसको तीव्रता से अनुभव करने का है। बहुसंख्यक निर्धन समूह में कहीं-कहीं इक्के-दुक्के धनी दिखलाई पड़ते हैं। नागार्जुन कहते हैं—वे ऐसे लगते हैं मानो कोढ़ी के शरीर पर सोने के आभूषण।

हमारे अभावग्रस्त देश का एक और अभिशाप है। इस देश में शूद्र होने का अर्थ क्या होता है, यह शूद्र ही जानता है। वर्ण-व्यवस्था को हमारा देश सनातन मानता आया है। इसीलिए तुलसीदास जैसे करुणावान कवि ने भी वर्ण-व्यवस्था का समर्थन किया—शूद्रों को अपूज्य ठहराया। बेलछी कांड पर नागार्जुन ने जो कविता लिखी वह हिन्दी साहित्य में अभूतपूर्व है। हरिजनों के हत्याकांड की क्रूरता की जो यातना नागार्जुन ने भोगी वह किसी भी अन्य कवि ने नहीं। इस यातना का अनुभव व्यर्थ नहीं, वह इतिहास-विधाता की यातना है। ऐसी कल्पना शायद ही कहीं किसी अन्य कवि ने की हो कि अपने जनकों पर जो अत्याचार हो रहे थे उसकी पीड़ा से उनकी सन्तान-भ्रूण उद्वेलित होकर पेट में दौड़ने लगीं :

एक अपूर्व आकुलता उनकी गर्भ-कुक्षियों के अन्दर
बार-बार उठने लगीं टीसें लगाने लगे दौड़ उनके भ्रूण
अन्दर ही अन्दर

अभिमन्यु ने गर्भ में चक्रव्यूह में प्रवेश करने की विधि सीखी थी। हरिजन

भ्रूणों ने अपने जनकों के ज़िन्दा जलाए जाने की यातना सही। उनका भाग्य उन हथियारों से नियत हो गया जिनसे उनके पिताओं को मारा गया था। हरिजन-शिशु की हथेली पर उन हथियारों के निशान थे। हथेली पर निशान यानी भाग्य-रेखा। उसकी हथेलियों पर ध्वज, अंकुश, कमल, चक्र के चिह्न थे :

देख़ रहा था नवजातक के
दाएँ कर की नरम हथेली
सोच रहा था—इस गरीब ने
सूक्ष्म रूप में विपदा झेली।
आड़ी-तिरछी रेखाओं में
हथियारों के ही निशान हैं
खुखरी है, बम है, असि भी है
गंडासा-भाला प्रधान हैं।

नागार्जुन ने इस हरिजन-शिशु को वराह अवतार कहा है। वह धरती का उद्धार करनेवाला होगा। अभी इसी वर्ष किशन पटनायक की एक महत्त्वपूर्ण पुस्तक छपी है—'भारत शूद्रों का होगा'। नागार्जुन की यह कविता 20 वर्ष पहले की है। बालक निम्न वर्ग का नायक होगा। वह नयी ऋचाओं का निर्माता होगा।

सच्ची बात यह है कि नागार्जुन ने दलित शिशु की अतीत की सारी सांस्कृतिक सम्पत्ति का उत्तराधिकार भी सौंप दिया है। दलित को लोग राज्य, अर्थ, भूमि की सत्ता तो सौंप देते हैं लेकिन उसे हमारा सांस्कृतिक नायक भी बनना है, यह बात कम लोगों के गले के नीचे उतरती है। ख़ुद दलित व्यक्ति और उसके नेताओं ने भी इस बारे में कोई बात नहीं की है। फ़ैज़ अहमद फ़ैज़ ने कहा है कि गरीब वर्ग का अधिकार सिर्फ रोटी, कपड़ा, मकान पर ही नहीं वाल्मीकि, होमर, शेक्सपियर, ग़ालिब, प्रेमचन्द पर भी है। नागार्जुन ने दलित की अधिकार सीमा को फ़ैज़ से भी कहीं ज़्यादा व्याप्ति दी है। समस्त अतीत का भी वह उत्तराधिकारी है। वह अवतार है—वैदिक मन्त्रों का गायक, पृथ्वी का उद्धारक, धर्म संस्थापनाय संभवामि युगे-युगे का परम्परावाहक।

और इसके लिए नागार्जुन ने कविता में कई मिथक, कई कथानक रूढ़ियाँ गूँथी हैं। बच्चे को अत्याचारियों के डर से स्थानान्तरित करना—कंस के डर से कृष्ण को स्थानान्तरित करने की गाथा, गर्भावस्था में प्रभाव-ग्रहण—अभिमन्यु की कथा, वराहवतार द्वारा धरती का उद्धार आदि। एक और रोचक एवं मार्मिक रूढ़ि 'हरिजन गाथा' में गूँथी गयी है जो नागार्जुन के दलित प्रेम या दलित तादात्म्य की भावना की प्रगाढ़ता

व्यंजित करती है। तुलसी और सूर दोनों अपने इष्ट के दर्शन के लिए अपने काव्य में रूप परिवर्तन करके प्रस्तुत होते हैं। तुलसी राम-गमन के अवसर पर तापस के रूप में और सूर कृष्ण जन्मोत्सव के अवसर पर ढाढ़ी (गायक) के रूप में। 'हरिजन गाथा' में अधेड़ सन्त गरीब दास आते हैं। वह रैदासी कुटिया के सन्त हैं। उनका चित्रण द्रष्टव्य है :

अगले नहीं, उससे अगले रोज
पधारे हैं गुरु महाराज
रैदासी कुटिया के अधेड़ सन्त गरीब दास
बकरी वाली गंगा-जमनी दाढ़ी थी,
लटक रहा था गले से
अंगूठानुमा ज़रा-सा टुकड़ा तुलसी काठ का,
कद था नाटा, सूरत थी साँवली,
कपार पर, बाईं तरफ घोड़े के खुर का निशान था
चेहरा था गोल मटोल, आँखें थीं घुच्ची
बदन कठमस्त था
ऐसे आप अधेड़ सन्त गरीब दास पधारे
चमरटोली में।

बाबा गरीब दास ने शिशु की हथेली देखी, भाग्य-रेखाएँ पढ़ीं। सलाह दी कि इसे फौरन माँ के साथ-साथ झरिया-फरिया भेज दो। यही नहीं, बाबा ने दस-दस के छः नोट निकाले, रेल भाड़े का पैसा भी दिया। इसके बाद—

फिर तो बाबा की आँखें
बार-बार गीली हो आयीं
साफ सिलेटी हृदय गगन में
जाने कैसी सुधियाँ छायीं।
नव शिशु का सिर सूँघ रहा था
विह्वल होकर बार-बार वो
साँस खींचता था रह-रहकर
गुमसुम-सा था लगातार वो।

इसी तरह सूर और तुलसी अपने इष्ट देव का दर्शन करके विह्वल होते हैं। मैथिल ब्राह्मण कवि नागार्जुन के इष्ट वराहवतार हरिजन शिशु हैं।

यह सन्त गरीब दास नागार्जुन ही हैं। कवि सूर और तुलसी के समान रूप

बदलकर अपने इष्ट के जन्मोत्सव पर दर्शन करने आया है। दलितों को वोट बैंक बनाने वाले दलित शुभचिन्तकों के व्यवहार से यह आचरण भिन्न है। नया मानवतावाद सर्जना में भी किस तरह परम्परा से अपने को समृद्ध करता है, इसका प्रमाण नागार्जुन की कविता है। दलित चेतना को सिर्फ प्रहार और ध्वंस ही नहीं करना है उसे यथासम्भव अपने स्रोतों से जुड़ना और विकसित भी होना है। ढाँचे में सबकी समाई होनी चाहिए—ख़ास तौर पर विकसित चेतना के ढाँचे में।

नागार्जुन की भाषा-शक्ति यह है कि उनकी अपनी कोई काव्य-भाषा शैली नहीं है। हिन्दी भाषा की जितनी शैलियाँ हैं वे सभी नागार्जुन की शैलियाँ हैं। यथावसर उनका उपयोग करने की क्षमता जिसमें होती है वह सिद्ध कवि होता है। प्रबन्धत्व में तो विशेष रूप से ऐसी ही सिद्धि की क्षमता चाहिए। भाषा की विविध भंगिमाओं के प्रयोग के बिना नाट्यधर्मिता नहीं आती। सम्भवत: नाट्यधर्मिता का सारा बल अन्ततोगत्वा भाषा पर ही पड़ता है। लय, अनुतान, मौन आदि के साथ। यह जो शरीर-भाषा (बॉडी-लैंग्वेज) की बात की जाती है वही नाटक में बड़ी दूर तक अभिनय का काम करती है। नाटक में शब्द बोले तो अभिनेता द्वारा जाते हैं, किन्तु नाट्यधर्मिता का उत्कर्ष रचनाकार की भाषा में अन्तर्निहित होता है। प्रगतिशील कवियों की त्रयी में प्रबन्ध-काव्य लिखने की क्षमता सबसे अधिक नागार्जुन में थी। उसका प्रमाण उनकी भाषा की शैली-निर्विशेषता है।

'हरिजन गाथा' के नायक यानी हरिजन-शिशु के बारे में एक बात और ध्यातव्य है। वह कलुआ है, काला है, वह मजदूरों के बीच पलनेवाला है, इसकी अपनी पार्टी होगी। बुद्धू और खदेरन इसकी देखरेख करते हैं। नागार्जुन ने इस दलित शिशु के विषय में लिखा :

थाम लिये विह्वल बाबा ने
अभिनव लघु मानव के मृदु पग
पाकर इनके परस जादुई
भूमि अकंटक होगी लगभग

समर्थ कवि मुक्तिबोध के रक्तालोक स्नात पुरुष से नागार्जुन का वराहवतार भिन्न है। रक्तालोक स्नात पुरुष दीप्तवर्ण आजानुभुज, सौम्य दृग है? कामायनी के मनु से मिलता-जुलता। भावी इतिहास पुरुष को ठीक-ठीक किसने पहचाना है? मेरा ख्याल है, नागार्जुन ने। नया सौन्दर्य-बोध यह है। यह 'वह तोड़ती पत्थर', 'एक हथौड़े-वाला घर में और हुआ', 'नगई महरा' और 'हरिजन गाथा' के कलुआ के

माध्यम से हिन्दी कविता में प्रसारित हुआ है। मुक्तिबोध के यहाँ सौन्दर्य-बोध है, किन्तु प्रतीकों, बिम्बों, उपमाओं में प्रबन्धात्मक रचना के किसी हाड़-मांस वाले पात्र में नहीं। मूल दिक़्क़त वही जनपदीयता की है। मुक्तिबोध की काव्य-भाषा पर मराठी के प्रभाव के बारे में विचार करना चाहिए। नागार्जुन की सौन्दर्य दृष्टि बहुत सूक्ष्म और बहुत व्यापक है। उनके काव्य में सारी सृष्टि का सौन्दर्य-रस निचुड़ आया है। प्रकृति सौन्दर्य, मानव सौन्दर्य, एवं श्रम सौन्दर्य—सब उनके यहाँ भरपूर मिलेगा। जो सौन्दर्य का प्रेमी होगा वह कुरूपता से घृणा करेगा। नागार्जुन की घृणा ने प्रधानतः व्यंग्य का रूप लिया है। उनका व्यंग्य असंगति और विषमता बोध पर आधारित है। स्वातन्त्र्योत्तर भारत में स्वाधीनता आन्दोलन के सिद्धान्त मुखौटे बन गये हैं। नागार्जुन ने राजनैतिक-सामाजिक व्यंग्य की अपूर्व कविताएँ लिखी हैं। इनमें 'आओ रानी हम ढोएँगे पालकी' सर्वाधिक प्रसिद्ध हुआ है।

नागार्जुन जनकवि हैं। वह प्रगतिशील कवि भी हैं। जनवादी कवि भी, नव जनवादी कवि भी और राष्ट्रीय कवि भी। वह किसी राजनीतिक दल की आलोचना कर सकते हैं और किसी की भी प्रशंसा। वह पार्टी कवि भी हो सकते हैं, पार्टीवादी नहीं। शुक्र है कि हमारे बीच एक ऐसा कवि है। नागार्जुन कवि रूप में किसी को बख़्शने वाले कवि नहीं। नागार्जुन के पास वह ठेठ निगाह है जो ताड़ने में अचूक है कि कौन नस कैसे फड़क रही है। भाषा का सर्वाधिक सर्जनात्मक प्रयोग लोक-जीवन में होता है। महान कवि उससे सीखते हैं और रचना में उतारते हैं—प्रसंगानुसार उसका नियोजन करते हैं। नागार्जुन ऐसा ही करते हैं। एक छुटभइया नेता को टिकट मिल गया है। उसका इतराता उल्लास देखिए—

आये दिन बहार के
खिले हैं दाँत ज्यों दाने अनार के
दिल्ली से लौटे हैं अभी टिकट मार के।

'टिकट मार के' प्रयोग लोकवादी कवि ही कर सकता है। दाँतों की उपमा अनार के दानों से दी जाती है। रूढ़ उपमान है लेकिन 'खिले हैं दाँत' नेता के मुखमंडल का बीभत्स रूप दर्शाता है, जो बीभत्स, अभद्र, काइयाँ, पान चबाने से दाँतों का जो कुरूप बिम्ब उभरता है उस सबको एक साथ साक्षात कर देता है। जैसे कोई कुशल कार्टूनिस्ट किसी रेखा के ज़रा से बल से अन्दर की सारी व्यंग्यात्मकता उभार देता है। कार्टून कला की सबसे बड़ी सिद्धि यही है कि वह अनायास और सहज लगती

है मानो कार्टूनिस्ट ने ऐसे ही चलते-चलते रेखाएँ खींच दी हैं। यह अनायासता बहुत गहरे जाकर प्रभावित करती है।

नागार्जुन का काव्य प्रतिमान है कि पारम्परिक काव्यरूपों में अपनी भाषा के ठेठ मुहावरे में, हिन्दी और उसकी बोलियों की लय में आधुनिक जटिल अन्तर्वस्तु कैसे व्यक्त की जा सकती है। नागार्जुन का काव्य प्रतिमान है परम्परा और प्रयोग के विलय का। परम्परा और प्रयोग पर बहसें बहुत होती हैं। बहसें निरर्थक होती हैं और सार्थक भी किन्तु परम्परा और प्रयोग के संश्लेष का सर्वोत्तम उदाहरण नागार्जुन का काव्य है। हर गंगे, मन्त्र, दोहा, में उन्होंने समकालीन संवेदना की अभिव्यक्ति की है। 'नागार्जुन की रचनाधर्मिता में आधुनिकता'—यह एक अलग और गम्भीर विषय है।

एक हथौड़े वाला कवि

केदारनाथ अग्रवाल का नाम बनारस आने के पहले ज़रूर सुना होगा। 'बसन्ती हवा' पढ़ी भी होगी। लेकिन प्रगतिशील कवि के रूप में उनकी ख्याति बनारस में ही सुनी। विष्णुचन्द्र शर्मा ने 'कवि' पत्रिका निकाली 1956 में। दाम दो आने। लेख उसमें राहुल सांकृत्यायन, हजारीप्रसाद द्विवेदी, नामवर सिंह जैसों के और कविताएँ मुक्तिबोध, नागार्जुन, केदारनाथ अग्रवाल, रघुवीर सहाय जैसों की। उसी में विशिष्ट कवि के रूप में केदारनाथ अग्रवाल की कविताएँ छपीं। एक कविता थी 'गुलाबी गालों वाली नारि' जिसे अनेक बार विष्णुचन्द्र शर्मा को गुनगुनाते हुए सुना है। विशिष्ट कवि पर संक्षेप में कुछ लिखा भी जाता था। केदारनाथ अग्रवाल पर केदारनाथ सिंह ने लिखा था। तब मुझे लगा था कि ये कैसे प्रगतिशील कवि हैं कि गुलाबी गालों वाली नारि लिखते हैं।

दिल्ली में उन्हें पहले नामवर जी के साथ माडल टाउन में देखा होगा। 1967-68 में यानी तब वे 60 के नहीं हुए थे। कवि नहीं लगते थे देखने पर, खाते-पीते घर के शरीफ रईस लगते थे। सुशील, सुन्दर। प्रगतिशीलोचित अर्थात् नागार्जुन, त्रिलोचन वाला ऊटपटाँगपन बिलकुल नहीं। मुझे नहीं लगा कि उन्होंने मेरी तरफ कोई ध्यान दिया।

माडल टाउन में मैं एक मकान की तीसरी मंज़िल पर मियानीनुमा दो कमरों में सपरिवार रहता था। नीचे कोई जोर से आवाज़ लगाए तभी ऊपर तीसरी मंज़िल तक आवाज़ पहुँचती। नवम्बर या दिसम्बर की शाम के झुटपुटे में नीचे से आवाज़ आयी मेरे नाम की। नीचे झाँका तो आवाज़ आयी—मैं हूँ केदार। अकेले मुझसे मिलने आये थे। मैं हड़बड़ाकर, सुखद आश्चर्य गौरव पुलक में घबड़ाया हुआ नीचे दौड़ गया, उन्हें ऊपर लाया। उनकी इस सहजता से मैं आजीवन अभिभूत रहा। नये लेखकों, रचनाकारों से मिलने-जुलने की प्रवृत्ति उनमें प्रबल थी। डॉ. रामविलास शर्मा और उनके पत्रों को पढ़ें तो पाते हैं कि केदारनाथ अग्रवाल अपने पत्रों में नये लेखकों का और उनकी रचनाओं का उल्लेख काफी करते हैं, डॉ. शर्मा बहुत कम। पता चला

कि उनके जामाता श्री अग्रवाल मेरे निवास से करीब एक फलाँग की ही दूरी पर रहते हैं। केदार जी माडल टाउन आते रहते हैं। दूसरे दिन केदार जी ने दोपहर का भोजन मेरे यहाँ किया। मन भर बातें कीं। ज्यादातर कविताओं पर, निराला पर, डॉ. रामविलास शर्मा पर। उनकी बातें सुनो तो लगता था जैसे उनका मन ही बोल रहा है। कहीं कोई दुराव, छिपाव नहीं। बोलते समय शब्दों के चुनाव में संयम काफी ढीला। 'चू' से शुरू होकर 'तिया' में खत्म होने वाले शब्द का प्रयोग बारम्बार। यथा प्रसंग ऐसे शब्दों के प्रयोग में कोई कुंठा नहीं। अपनी कविताएँ सुनाईं, मेरी कविताएँ सुनीं। बाँदा जाकर पत्र लिखा। स्वादिष्ट भोजन खिलाने के लिए बहू यानी मेरी पत्नी की प्रशंसा की।

मैंने सोचा—इतना बड़ा कवि और मुझसे इतनी आत्मीयता से मिला! और देखो। उसे मेरी कविताएँ भी अच्छी लगती हैं। मन में एक पर्त और सोचा—बसंती हवा के कवि को मेरी कविताएँ अच्छी लगीं। सोचकर ऊपर आसमान की ओर देखने लगा। आसमान अली हो गया।

और यह हाल सिर्फ मेरा नहीं था। राजकुमार सैनी, दिविक रमेश, अजय तिवारी, चारुमित्र, हरियश राय, केवल गोस्वामी आदि का भी था। अजित कुमार, देवीशंकर अवस्थी, मुरलीमनोहर प्रसाद सिंह जैसे लोग तो उन्हें पहले से जानते मानते थे। आपात्काल में राजकुमार सैनी के भाई बलबीर सैनी ने पत्रिका निकाली प्रतिबद्ध 'कविता'। केदार जी ने उसे खूब सहयोग दिया। उसमें छपी नये कवियों की—प्रगतिशील कवियों की कविताओं की प्रशंसा में पत्र लिखे। केदारनाथ अग्रवाल सिर्फ फर्ज अदायगी के लिए बहुत कम पत्र लिखते थे। वे अन्य लोगों से मिलने-जुलने में जीवन रस पाते थे। व्यक्ति और कविता उनके जीवन बोध के स्रोत थे। पत्र उसी की अभिव्यक्ति। प्रकृति से वे कितना जीवन रस खींचते थे इसका प्रमाण तो उनकी कविताएँ ही हैं। बहरहाल जो हमें इतना अभिभूतकारी असामान्य गुण लग रहा था वह उनका सहज जीवन व्यापार था। प्रगतिशीलता उनका सहज जीवन आचरण थी। उनकी प्रगतिशीलता किताबी नहीं थी। वामपंथी पार्टियों की नीतियों से कुछ विशेष लेना-देना नहीं था। प्रगतिशीलता उनकी निज थी।

उन्होंने बाँदा सम्मेलन आयोजित किया। बहुत लोग वहाँ पहुँचे। पता नहीं क्या हुआ कि मैं वहाँ नहीं पहुँच पाया। उनका पत्र आया 'क्यों नहीं आये' लेकिन वे नाराज नहीं हुए।

अपनी जीवन-यात्रा, काव्य-यात्रा, कविता के बारे में वे उत्साह उच्छलित होकर देर तक बातें करते। हर दस मिनट के बाद वह टुकड़ा जरूर आता—'और सुन्दर स्वस्थ तो मैं था ही' या 'और मैं बाँदा का प्रतिष्ठित नागरिक।' और यह इतना स्वाभाविक लगता मानो यह बात वे किसी और के बारे में कह रहे हैं या कोई और उनके बारे

में कह रहा है। उनका यह अंकुश कभी-कभी बेढब रंग दिखाता। डॉ. नामवर सिंह, डॉ. निर्मला जैन, डॉ. नित्यानन्द तिवारी और मैं मद्रास गये थे, एन.सी.ई.आर.टी. के सेमिनार में। उन दिनों केदारनाथ अग्रवाल वहीं थे अपने पुत्र के साथ। हम सब उनसे मिलने गये। मैं सबसे पहले पहुँचा—बाकी लोग बाजार से कुछ खरीदारी करके पहुँच गये। चाय आयी सबने पी। बातचीत साहित्यिक मित्रों पर, साहित्य पर, विभिन्न घटनाओं पर होने लगी। केदार जी मूड में आ गये—बोले—"और शमशेर! इनका का पूछत हौ। फिदा ह्वे गये नरेन्द्र शर्मा पर। कविता लिखैं तो उनहीं पर, वैसे चलैं, बौलैं, उनकै चित्र बनावैं। अरे इनकै आदत है। का बतावैं हमहीं पर फिदा ह्वै गये। सुन्दर तौ हम थे ही। विद्यार्थी जीवन की बात है।"

"लेकिन हम ई चूतियापा में कब्बौ नाहीं पड़े। जाये देव ससुरी इहौ कौनौ नीक आदत है। हम सदैव नारी सौन्दर्य से प्रभावित रहे।"

हम तो 'मौन में स्पंदित वातावरण विषम' की स्थिति में। प्रो. निर्मला जैन सर नीचा किये मंदस्मिति में। सबसे सहज केदारनाथ अग्रवाल ही। उनके यहाँ से विदा हुए तो यही बात मन में ठहर गयी कि कितने सहज हैं। प्रो. जैन ने ही कहा, "कमाल है किस कुंठहीनता से ये आलोचना प्रशंसा करते हैं। और सुन्दर तो मैं था ही जरूर।" हम बार-बार कहकर हँसते रहे।

भोपाल में, 1981 में 'महत्त्व केदार की' गोष्ठी में जब त्रिलोचन केदार की कविताओं पर बोलने खड़े हुए तो लगभग 40 मिनट तक हिन्दी में शब्दकोशों के महत्त्व पर बोलते रहे। सभापति नागार्जुन थे। केदारनाथ अग्रवाल ने उन्हें डाँटते हुए कहा—"का चूतिया बनाए रहे हौ। तुम हिंया केदार पर बोल रहे हो कि शब्दकोशों पर।" सभापति ने हास विनोद में आदरणीय फादरणीय शब्द प्रयोग करते गोष्ठी को व्यवस्थित किया।

केदारनाथ अग्रवाल की कविताओं में प्रकृति और नारी का सौन्दर्य बहुत चित्रित है। वे जीवन रस का छककर पान करने वाले कवि हैं।

जीवन में और प्रकृति में इतना सौन्दर्य देख पाने की आँखें चाहिए और फुर्सत चाहिए। ऐसी आँखें विचारधारा देती हैं किन्तु सिर्फ विचारधारा से ही सौन्दर्य देख पाने की क्षमता नहीं मिलती। उसमें कवि का जीवन आचरण चिन्तन का योगदान होता है। आप एक खास तरह की विचारधारा के तहत एक खास तरह की जिन्दगी जी कर ही एक खास तरह का सौन्दर्य देख सकते हैं। यह खास तरह का जीवन आचरण ऊपरी चीज नहीं है वह बहुत आन्तरिक है और कुदाल फावड़ा भी है जिससे काट कर, गोड़कर, तोड़कर, खोदकर, स्थितियों में से सौन्दर्य मणियाँ निकाली जाती हैं। वे गहन आन्तरिक प्रक्रिया से फूटकर निकलती हैं, लेकिन यह गहन आन्तरिक प्रक्रिया बाह्य जीवन प्रक्रिया से अंतस्सृजित होती हैं।

केदारनाथ अग्रवाल जीवन से बहुत रस खींच सकते थे। वे बहुत सुख उठा सकते थे। उनके सुख में बहुत दुख मिला था। दूसरों का दुख अपने दुख में मिला सके तो मनुष्य बहुत सुखी हो सकता है। ऊपर उठने के लिए व्यर्थ का बोझ फेंकना पड़ता है। ये बातें आदर्शवादी लगती हैं लेकिन केदारनाथ अग्रवाल जैसे लोगों ने इसे व्यावहारिक रूप दिया था।

केदारनाथ अग्रवाल सोवियत भूमि पुरस्कार प्राप्त करने के सिलसिले में सोवियत संघ गये। लौटे तो बताया—''हम हुआँ पहुँचे त्रिपाठी जी तो भौचक रह गये। हे राम कहाँ आ गये। मानो कोई फिल्म देख रहे हों। ऊ बड़ी-बड़ी सड़कें न गन्दगी न और कुछ। शोर शराबा नहीं। हम साँसत में पड़े। कि देखा कि कौआ सारे उड़ि रहे हैं। कौवा उहाँ भी काले। तब कुछ-कुछ जान में जान आयी। खाना पीना उत्तम। हम मांसाहार तो करते नहीं। दहिउ कई तरह के मिलैं। हम खूब खाई। कब्बौ चीनी मिलाइ के, कब्बौ वैसेई पी जाएँ। कुछ दिन तो चम्मच से खाया। आखिरकार जिउ न मानै। तब हाथै से डबलरोटी माँ सान के खाँइ। हाथ से खाने में मजा ही और है। क्यों जानते हैं ?''

''केदार जी जो अच्छा लगता है वह जब तक हाथ से न खाएँ मज़ा नहीं आता। जैसे आलू का चोखा और भात या चिउरा दही। लेकिन हमने इसका कारण नहीं सोचा।''

''कारण हमसै सुनौ—अच्छी चीज को देखना, सूँघना, छूना सब अच्छा लगता है। तुमने चम्मच से खाया तो स्पर्श सुख नहीं मिला न, इसी से सुस्वादु भोज्य को हाथ से खाने में जो मज़ा आता है वह अन्यथा नहीं।''

उनकी कविताएँ उनके जीवन में ढूँढ़ने पर मिल जाती हैं। उनके सुख-दुख के अवयव और उन अवयवों की संरचना उनकी कविताओं और मित्र संवाद में मिल जाती हैं।

केदारनाथ अग्रवाल वकील थे। वकालत आर्थिक साधन था। कमासिन गाँव से उन्हें कोई आमदनी नहीं थी। हो सकता है वहाँ कुछ भेजना ही पड़ता हो। वकालत में उनका मन नहीं लगता था। लेकिन मजबूरी थी। कुछ वर्षों तक सरकारी वकील थे तब ठीक स्थिति रही होगी। लेकिन 1975 में—तब वे 64 के थे, डॉ. शर्मा को एक पत्र में लिखते हैं—''...वकालत बिगड़ रही है। पेशे से बेपेशा हो रहा हूँ। देखो ये खर्चे कब तक चलते रहेंगे। इधर खर्च ही खर्च है। नाती की शादी में बहुत कुछ लगेगा।'' (10.4.75 का पत्र)।

16.1.82 को सुबह साढ़े चार बजे लिखते हैं—''हम अपनी कुछ न कहेंगे। जमे हैं। सिर पर सब ओढ़े हैं। लोढ़े की तरह ज़िन्दगी की सिलौटी रगड़ रहे हैं। ख़ुद ही पिस भी रहे हैं। वैसे दोस्त अपनी ज़िन्दगी कसाई के घर की गिरफ़्त में हमेशा रही है। हमीं ने उसे गौरेया की तरह फुदकाया है हमेशा।''

इस तरह की पंक्तियाँ मित्र संवाद में जगह-बेजगह बिखरी हैं। अपने गहरे दुख का संकेत देकर—वह भी अपने सर्वाधिक अन्तरंग मित्र को, जल्दी से आगे बढ़ जाना मानो कोई ख़ास बात न हो। वहीं निराला का तेवर—क्या कहूँ आज जो नहीं कही।

यही हाल उधर डॉ. शर्मा का भी है। निराला की मृत्यु पर वे केदारनाथ अग्रवाल को लिखते हैं—"दोस्त यहाँ 75 वर्ष के एक ठाकुर टीकम सिंह हैं। उनका लड़का तारा सिंह हमारे साथ अध्यापक था। उम्र में मुझसे कम, उस इकलौते की अकाल मृत्यु हो गयी। शव पड़ा था। लोग रो रहे थे। बूढ़ा गाँव से आया। सबको ढाढस बँधाने लगा। किसी ने कहा—चादर हटाकर बेटे का मुँह देख लो। बोले—इस मुँह को क्या देखना? वह हँसता बोलता चेहरा मन में बसा है वही बना रहे।" (20.10.61 का पत्र)

यहाँ डॉ. रामविलास शर्मा 75 वर्षीय ठाकुर टीकमसिंह से निराला की मृत्यु के दुख से जूझने की शिक्षा प्राप्त कर रहे हैं। दुख के अवसरों पर ये दोनों मित्र इतना सन्तुलित हो जाते हैं कि मानो योगी हों। सुख के अवसर पर इतना बेलाग उल्लसित होते हैं मानो प्राइमरी स्कूल के सहपाठी यार हों।

सुख, सौन्दर्य, श्रम ये केदारनाथ अग्रवाल के जीवन एवं काव्य मूल्य के ढाँचे के विभिन्न अवयव हैं। निस्सन्देह इनका स्रोत समाजवादी विचारधारा है। यह सुख सामाजिकता से अलग या उसका विरोधी नहीं। बस इसका अनुभव निजी है। वह अनावश्यक संचय से, निष्क्रियता से, दूसरों का हक मार लेने से नहीं मिलता। सुख केदारनाथ अग्रवाल के लिए मानवीयता का स्वाद है, अस्तित्व का रस है। उनका जीवन आचरण और कविता भी उसी की प्राप्ति के लिए अनुशासित और अनुकूलित थी। प्रेम हो तो साधना भी सिद्धि का आनन्द देती है। इसीलिए :

सबसे आगे हम हैं पाँव दुखाने में
सबसे पीछे हम हैं पाँव पुजाने में

केदारनाथ अग्रवाल बाँदा में ही आजीवन रहे। किराये के मकान में। मकान पुराने ढंग का था लेकिन आरामदेह था। उनकी ज़रूरत और रुचि के अनुकूल अर्थात् सुखद था। इसलिए अपना मकान बनाना उन्हें अनावश्यक लगा होगा। पुस्तकों को रोज झाड़ते थे। मटके में पानी भरा रहता था। न टेलीविजन था न फ्रिज। ड्राइंगरूम में पुरानी दीवाल घड़ी थी जो शायद रोज़ पिछड़ जाती थी इसीलिए वे दिन में कई बार चाभी भरते थे और काँटों को समय से मिला देते थे। घड़ी मिलाने की प्रवृत्ति को नये कवि बोधिसत्व ने लक्षित किया था। घड़ी मिलाते रहना शायद मूलतः समय के साथ बने रहने की प्रवृत्ति है। घर का सारा रखरखाव वस्तुतः

समय के साथ-साथ होते परिवर्तन की प्रक्रिया को बरतरफ करके सम्बन्धों के निर्वाह की प्रतीक प्रवृत्ति है। अपनी वृद्धा पत्नी के प्रति वह उद्वेलित भावावेग जो उनकी कविताओं में है इसी का द्योतक है। वृद्धा पत्नी के प्रति अनुराग को केवल स्वकीया परकीया में बाँटकर देखना बहुत ऊपर-ऊपर से देखना है। समय के साथ-साथ परिवर्तन आता है किन्तु मानवीय चेतना इस परिवर्तन के विरुद्ध सनातनता और अमरता का भी विधान करती चलती है। आचार्य शुक्ल ने इसी को साहचर्य सम्भूत रस कहा है। निराला ने लिखा :

वहाँ एक अशेष प्रणय
ताक रहा है हमको निर्भय
दोनों उसकी दृढ़ लहरें सहें
जैसे हम हैं वैसे ही रहें।

सम्बन्धों का निर्वाह 'मित्र-संवाद' में है, वृद्धा पत्नी के पोपले मुँह के सौन्दर्य चित्रण में है और बुन्देलखंड की जातीय संस्कृति की काव्य साधना में है। आजीवन बुन्देलखंड वास इसी साधना का अंग है। केदारनाथ अग्रवाल बुन्देलखंड की जातीय संस्कृति के, ईसुरी के बाद सबसे बड़े प्रवक्ता कवि हैं। उनकी कविताओं में पानी और पत्थर बहुत आते हैं। वह बुन्देलखंड की चट्टानी प्रकृति और केन नदी का प्रभाव है। केदार ने बुन्देली में उत्कृष्ट कविताएँ लिखी हैं। एक बेजोड़ कविता बादल पर है :

उड़ि रहे बदरा
बरसि रहे बदरा
खेतिया का अँचरा परसि रहे बदरा
मोरे मन बसि रहे
लसि रहे बदरा

केदारनाथ अग्रवाल की कविताओं को पढ़ने और उनका रस लेने का मतलब है बुन्देलखंड की प्रकृति और जनजीवन को पढ़ना और उसका रस लेना। रस सुख दुखात्मक है, केवल आनन्द में विश्रान्ति देने वाला नहीं। जातीय संस्कृति का प्रवक्ता केवल प्रगतिशील रचनाकार हो सकते हैं। शाश्वतवादी रचनाकार चूँकि वस्तुत: कहीं के नहीं होते, इसलिए वे तो जातीय हो ही नहीं सकते। इसके सबसे प्रामाणिक उदाहरण प्रेमचन्द हैं। प्रेमचन्द हिन्दी-उर्दू के सर्वाधिक अन्तर्राष्ट्रीय ख्यातिप्राप्त रचनाकार हैं। लेकिन उनके साहित्य पर गौर करें तो पाएँगे कि उनके अधिकांश एवं उल्लेखनीय पात्र और घटनाएँ लखनऊ और बनारस के बीच के प्रदेश और 1916 से 1936 यानी

कुल 20 वर्षों की कालावधि की हैं। इतने सीमित देशकाल का रचनाकार हिन्दी का अन्तर्राष्ट्रीय और कालजयी रचनाकार है। प्रेमचन्द मूलतः पूर्वी उत्तर प्रदेशी कमोबेश अवध की जातीय संस्कृति के रचनाकार हैं। जैसे नागार्जुन मिथिला के। इस प्रसंग में केदारनाथ अग्रवाल और नागार्जुन की एक-दूसरे पर लिखी गयी कविताओं का स्मरण प्रासंगिक है। त्रिलोचन की एक पंक्ति है—मैं उस जनपद का कवि हूँ। उनका जनपद अवध है। समकालीन समर्थ शाश्वतवादियों ने अनेक शब्दों को मटियामेट किया है। उन्हीं में से एक शब्द जनपद है, प्रगतिशील जनवादी रचनाकारों के 'जनपद' में जन का वर्चस्व होता है, शाश्वतवादी के जनपद में पद का। केदारनाथ अग्रवाल का कोई काव्य-संकलन दिल्ली से नहीं प्रकाशित हुआ। आधुनिक कवि सीरीज में भी नहीं।

एन.सी.ई.आर.टी. ने कई लोगों पर फिल्म बनवायी। उन पर नहीं। नामवर जी ने आधुनिक कवि पुस्तकमाला में प्रकाशनार्थ राजकमल के लिए मेरे सामने उनसे कविताएँ माँगीं। उन्होंने विनम्रतापूर्वक कहा—इस विषय में शिवकुमार सहाय से बात कर लीजिए। केदारनाथ अग्रवाल का समस्त साहित्य परिमल प्रकाशन में ही छपा है। परिमल प्रकाशन का प्रतीक चिह्न ही केदारनाथ अग्रवाल का छायाचित्र है। कहा भी जाता रहा है परिमल प्रकाशन से किताब छपवानी है तो केदारनाथ पर कुछ लिखो।

बाँदा में 'केदार समारोह' के दौरान एक बार शिवकुमार सहाय ने बताया :

''मैं तो प्रेस में काम करता था। वहीं एक कविता पढ़ी—'एक हथौड़े वाला घर में और हुआ'। कविता मुझे इतनी अच्छी लगी कि मैं केदार जी की और कविताएँ पढ़ने के लिए बेताब हो गया। लेकिन ढूँढ़ने पर भी उनका कोई काव्य-संकलन मुझे नहीं मिला। मैंने सोचा कि उनकी कविताओं का प्रकाशन होना चाहिए चाहे इसके लिए मुझे ही प्रकाशक क्यों न बनना पड़े। मैं बाँदा पहुँचा और बाबू जी से कविताएँ माँगीं। बाबू जी ने कहा—बेवकूफ़ी मत करो। कविताओं की किताबें बिकती नहीं। जो कुछ भूजी भाँग बचा रखी है खतम हो जाएगी। कोई और प्रकाशक मिलेगा तो मेरी कविताएँ छाप देगा। मैं नहीं माना। उनकी कविताओं वाली कापी उठा लाया और पुस्तक 'फूल नहीं रंग बोलते हैं' छाप दी। 'फूल नहीं रंग बोलते हैं' की कविताओं का चयन-संकलन दिवंगत मित्र श्री बद्रीनाथ तिवारी ने किया था और वह केदारनाथ अग्रवाल की कविताओं का अद्यावधि श्रेष्ठ संकलन है।'' परिमल प्रकाशन और केदारनाथ अग्रवाल एक-दूसरे के पर्याय हो गये। बाँदा में प्रतिवर्ष केदार का जन्मदिन मनाया जाता रहा अनेक वर्षों से। उनके नाम पर काव्य पुरस्कार स्थापित किया गया। आयोजन श्री शिवकुमार सहाय और केदार प्रेमी बाँदा निवासी—श्री नरेन्द्र पुंडरीक आदि करते। डॉ. रामविलास शर्मा ने कुछ ही दिन पूर्व मुझसे कहा था—हिन्दी में और कोई ऐसा प्रकाशक नहीं है जो अपने लेखक का जन्मदिन इतनी आत्मीयता से प्रतिवर्ष मानता

हो। केदारनाथ अग्रवाल को लेकर शिवकुमार सहाय ने कितने लोगों से झगड़ा किया है, बोलचाल बन्द रखी है। इस सबका लेखा-जोखा कभी फिर। एक बार श्री खगेन्द्र ठाकुर और हम उनकी लपेट में आ गये थे। प्रगतिशील लेखक संघ के तत्कालीन महासचिव और सचिव ने अपने लिए ऐसी चुनिन्दा अपशब्दावली कम सुनी होगी। मज़े की बात यह थी कि शिवकुमार जी अपने गाड़ी में बिठाकर हमें अपने घर लिये जा रहे थे। हम दोनों में से किसी ने सिर्फ यह पूछा था—केदार जी की तबियत कैसी है? कि विस्फोट हुआ। हम पृष्ठभूमि से अपरिचित थे। मैं किंकर्तव्यविमूढ़! आख़िरकार खगेन्द्र जी ने कहा—शिवकुमार जी हम और विश्वनाथ त्रिपाठी आपके घर ही चल रहे हैं। घर पहुँचकर मन भर की गाली दे दीजिएगा। अभी रास्ते में ही क्यों सब खर्च कर दे रहे हैं। ग़लतफ़हमी दूर होने पर शिवकुमार जी लज्जितवत् चुप हो गये।

केदार जी की मृत्यु का समाचार फोन पर देते हुए वे बच्चों की तरह फूट-फूट कर रो रहे थे।

हिन्दी साहित्य के इतिहास में प्रकाशक और लेखक का ऐसा सम्बन्ध अलभ्य है। यही कारण था कि केदारनाथ अग्रवाल की कोई पुस्तक दिल्ली से नहीं छपी। यह सम्बन्ध निर्वाह की ही प्रवृत्ति का उदाहरण है।

केदारनाथ अग्रवाल को सामान्यत: उतना दृढ़ नहीं माना जाता जितना उनके मित्र डॉ. रामविलास शर्मा को। यहाँ 'मित्र-संवाद' पर विशेष लिखने का अवसर नहीं है। यह पुस्तक अत्यधिक महत्त्वपूर्ण है। मेरा विचार है कि 'ग़ालिब पत्रावली' से इसका महत्त्व कम नहीं। पत्रों से दोनों मित्रों की अन्तरंगता, निजी सुख-दुख, भावनाओं और विचारों की समानता के साथ-साथ असमानता पर भी पर्याप्त प्रकाश पड़ता है। केदारनाथ अग्रवाल उतने ही आग्रही हैं जितने डॉ. रामविलास शर्मा—कम बिल्कुल नहीं। हाँ आग्रह और अपने मत से न टलने का रूप भिन्न है। डॉ. रामविलास शर्मा केदार को 'अबे वकील' संस्कृत पढ़ ससुरे, लिखते हैं और प्रसन्न होकर चुम्मा लेने की बात अक्सर लिखते हें। केदारनाथ अग्रवाल पत्र न लिखने की शिकायत अक्सर करते हैं।

केदारनाथ अग्रवाल ने डॉ. शर्मा को लिखा—" 'हाइपीरियरन' (कीट्स की रचना) के आगे कुछ नहीं सुहाता। बड़ी गज़ब की कविता है। वाह रे कीट्स! हज़ारों वर्षों तक यह दकदकाती रहेगी। कभी भी मैली न पड़ेगी। 'राम की शक्ति पूजा' कहीं नहीं ठहरती। यह अन्तर्द्वन्द्व और यह उसका निरूपण कमाल का है। निराला जी 'तुलसीदास' में कुछ टक्कर लेते हैं मगर कल्पना के बल पर।" (11.4.58 का पत्र)

निराला की 'राम की शक्ति पूजा' को किसी कविता से कम कहा जाये

इसे डॉ. शर्मा सहन करें। असम्भव! सो लिखा—"तुम आदमी तो जीवट के हो लेकिन साहित्यकार थर्ड क्लास होते जा रहे हो!...ससुरे, 'राम की शक्ति पूजा' के लिए लिखा है, 'हाइपीरियन' के आगे कहीं नहीं ठहरती। तबियत होती है बाँदा आकर तुम्हारे कान पकड़कर दो तमाचे लगा दूँ। चुगद! दुख की अभिव्यंजना दोनों में है, निराला में Tragic sublimit है, Keats में विषाद से संघर्ष करने की निर्बल आकांक्षा मात्र। Foreston Forest की background से मिला लो—है अमानिशा—अप्रतिहत गरज रहा पीछे अम्बुधि विशाल।" (17.4.58 का पत्र)

केदारनाथ अग्रवाल ने जवाब दिया—"हम यशपाल नहीं हैं कि घूँसों से डरें और तलवार लेकर निकल आएँ। ग़लती को मानना पड़ेगा और उसे दूर करना पड़ेगा। आलोचक से ख़ौफ़ किस बात का? वह तो गुरु है अपना।

"निराला में Tragic Sublimits है मगर दोस्त वह मार्के की अनेक पंक्तियाँ नहीं हैं जो Hyperian में हैं। देखो न! क्या काव्यात्मक वर्णन है आदि से लेकर अन्त तक। अमानिशा वाली पंक्ति लेकर तुम Keals से आगे रखना चाहते हो निराला को। मैं इन पंक्तियों का पहले से कायल हूँ। परन्तु इन्हीं के बल पर Hyperian के सौन्दर्य पर मुग्ध न होना वाजिब बात नहीं है। Keats में विषाद से संघर्ष करने की निर्बल आकांक्षा मात्र भले ही हो पर वह भी इतनी मूर्तिमती होकर गम्भीर होकर समस्यामूलक होकर उभरी है कि कुछ कहा नहीं जा सकता। Hyperian और Saturn के मनोवेगों को देखो...चित्र देखो, न मारे गुस्से के Saturn का वस्त्र एड़ी से बाहर निकला जाता है। ख़ूब है यह Suggestion. निराला की कविता में दार्शनिकता भले हो वह कीट्स से टक्कर नहीं ले सकती।...प्रारम्भ ही देखो दोनों का। Keats साकार कर देते हैं चित्र। निराला की रचना का प्रारम्भ कोई चित्र नहीं देता। वहाँ तो शब्दों का गर्जन प्रहार है जो जीभ को दर्द देने लगता है।" (18.4.58 का पत्र)

इसके बाद केदार निराला पर अपनी एक कविता उद्धृत करते हैं और लिखते हैं—"अब बोलो मुक्के महाराज शर्मा जी। है न उम्दा चीज़, कहीं देखी है ऐसी सुन्दर रचना अपने कवि पर। एक तुमने लिखी थी न। (केदार का आशय—'वह सहज विलम्बित मन्थर गति' वाली कविता से है) लम्बी-चौड़ी। मार हाथी और सियार भर दिये थे।"

मगर केदारनाथ अग्रवाल अपने आलोचक मित्र पर असली तेज बरसाते हैं दिनकर की 'उर्वशी' की प्रशंसा करने पर। अग्रवाल बनिया हैं, छोटे बटखरों से डाड़ी मारने वाले। डॉ. शर्मा ने एक बार लिखा भी था—"अरे लाला! कहाँ मैथिलीशरण और कहाँ दिनकर। तुमने तो सरे बाजार डाड़ी मार दी।" (24.3.62)

लाला केदारनाथ अग्रवाल ने डॉ. मुक्केमार शर्मा को लम्बा जवाब दिया। पूरा पत्र लाजवाब है। यहाँ पूरा पत्र नहीं उद्धृत कर सकते। अंशों में ही उद्धृत

करते हैं :

"श्री पत्री जोग लिखी बाँदा से लाला केदारनाथ की जै गोपाल पहलवान श्री रामविलास आगरा वाले को पहुँचे। चिट्ठी आपकी आयी। समाचार जाना।...हम ठहरे लाला...डर गये कहीं दिनकर का हिमायती पहलवान न इसके अन्दर पेट फाड़कर निकल आये!...वरना हम तो ऐसे वैसे को गिनते कब हैं। हमारे बटखरे छोटे हों तो भी बड़ा काम करते हैं। बड़े-बड़े पहलवानों के राशन को कम तौलते हैं। हम उर्वशी पढ़ चुके। पर पहलवान जी आपकी तरह नहीं। आपने तो इसे वैसे ही पढ़ा है जैसे हमारे डी.जी.सी. (सरकारी वकील) जल्दी-जल्दी में हनुमान चालीसा पढ़ते हैं। आप नयी कविता की झाड़-झंखाड़ से ऊबे थे। तभी तो आपको 'उर्वशी' में मज़ा आ गया। किताब नशीली है। ज़मीन से आसमान की ओर ले जाती है। शून्य में सपने दिखाती है। ऐसे ऐसे प्रश्न और उत्तर सुनती सुनाती है जैसे न कोई आदमी करता है न कोई स्त्री करती है। न कोई अप्सरा करती है। आप कहते हैं कि तृतीय अंक शिखर अंक है। ज़रूर है। कारण भी बहुत साफ़ है। पहला तो यही है कि न पुरुरवा ने कोई कसर उठा रंखी है न उर्वशी ने। मेरा मतलब बोर करने से। दोनों एक-दूसरे से लम्बी बात करने में एक-दूसरे के कान काटते हैं। अजीब हैं दोनों कि सन्तुलन जानते ही नहीं...जीभ है कि कैंची।...ऐसा लगता है कि दो दार्शनिक—दो वकील—दो बौझक—दो बकवासी—दो मन्त्री एक-दूसरे से बाज़ी मार ले जाना चाहते हैं।" (26.3.62)

मुक्तिबोध ने लिखा था—लगता है कि उर्वशी और पुरुरवा के शयनकक्ष में लाउड स्पीकर लगे हैं।

श्रीकान्त वर्मा ने मुझसे कहा कि 'उर्वशी' का शीर्षक होना चाहिए—झाँसी की रानी उर्वशी बाई।

डॉ. नामवर सिंह की पुस्तक 'कविता के नये प्रतिमान' में एक अध्याय है 'उर्वशी विवाद' पर।

केदारनाथ अग्रवाल की समीक्षा दृष्टि आधुनिक है और वह अधिक विवेक सम्मत भी। उन्होंने अपने एक अन्य पत्र में फिर लिखा—"मुझे तो मालूम होता है कि यह काव्य केवल बकवास है। शुरू से आख़िर तक।" (16.4.62)

केदारनाथ अग्रवाल की विनम्रता उनकी दृढ़ता का ही रूप था। मतभेद उनकी मैत्री और अन्तरंगता का ही एक आयाम था।

'मित्र संवाद' के कुछ पत्र केदारनाथ अग्रवाल की विलक्षण काव्य मर्मज्ञता का परिचय देते हैं। निराला का एक गीत है:

हाथ वीणा समासीना
विशद वादन रत प्रवीणा

घिरे बादल गगन मंडल
तरल तारक नयन अविचल
तार के झंकृत सुकोमल कराहत करका सुखीना।
राग सावन मनोभावन
भामिनी के भवन पावन
दीप्ति नयनों की सुहावन नाक का हिल रहा मीना।

''इसकी कला देखो ऊपर से नीचे ठोस। महाकवि ने अपनी काव्य साधना को, सरस्वती की आराधना को, अपने जीवन चरित्र को और युग के साहित्यिक जीवन चरित्र को एक ही धरातल (पर) उतारकर सँवार दिया है। पहले तो सरस्वती को बराबर पर बिठा लिया है। अपने को उस देवी के समकक्ष रखने का भाव है। अपनी कविता का भरोसा व्यक्त किया है कवि ने। उधर सरस्वती भी उसके घर आयी हैं। वह भी कवि को श्रेष्ठ समझती है। तभी तो सुपात्र के पास बैठकर वीणा बजाती है। बादल घिरे हैं। कवि के जीवन में और काव्य के जीवन में और सरस्वती के जीवन में तीनों तरफ आकाश आच्छादित हैं। सावन जो है। तारे भी छिपे हैं। परन्तु देवी के तारने वाले तरल नयन तो हैं। वह चमक रहे हैं। तरल से सहृदयता और सन्तोष की तृप्ति का भाव है। दुख में भी कविता, संगीत और जीवन एक (साथ) चल रहे हैं। यह ख़ूबी है। ओले पड़ते हैं। वैसा ही संगीत भी बज रहा है। वेदना का बोध अव्यक्त से व्यक्त होता है। वह भी सुख देने वाला है। वेदना में सुख की अनुभूति व्याप्त है। गीत नहीं बन्द होता। सरस्वती चल नहीं देती। कवि भाग खड़ा नहीं होता। क्रम चलता ही रहता है। सरस्वती की आँखों की ज्योति देखता है कवि। अपनी काव्य साधना पर प्रसन्न देखता है देवी को। तभी मीना के हिलने में स्वीकार का भाव है। यह है कला और वह है कविता।'' (25.12.61)

पत्रों में केदारनाथ अग्रवाल अंग्रेजी, उर्दू और कभी-कभी संस्कृत कवियों, समकालीन युवा कवियों, लेखकों की रचनाओं का विश्लेषण करते हैं, केदारनाथ अग्रवाल के व्यक्तित्व में डॉ. रामविलास शर्मा और त्रिलोचन शास्त्री भी मौजूद हैं—यह इन पत्रों को पढ़ने से ज्ञात होता है। कवि की आलोचना की आलोचना से कभी-कभी अधिक विश्वसनीय होती है।

केदारनाथ अग्रवाल को लिखे गये अनेक पत्रों में डॉ. रामविलास शर्मा की आलोचना का उत्कृष्ट रूप प्रकट होता है। पाठक के रूप में उनकी रसग्राहिणी क्षमता का ऐसा रूप उद्‌घाटित होता है जो उनकी बाजाप्ता आलोचनात्मक कृतियों में सर्वत्र नहीं दिखलाई पड़ता। शायद पत्र के आत्मीय एवं अनौपचारिक विधा होने के कारण उनकी पाठकीय रुचि की व्याप्ति ज्ञान-विज्ञान के अनेक क्षेत्रों को समेटती

है। लेकिन इस व्याप्ति में उनकी जातीय दीप्ति सर्वत्र विद्यमान है। यह आज की बात नहीं। स्वतन्त्रता के पूर्व भी जब हिन्दी वालों को शास्त्री जी...पंडत...वशिष्ठ जाना माना और सम्बोधित किया जाता था तब लखनऊ विश्वविद्यालय के अंग्रेज़ी विभाग के सर्वप्रथम पी-एच.डी. डॉ. शर्मा निराला को शेली, कीट्स, वायरन और वर्ड्सवर्थ से बड़ा कवि मानते थे। वे एक ओर अपनी मातृभाषा पर थूकने वाले हिन्दी भाषी अंग्रेजीदाँओं को ललकारते थे और दूसरी ओर संकीर्णतावादी हिन्दी वालों को, साथ में फ़िराक़ जैसे हिन्दी तिरस्कारकों को। इस मारपीट में उनकी छवि मल्ल की बन गयी हो तो आश्चर्य नहीं। उनकी अन्तर्विद्याभेदिनी ज्ञान राशि और अपूर्व रसग्राहिणी क्षमता का उद्घाटन होने में समय लगा। इन पत्रों में उनका ज्ञानी एवं रसग्राही रूप सुरक्षित है। डॉ. शर्मा को हिन्दी अंग्रेजीदाँओं से शिकायत यह रही कि वे अंग्रेज़ों की बहुत नकल करते हैं सिर्फ यह नहीं सीख पाते कि अंग्रेज अपनी भाषा को प्यार कितना करता है और दूसरी भाषाएँ सीख कर अपने भाषा-साहित्य को समृद्ध कितना करता है।

डॉ. रामविलास शर्मा ने अकेले बहुत दूर तक इस विषय में क्षतिपूर्ति की है। मैं यहाँ सूरदास की कुछ पंक्तियों के सौन्दर्य को उद्घाटित करनेवाली उनकी कुछ पत्र पंक्तियों को उद्धृत करने का लोभ नहीं संवरण करना चाहता। वे अप्रासंगिक भी नहीं क्योंकि लिखे तो केदारनाथ अग्रवाल को ही गये हैं:

> प्रिय केदार!
>
> 15 अगस्त को जब कृष्ण जी तशरीफ लाए तब—
> *आजु तौ बधाई बाजै मन्दिर महर के*
> किस किस को प्रसन्नता हुई?
> *फूले फिरैं गोपी ग्वाल ठहर ठहर के।*
> गोपी ग्वालों को तो प्रसन्न होना ही था। किन्तु—
> *फूली फिरैं धेनु धाम, फूली गोपी अंग अंग*
> *फूले फले तरुवर आनन्द लहर के*

देखा? आनन्द की लहर में गायों, गोपियों और तरुवरों को—जड़ और जंगम, चर और अचर—दोनों को सूर ने कैसे लपेटा है! और ज़रा इस पंक्ति का मुलाहजा हो—

> *उमंगे जुमन जल, प्रफुलित कुंज पुंज*
> *गरजत कारे कारे जूथ जलधर के।*

सौ बार माथा टेको इस पंक्ति के सामने! यहीं तो ब्रजवासी तुलसी से आगे बढ़ गया है। अमृत नागर की शब्दावली में यहाँ वर्ड्सवर्थ भी फौक्स है। और

नतीजा—

नृत्यन मदन फूले फले रति अंग अंग
मन के मनोज फूले हलधर वर के।

इस कवि ने ज्ञात या अज्ञात में प्रकृति के मर्म में उस अन्ध इच्छाशक्ति का स्पन्दन सुना है जो आगे चलकर मनुष्य की चेतना के रूप में विकसित हुई। (22.8.56)

प्रकृति सौन्दर्य पर कवियों ने बहुत लिखा है, आलोचकों ने उसकी व्याख्या भी बहुत की है किन्तु प्रकृति की ऊर्जा में निहित अन्ध इच्छा शक्ति और उसे मानवीय चेतना का पूर्व रूप किसी ने नहीं कहा था। यह क्षमता द्वन्द्वात्मक भौतिकवाद ही दे सकता था।

सूरदास की कुछ और पंक्तियों की व्याख्या। रास नृत्य का।

"...पहले सूर का दिव्य दर्शन देखो। रास का चित्र है। कल्पना के रंगों में सूर की संवेदनाओं ने ढल कर ज्योति के पत्र पर कैसा अमर चित्र आँका है—वर्ण वर्ण, रेखा रेखा सजीव है, सारा चित्र इतना सर्वांग-सम्पूर्ण मानो द्रष्टा के सामने मन्त्र के प्रज्वलित अक्षर स्वत: अवतरित हुए हैं—

अरुझी कुंडल लट, बेसरि सौं पीत पट, वन माल
बीच आनि उरझे हैं दोऊ जन।
प्राननि सौं प्रान, नैन नैननि अँटकि रहे, चटकीली
छवि देखि लपटात स्याम घन।
होड़ा होड़ी नृत्य करैं, रीझि रीझि अंक भरैं,
ता ता थेई थेई उछटत हैं हरखि मन।
सूरदास प्रभु प्यारी, मंडली जुबति भारी नारि कौ
आँचल लै लै पोंछत स्रमकन।

"...उल्लास का ऐसा चित्र और कहीं देखा है! कृष्ण के कुंडलों में राधिका की लट, राधा की बेसर में कृष्ण का पीतपट उलझा है। नृत्य घनीभूत है न। बनमाल में दोनों ही उलझ गये हैं। होड़ करके नाचते हैं। सामन्ती निषेधों की बेड़ियाँ पैरों में नहीं हैं, इसलिए प्राक् सामन्ती समाज की स्वच्छन्दता के ताल पर नाच रहे हैं। प्राणों से प्राण, नैनों से नैनों का मिलना—रवीन्द्रनाथ—निराला की प्रेम सम्बन्धी तल्लीनता सूर ने पहले ही देख ली है। रीझ-रीझ कर अंक भरना, ता ता थेई थेई उछटत पाजब मृदंग पर थाप पड़े तब नाद की नसेनी पर मन सुन्न महल पर पहुँच जाए। मंडली जुवति है, अनेक नाचने वाले हैं। सामूहिक उल्लास है। फिर समग्र क्रिया की पूर्ति के फलस्वरूप आँचल से स्रमकन पोंछना—रस निष्पत्ति का पराकाष्ठा है।" (16.5.57)

'मित्र-संवाद' के पत्रों में कई विधाओं का समावेश है। दो मित्रों की दो भाव सत्ताओं का ऐसा सहज योग अन्यत्र दुर्लभ है। निस्सन्देह इन पत्रों का एक-दूसरे की रुचियों पर, रचनाओं पर प्रभाव पड़ा है। ऐसा प्रभाव ढूँढ़ा जा सकता है। रामविलास जी ने एक पत्र में फ्रांसीसी कवि रोजार (Ronsard) की कुछ कविताएँ लिख भेजी हैं—कविता में कहा गया है किसी समय में घाटी पर्वत में बदल जाएगी। पर्वत (पठार) की चोटियाँ खुला मैदान बन जाएँगी। और समुद्र हरे-भरे खेतों के रूप में लहराएगा। मुझे केदार की एकाध कविताओं में यह भाव झलकता दिखलाई पड़ता है। कँकरीला मैदान पहले समुद्र मीनों का घर था। इसी तरह पठार जड़ बीहड़ था। कटते-कटते ध्वस्त हो गया। अब वह वन फूलों से गन्ध भरा संसार हो गया है। प्रकृति का कुछ नष्ट नहीं होता उसका रूप बदल जाता है। डॉ. शर्मा इसे द्वन्द्वात्मक भौतिकवाद मानते हैं। होगा। किन्तु मूलतः यह सांख्य का सत्कार्यवाद है। हो सकता है केदार ने प्रकृति को इस रूप में डॉ. शर्मा के पत्रों से प्रभाव ग्रहण करके देखा हो। किन्तु उन्होंने कविता में जो कथानक भर दिया है, वह उनकी कल्पना है।

केदारनाथ अग्रवाल की कविताओं की वस्तु और उनके रूप के कई आयाम हैं। नागार्जुन, त्रिलोचन, शमशेर, मुक्तिबोध और केदारनाथ अग्रवाल को एक बार राजेश जोशी ने समकालीन प्रगतिशील कविता के पंच महाभूत कहा। मुझे यह कथन बहुत अच्छा लगा। राजेश ने उस अवसर पर जो कविताएँ सुनायीं इन कवियों की, वे भी बहुत अच्छी थीं। इन कवियों की अपनी-अपनी विशेषता भी है। केदारनाथ अग्रवाल में श्रम का चित्रण सर्वाधिक है। आश्चर्य है कि नागार्जुन के यहाँ श्रम का चित्रण कम है, त्रिलोचन, शमशेर यहाँ तक मुक्तिबोध के यहाँ भी। इसका कारण क्या है? नागार्जुन और केदारनाथ अग्रवाल दोनों प्रकृति सौन्दर्य के अनुपम कवि हैं। अलग-अलग ढंग से। नागार्जुन के यहाँ प्रकृति के जस-का-तस सौन्दर्य का चित्रण है। बादल को घिरते देखा है या फूले कदम्ब या शिशु घन कुरंग या पछाड़ दिया मेरे नास्तिक को—इन कविताओं में पत्थर और पानी की टक्कर नहीं, मार रहा है घूँसे चट्टानी जैसा चित्रण नहीं। नागार्जुन की कविताओं की यह कमी नहीं, भिन्नता है। उन्होंने श्रम का चित्रण न किया हो लेकिन श्रमिक ड्राइवर से सम्बन्धित गुलाबी चूड़ियाँ जैसी कविताएँ लिखी हैं और ऐसी कविताएँ केदार ने नहीं लिखी हैं। केदारनाथ अग्रवाल के यहाँ जन और प्रकृति में भी आन्तरिक क्षोभ, सक्रिय और वेग भरपूर है। प्रकृति, कृषक (श्रमिक), उसके श्रम द्वारा प्रकृति का संस्कृति (फसल, कृषि फल) में रूपान्तरण यानी श्रम का सौन्दर्य चित्र अधिक है। जो श्रम प्रकृति को लोकहित में रूपान्तरित करता है वह नैतिक एवं सुन्दर है। केदार प्रकृति के विशेषतः बादल, पत्थर, पानी, हवा, मिट्टी, वृक्ष के और फसल—कृषि फल के सौन्दर्य का चित्रण मन लगा

कर करते हैं, कृषि फल प्रकृति का श्रम के माध्यम से संस्कृति का रूपान्तरण है। फसल है तो मनुष्य की श्रम संस्कृति किन्तु वह प्रकृति का ही रूप लगती है— उपयोगिता एवं सौन्दर्य की अन्योन्याश्रयता का सर्वोत्तम रूप। कृषि फल के श्रम सौन्दर्य को केदार जितनी गहराई से देखनेवाले यानी उनके प्रेरक कवि निराला हैं और प्राचीन भारत में कालिदास। यक्ष मेघ की अभ्यर्थना करते हुए कहता है— तुम्हारे ऊपर ही कृषि फल निर्भर है। जनपद की कृषक वधुएँ यह जानती हैं। वे भ्रू विलास से नगर की चटक-मटक भौंह चलाने वाली औरतों के समान दुनियादार नहीं, अनभिज्ञ सहज प्रीति स्निग्ध नेत्रों से तुम्हें ऐसा देखेंगी मानो, तुम्हें पी रही हों। हल से तत्काल जोती जाने के कारण धरती से उठ रही सुगन्धवाले खेतों के ऊपर से थोड़ा सा लघुगति से आगे बढ़ जाना।

निराला ने सरस्वती को किसानों की सरस्वती बना कर हरे-भरे खेतों की शोभा को सरस्वती के सौन्दर्य के रूप में देखा और उसे कृषक श्रम से जोड़ा। केदारनाथ अग्रवाल ने अन्न को 'सिंह अयाली' यों ही नहीं कहा है। उपमाएँ या सादृश्य विधान—ऐसा मौलिक सादृश्य विधान कवि के आन्तरिक व्यक्तित्व और उसके भाव बोध का फल होता है। कहने को यह एक उपमा मात्र है किन्तु ये केदार की सृष्टि है जो श्रम सौन्दर्य को अपने अन्तरंग में रचाए-बसाए और श्रमिक की आर्थिक विपन्नता के विक्षोभ के बिना असम्भव था। विक्षोभ में इतिहास बोध और भविष्य में श्रमिक की अभाव मुक्ति का स्वप्न भी इस उपमान में संश्लिष्ट है। श्रमिक की वास्तविक ऐतिहासिक शक्ति भी। नहीं तो अन्न 'सिंह अयाली' न होता। विष्णु खरे, केदारनाथ अग्रवाल जैसी रचना न कर पाएँ तो कोई बात नहीं। श्रम सौन्दर्य को न आँक पाना रचनात्मक अक्षमता है कोई अपराध नहीं। लेकिन ऐसी कविता को सन्दर्भहीन या गतकालिक मानना तो अपनी अक्षमता का ढिंढोरा पीटना है। ये देश की बहुसंख्य अभावग्रस्त श्रमिक जन के अभाव और अभाव मुक्ति के स्वप्न से बहुत दूर है और अपने को दूर या अलग रखने में ही अपनी रचनाधर्मिता की सुरक्षा समझते हैं। श्रमिक जनता कीचड़ है और ये कमल की तरह खिले हैं। लक्का कबूतरों की मटक-मटक कर गुटरगूँ कवित्त लिखने वाले ये लोग वस्तुतः सांस्कृतिक पृथकतावादी हैं। ये उसी प्रगतिशील कवि को नापसन्द करते हैं जिसकी कविता में श्रम का सौन्दर्यबोध सबसे अधिक है।

श्रम सौन्दर्य कृषक श्रमिक के साथ-साथ मजदूर में। हथौड़े वाले में। 'एक हथौड़े वाला घर में और हुआ' कविता विष्णु खरे को न अच्छी लगती हो। प्रेसकर्मी शिवकुमार सहाय को इतनी अच्छी लगी कि बरसों से बचाई हुई जमा पूँजी लगाकर केदारनाथ अग्रवाल का काव्य-संकलन निकाला।

ऐसा क्यों है कि जो कविताएँ केवल लेखकों के लेखकों यानी पाठकरहित

रचनाकारों को पसन्द नहीं आतीं वे प्रेसकर्मी को इतना पसन्द आईं।

यह कविता हथौड़ा चलाने वाले के घर में पुत्र जन्मोत्सव पर है। पुत्र जन्मोत्सव का वर्णन साहित्य में प्राय: सम्पन्न लोगों के सन्दर्भ में होता है। कसीदे लिखे जाते हैं—जिओ जिओ रे लला होता है, हिजड़े नाचते हैं। सम्पन्न लोगों के यहाँ नाचने वाले प्राय: हिजड़े ही होते हैं। हिजड़े हिजड़े नहीं, वास्तविक हिजड़े। श्रमिक के घर का पुत्र जन्मोत्सव अवकाश भोगी वर्ग के घर में होने वाले जन्मोत्सव से भिन्न होता है। यह पुत्र राज करने वाला या समधिन के द्वारे घोड़ी नचाने वाला नहीं, हथौड़ा चलाने वाला है। वह पुष्प सुकोमल नहीं, हाथी-सा बलवान जहाजी (मजबूत कद काठी वाला) है। कविता में दादा, दादी, माता-पिता को लाकर श्रमिक पारिवारिक मार्मिकता चित्रित की गयी है। यह मार्मिकता जितनी वास्तविक है उतनी ही दुर्लभ। पृथकतावादी साहित्य में तो ख़ैर ऐसी कविता क्या मिलेगी। हथौड़ा चलानेवालों के परिवारों में भी पुत्र के पैदा होने पर खुशी होती है। खुशी सिर्फ अवकाशभोगी वर्ग के यहाँ नहीं होती। हथौड़ा चलानेवाले के यहाँ पुत्र जन्म का उल्लास उसके जीवनाधार कर्म साधन से जुड़ा है इसीलिए अधिक वास्तविक, जागतिक और प्रभावशाली है। महानगरों के बगुलपंखी पाठकविहीन कवियों, कहानीकारों, आलोचकों, अध्यापकों के लिए नहीं। प्रेसकर्मी या अन्य श्रमचेता पाठकों, संस्कृति कवियों के लिए। श्रमिक वर्ग या अभावग्रस्त जन के अधिकार सिर्फ रोटी, कपड़ा, मकान पर ही नहीं, संस्कृति पर भी हैं।

इस हथौड़े की सक्रियता में लय है। यह लय श्रम सौन्दर्य की अन्तर्वस्तु का धारक है। कविता उस लय को धारण करके श्रम सौन्दर्य की अभिव्यक्ति करती है। लय श्रमिक की सक्रियता—हथौड़ा चलाने में है। लय श्रम की गति का रूप है :

आँख खुली कर उठा—कलेजा कड़का
धूल झाड़ कर सोता मानव फड़का
रात ढली दिन हुआ उजेला दौड़ा
ताबड़ तोड़ चला, बज उठा हथौड़ा

सितार, सारंगी, वायलिन, मृदंग ही नहीं बजते, हथौड़ा भी बजता है। आलोचक प्रवर डॉ. रामस्वरूप चतुर्वेदी ने अज्ञेय के 'दुख सबको माँजता है' में नया शब्द संयोग देखा था। मेरा ख़्याल है कि हिन्दी में हथौड़ा बजना भी नया शब्द संयोग है। हथौड़े का बजना असाध्य वीणा के बजने से थोड़ा अलग होगा।

केदारनाथ अग्रवाल प्रकृति और मनुष्य को श्रम संस्कृति की दृष्टि और विचारधारा से चित्रित करते हैं। उनके यहाँ प्रकृति और मनुष्य का तादात्म्य है। जन गरजे घन गरजे। जन और घन साथ-साथ सक्रिय हैं। प्रकृति भी सक्रिय है

चुपके-चुपके। लगता है सब कुछ ठहरा है। प्रकृति मात्र के सक्रिय होने से इतिहास नहीं बनता। इसका द्योतक शब्द केदार के यहाँ है 'गुमसुम'—केन किनारे। पत्थरी मारे पल्थी बैठा गुमसुम। सूरज पत्थर सेंक रहा है गुमसुम। साँप हवा में झूम रहा है गुमसुम। पाना पत्थर चार रहा है गुमसुम। सहसा राही ताक रहा है गुमसुम।

इस बिम्ब में मनुष्य प्रकृति को देख रहा है। दृश्य से बाहर है। वह सहमा है निष्क्रिय है। प्रकृति चुपचाप सक्रिय है। इतिहास ठहरा है।

इस दृश्य से इस कविता को मिलाकर पढ़िए :

बालक ने ताल को कँपा दिया
कंकड़ से बालक ने ताल को कँपा दिया
ताल को नहीं
महाकाल को कँपा दिया।

मनुष्य सक्रिय हुआ। महाकाल काँपा। कँप कर इतिहास में रूपान्तरित होने लगा।

केदार का कवि इतिहास की विषमता से क्षुब्ध अन्याय से जूझते लड़ते अपनी सार्थकता अर्जित करता है। सुख और सार्थकता का रास्ता इसी क्षोभ, आक्रोश और जूझने में से बनता है। श्रम का सौन्दर्य बोध प्रकृति या मनुष्य के सौन्दर्य को सुखदतर बनाता है। श्रम मनुष्य को सुख और सुन्दरता का स्वाद पाने की क्षमता प्रदान करता है। इसके बिना वह न सुख सौन्दर्य पहचान सकता है न पा सकता है।

इसीलिए केदार की कविता में केवल क्षोभ, विषमता, आक्रोश यानी सौन्दर्य का विवादी स्वर नहीं उसमें प्रकृति, मनुष्य, मानवीय सम्बन्धों की उपमा और दीप्ति भी है। निराला और नजरुल इस्लाम की तरह उन्होंने विद्रोह, विक्षोभ के साथ-साथ उद्दाम वयस्क शृंगार के गीत भी गाये हैं।

1986 में जब बाँदा में केदारनाथ अग्रवाल का 75वाँ जन्मदिन मनाया जा रहा था तब मैंने उन पर बोलते हुए कहा कि वे भारतीय कम्युनिस्ट पार्टी की नीतियों के समर्थक रहे। उस समय अजय तिवारी और अखिलेश ने मुझसे असहमति जतायी। मैंने कहा—उन्होंने इमरजेंसी का विरोध नहीं किया था। मुझे स्मरण आया कि मैंने आपात्काल में श्रीमती इन्दिरा गाँधी पर लिखी गयी उनकी एक कविता पढ़ी थी—"तुम्हीं पहनो समय की जयमाल।" मैंने यह बात भी कही। फिर मुझे अवसर याद आया। कुछ मना लेनेवाले केदार विरोधियों ने आग्रह किया कि मैं इस विषय पर और प्रकाश डालूँ। इस आग्रह ने मुझे सचेत, सतर्क कर दिया। माइक पर मैंने जाकर कहा—अजय और अखिलेश की बात का मैं समर्थन करता हूँ। मुझे इस विषय पर और कुछ नहीं कहना है। मंच पर डॉ. रामविलास शर्मा

ने मुझसे कहा—तुमने बिल्कुल ठीक किया। मैंने भी एक बार इसी तरह कहा था कि मैं पन्त जी की बात का समर्थन करता हूँ। शेखर जोशी खिसक कर आये, कान में धीरे से कहा—भतीऽऽजा है न! आशय अजय तिवारी से था।

इस विषय में परसाई के विचार प्रासंगिक हैं। मृत्यु के कुछ दिन पूर्व दिए गये साक्षात्कार में उन्होंने स्वीकार किया था कि मैंने (परसाई) आपातकाल में इन्दिरा गाँधी का समर्थन किया था। बाद में विरोध भी। परसाई ने बताया—गाँधी का विरोध करने वालों में से अधिकांश इन्दिरा गाँधी से अधिक दक्षिणपन्थी थे। इसलिए हमने इन्दिरा गाँधी का समर्थन किया था। केदारनाथ अग्रवाल ने भी इसीलिए किया होगा। उस समय वे गया में नवगठित प्रगतिशील लेखक राष्ट्रीय महासंघ के अध्यक्ष मंडल में थे। राजनीतिक समझ या नासमझी की किसी एक घटना से हम किसी बड़े रचनाकार की रचनात्मकता पर निर्णय देने लगेंगे तो बड़ी अराजकता फैल जाएगी। आपातकाल का समर्थन या विरोध करने के आधार पर कोई मुस्तकिल राय नहीं बनाई जा सकती। आपातकाल का विरोध राष्ट्रीय स्वयंसेवक संघ, और भारतीय कम्युनिस्ट पार्टी (मा) दोनों ने किया था। लालू यादव, रामविलास पासवान, सुब्रमण्यम स्वामी आदि ने भी। आपात्काल का विरोध करनेवालों में से अधिकांश आज राजनीति में कहाँ क्या कर रहे हैं—इस पर विचार करना मनोरंजक और शिक्षाप्रद होगा।

केदारनाथ अग्रवाल का व्यक्तित्व बहुत साफ-सुथरा था। मन की बात छिपाते थे न छिपा पाते थे। व्यावहारिक काम भर को ही थे। उनकी शिष्टता, उनका संकोच और दूसरों का ध्यान रखने का शील स्वभाव उनकी कविताओं में सुरक्षित है :

आज नदी बिलकुल उदास थी
उसके दर्पण पर बादल का वस्त्र पड़ा था
मैंने उसको नहीं जगाया
दबे पाँव घर वापस आया।

दबे पाँव पर विशेष ध्यान दीजिए—अनजाने में भी उसकी नींद टूट न जाए। उदासी गहरी होगी। तभी सोते समय भी प्रकट हो रही है। या :

दूब सिहरी
और गिर ही गया मोती
स्वप्न जैसा।
इस हवा को सह न पाया
दूब की सिहरन लिये मैं लौट आया।

इन छोटी-छोटी कविताओं की कालजयिता देखने के लिए काव्य-संस्कार चाहिए।

केदारनाथ अग्रवाल की कविता ने नयी प्रकृति, नया समुद्र, नये घन जन, नया नारी सौन्दर्य गढ़ा है। वे श्रम संस्कृति के सौन्दर्य निर्माता कवि हैं। उन्होंने प्रगतिशील कविता—हिन्दी कविता को कालजयी गरिमा दी है अनेक कालजयी रचनाएँ देकर। उनकी उपेक्षा हीनग्रन्थि से ग्रस्त या तो काव्यान्ध करते हैं या इतिहासध्वंसक क्षुद्र अहंकारी।

1998 के अप्रैल की नौवीं तारीख को बाँदा में केदारनाथ अग्रवाल का जन्मदिन मनाया जानेवाला था। मैं ओरछा से अपने बी.ए. के सहपाठी मथुराप्रसाद दीक्षित के घर टीकमगढ़ चला गया था। वहाँ से 8 को ही बाँदा पहुँच गया। स्टेशन पर ही केदार जी के एक मित्र की दुकान है, वहाँ से सीधे उनके घर पहुँचा। अकेले थे। साथ में उनकी देखभाल करने वाला एक परम विश्वसनीय कर्मचारी। मैं दो दिन उन्हीं के घर रहा। उनकी दिनचर्या देखी। तब वे 88वें वर्ष में प्रवेश कर रहे थे। दिव्य व्यक्तित्व बुढ़ापे के कारण कमज़ोर किन्तु दीपवर्ण तेजस्वी व्यक्तित्व, वाणी में कड़क। वे घुलमिल जाते थे। सवेरे पोहे (चिउरा) का नाश्ता चाय के साथ। 9 की सुबह दिल्ली से मेरे दो प्रिय छात्र नीरज और वेद प्रकाश आ गये। घूमे फिरे। केन घूमने गये। टुनटुनिया पहाड़ी देखी। सत्यप्रकाश, कमला प्रसाद, रमाकान्त श्रीवास्तव, दिनेश कुशवाह, अशोक त्रिपाठी, राजेन्द्र कुमार, इलाहाबाद के अनेक पत्रकार, प्रेमशंकर रघुवंशी। शिवकुमार आयोजन की सफलता से मस्त। पूरे आयोजन को सँभाले नरेन्द्र पुंडरीक। लखनऊ से वीरेन्द्र यादव भी थे। उन्होंने दूरदर्शन के लिए समारोह को रिकार्ड किया। मुझे याद आया 1986 के कार्यक्रम को कुबेर दत्त ने रिकार्ड किया था जो 8 किस्तों में लखनऊ से दिखाया गया। निन्दा स्तुति करनेवाले सबके होते हैं। किन्तु केदारनाथ अग्रवाल को जीवन में यश सम्मान नहीं मिला, उनकी उपेक्षा हुई—ऐसा नहीं कह सकते। जो उनका सम्मान करने के पात्र थे उन्होंने बाबू जी का यथेष्ट सम्मान किया। यह हार्दिक सम्मान उनके सुखी दीर्घ जीवन का सबसे बड़ा कारण था।

हम और हमारे छात्र 10 को भी रुक गये। बाबू जी को छोड़कर आने का मन नहीं करता था। 10 की शाम को उन्हें अकेले छोड़कर हम तीन लोग घर से बाहर निकले। कम्पाउंड के गेट को पार करने के लिए हमने मुड़कर उनके घर की ओर देखा—वे दरवाज़े पर खड़े हमें विदा होते हुए देख रहे थे। उस दृश्य की जब जब याद आती है हूक उठती है। मानो वे अभी भी हमें जाते हुए देख रहे हों।

मरने पर भी तुमसे दूर नहीं मैं हो पाऊँगा...लिखने वाला कवि लगातार हमें निहार रहा है।

और भी फलित होगी यह छवि

सबसे पहले उस बात का उल्लेख करूँगा जिसके कारण रामविलास शर्मा मेरे जैसे अगणित लोगों के लिए इतना अधिक सम्माननीय हैं। और वह कारण शुद्ध साहित्यिक नहीं, हालाँकि उसे साहित्यिक भी ज़रूर होना चाहिए।

रामविलास शर्मा के साहित्य के साथ-साथ उनका व्यक्तित्व पूँजीवादी अपसंस्कृति का विरोधी है। व्यक्तित्व की पहचान आचरण एवं चिन्तन से होती है। चिन्तन की अभिव्यक्ति लेखन में हुई है—जिसकी चर्चा बाद में करेंगे।

स्वातन्त्र्योत्तर भारत में बड़े-बड़े ख्यातिलब्ध साहित्यकार ऊँचे ओहदेदारों, मन्त्रियों, उद्योगपतियों के इर्द-गिर्द दिखलाई पड़ते हैं। हरिशंकर परसाई के एक व्यंग्य-निबन्ध का यह बिम्ब इस तथ्य को ज़्यादा असरदार तौर पर साक्षात् करता है—

"जिसने हमें क्रान्ति सिखाई थी और जो कहता है कि मेरी आत्मा में हिमालय घुस गया है, उसे मैंने अभी देखा।

जिसने ज्वाला धधकाने की बात की थी उसे देखा।

जो सन्त कवियों की स्पिरिट को आत्मसात किये है, उसे भी देखा।

कहाँ देखा।

मुख्यमन्त्री के आसपास। तीनों में स्पर्धा चल रही थी कौन किस जेब में घुस जाए। कोट की दो जेबों में दो घुस गए। तीसरे ने कहा—हाय! अगर मुख्यमन्त्री पतलून पहने होते तो मैं उनकी जेब में घुस जाता।"

(हम, वे और भीड़)

शराब और पैसे से जिस तरह राजनीति और व्यापार के मामले तय किए जाते हैं, वह साहित्य में भी घुस आया है। इन दिनों बड़े अफसर बड़े साहित्यकार भी होने लगे हैं—अफसर रचनाकारों की बाढ़ आ गयी है। अफसर-पत्नियाँ, उद्योगपति-पत्नियाँ सहसा मशहूर रचनाकार बन गयी हैं। चमकदार ग्लेज काग़ज़ पर छपनेवाली पत्रिकाओं और वातानुकूलित साहित्यिक समितियों में लक्ष्मी-सरस्वती बैर भुलाकर आलिंगन में बद्ध हैं। साहित्य-साधकों की ऐसी दौड़—

मरहबा सद गुलाम रब्बानी,
क्या निकाला है मेंढकों का जुलूस।

और इस वातावरण में—

राजकमल प्रकाशन की केबिन में शीला सन्धू, नामवर जी, रामविलासजी, भारतभूषण अग्रवाल बैठे थे। नामवर जी ने मुझसे कहा—पता है आपको, डॉ. शर्मा इन दिनों आगरा विश्वविद्यालय की पाठ्यक्रम समिति के अध्यक्ष हैं।

''मैं उससे इस्तीफ़ा दे चुका हूँ।''

''क्यों?'' नामवर जी ने पूछा। साथ में हम सब चौंक-से गये।

''इस समय जिस विभागाध्यक्ष के पास प्रकाशक घूस देकर बेईमानी कराने नहीं पहुँचता, वह हतप्रभ हो जाता है कि मुझमें ऐसी कौन-सी कमी है कि प्रकाशक मुझसे बेईमानी नहीं कराता। राव साहब (उपकुलपति बालकृष्ण राव) से भी एकाध बार टंटा हो गया। मैंने इस्तीफ़ा दे दिया।'' शर्मा जी ने कहा।

हिन्दी अकादमी दिल्ली ने रामविलास जी को 51 हजार रुपए का 'शलाका पुरुष सम्मान' दिया। हिन्दी अकादमी उत्तर प्रदेश ने डेढ़ लाख का 'भारती पुरस्कार', बिरला के नाम पर स्थापित संस्था ने लगभग इतनी ही राशि का 'सरस्वती सम्मान'। उन्होंने राशि नहीं ली। दाताओं से अनुरोध किया कि राशि शिक्षा-प्रचार योजना में खर्च कर दी जाए। एक इंटरव्यू में कहा कि रचनाकारों को पुरस्कार में इतनी बड़ी राशि नहीं मिलनी चाहिए। उन्हें सम्मान मिलना चाहिए। उनकी देखभाल होनी चाहिए। लिखने की सुविधाएँ मिलनी चाहिए।

हिन्दी भाषी क्षेत्र शिक्षा में सबसे पिछड़ा है। जन समूह शिक्षित होगा तो ऊपर उठेगा। ऊपर उठने पर वह अपनी भाषा के रचनाकारों को पढ़ेगा-समझेगा और उन्हें सम्मानित भी करेगा। तब रचनाकारों को सत्ताधारियों, नवधनिकों और तिकड़मी अफ़सरों की कृपा से सम्मान, धन नहीं वास्तविक सम्मान मिलेगा। निराला ने अपने बारे में लिखा था कि मेरी कवि-छवि और भी प्रकाशित होगी। जीवन जीवन का रवि उदित होने पर—

और भी फलित होगी वह छवि
जागे जीवन जीवन का रवि।

रामविलास शर्मा हिन्दी जाति की बात करते हैं तो उसकी निरक्षरता दूर करने के लिए धन का त्याग भी करते हैं। तीन-चार लाख की रकम एक संघर्षशील रिटायर्ड लेखक के लिए कम नहीं होती। लेकिन सवाल रकम का नहीं, इस बात

का है कि अपने देश की जनता के लिए आज आप कुछ त्याग कर सकते हैं कि नहीं। आप अपने बारे में ही सोचते हैं कि दूसरों के बारे में भी यानी जो आपसे भी अभावग्रस्त हैं उनके बारे में भी। कलम चलाते समय, बहस करते समय, कुछ लोग लेनिन, माओ, चेग्वारा से नीचे नहीं उतरते, दूसरे लोगों ने भारतीय संस्कृति और देशप्रेम का ठेका ले रखा है। रचनाकार हैं—समाज के सर्वाधिक संवेदनशील प्राणी। किन्तु आचरण में तरक्की, पैसा, यश की विरहाग्नि में झुलसते हुए।

मुक्तिबोध ने सकर्मक ज्ञानात्मक संवेदन की बात की थी। संवेदन है तो सिर्फ हिनहिनाइए मत। कुछ ऐसा भी कीजिए कि लगे कि जिस जन को आप प्रेम करते हैं उसके लिए कुछ चारा छोड़ भी सकते हैं।

कहने का मतलब यह नहीं कि जिन लोगों ने पुरस्कार की राशि स्वीकार कर ली है वे अनैतिक हैं। नैतिकता और अनैतिकता अन्य कई बातों से सम्बद्ध हैं। आर्थिक स्थिति से और पुरस्कार प्राप्ति के लिए तिकड़मबाज़ी, अवसरवादिता, चाटुकारिता आदि से। व्यक्तिगत अनुभव से जानता हूँ कि हिन्दी में स्वाभिमानी साहित्यकारों की कमी नहीं है। वे पुरस्कार स्वीकार कर लें—इसके लिए उनसे प्रार्थना करनी पड़ती है।

लेकिन रामविलास शर्मा ने सम्मान को धनराशि से अलग किया। महत्त्व की बात यह है। कलजुग तो सोने में है न!

रामविलास शर्मा चक्रवर्ती विद्वान होते, नोबेल पुरस्कार विजेता होते—लेकिन 'साईं इतना दीजिए जा में कुटुम समाय' को आचरण में उतारनेवाले न होते तो इतने प्रेरणादायक न होते। सुन्दर साहित्य की रचना करनेवाले में यदि आचरण की सभ्यता और कर्म-सौन्दर्य भी हो तो उसका व्यक्तित्व साहित्य की देव-प्रतिमा बन जाता है और आज उनका व्यक्तित्व ऐसा ही हो गया है। जो किसी पुरस्कार-समिति में न हो, किताबों की खरीद न करा सकता हो, किसी मन्त्री का चमचा न हो, प्रोफेसर या 50-60 हजार रुपया महीने पाने वाला किसी राष्ट्रीय दैनिक, साप्ताहिक का सम्पादक न हो, उस पर विशेषांक क्यों निकलें, उसका इतना सम्मान क्यों हो। जिन लोगों ने पिछले दिनों साहित्य अकादमी द्वारा आयोजित डॉ. शर्मा के सम्मान समारोह की भीड़ देखी होगी, वे मेरा आशय ज़्यादा अच्छी तरह समझेंगे।

जादू ईमानदारी का भी होता है और वह भी सर पर चढ़कर बोलता है। विचारों से सहमति-असहमति अलग बात है।

मेरे गुरु आचार्य हजारी प्रसाद द्विवेदी का शर्मा जी ने कई जगह विरोध किया है। यह विरोध बहुत पहले से है। इस विरोध का एक कारण निराला-साहित्य

पर द्विवेदी जी की राय भी हैं। उन्होंने गीतिका के गीतों को 'ठूँठ' कह दिया था। द्विवेदी जी की इस राय का विरोध शर्मा जी ने ही नहीं, आचार्य जानकी वल्लभ शास्त्री ने भी किया है। शर्मा जी की आक्रमण पद्धति द्विवेदी जी पर कारगर नहीं होती। इसके कारण पर अन्यत्र कभी लिखूँगा। एक बार रामविलास जी से मैंने बात की। द्विवेदी जी की पुस्तक 'कबीर' पर। वह उत्तेजित थे—उत्तेजना में उनके ओठ फरफरा रहे थे। शर्मा जी के प्रति अपार सम्मान के बावजूद मैं भी उत्तेजित हो गया हूँगा। थोड़ी देर तक वह चुप रहे। फिर हँसकर बोले—तुम इस सब (कबीर) पर अपने विचार लिखना। मैंने कहा—ज़रूर लिखूँगा।

वह द्विवेदी जी की 'बाणभट्ट की आत्मकथा' के प्रशंसक हैं। उत्तेजना के उन्हीं दिनों में एक बार उनके घर गया तो मुझे देखते ही बोले, ''मैं द्विवेदी जी के कथा साहित्य का प्रशंसक हूँ।''

मैंने समझ लिया कि वह महसूस करते हैं कि द्विवेदी जी की आलोचना से मुझे दुख होता है और उनका उद्देश्य मुझे दुखी करना नहीं होता।

अब द्विवेदी जी पर वह मुझसे बात नहीं करते। मैं ही करता हूँ। एक बार फोन पर बोले—

''मैं जानता हूँ कि पं. हजारी प्रसाद द्विवेदी पर तुम्हारी अगाध श्रद्धा है।'' फिर मुझे समझाया कि उन पर काम करना है तो कालिदास को कई बार ध्यानपूर्वक पढ़ डालो।

रामविलास जी और द्विवेदी जी का थोड़ा प्रसंग इसलिए लिखा क्योंकि कभी-कभी मैं भी चकित हो जाता हूँ कि द्विवेदी जी का विरोध करनेवाले किसी व्यक्ति के प्रति मेरे मन में इतना सम्मान कैसे हो सकता है। मुझे लगता है कि असहमति और विरोध आदि के बावजूद गुरुवर आचार्य द्विवेदी और डॉ. शर्मा में कहीं गहरी समानता है। अनुभव अलग हैं रस-दशा समान है। कम-से-कम अनेकान्तवाद के समर्थक तो दोनों हैं ही।

इससे बढ़कर बात पन्त जी के सम्बन्ध में! डॉ. रामविलास शर्मा और पन्त के सम्बन्ध विख्यात हैं। एक बार किसी गोष्ठी में चिढ़कर पन्त जी ने कहा था—रामलिवास तुम मैटर-मैटर की बात कहते हो। तुम में मटर भर समझ नहीं है। और डॉ. शर्मा का स्वर्ण किरण, स्वर्ण धूलि पर निद्रानाशक लेख। पन्त जी से रामविलास शर्मा के सम्बन्ध का और रूप प्रकट किया शिवमंगल सिंह सुमन ने। रायगढ़ में मुकुटधर पांडेय सम्मान के अवसर पर—पन्त जी दिल्ली में बीमार थे। बहुत सख़्त बीमार। मरणासन्न-से हो गये थे। ''कुछ ठीक होने पर आये (लखनऊ या इलाहाबाद)

हम और रामविलास उन्हें देखने गये। अब भी बहुत क्षीण दुर्बल थे। उन्हें देखते ही रमविलसवा (सुमन जी ने ऐसा ही कहा था—प्रीति पुरातन के अनुरोध से) लगा रोने भौंकार फोर कर। और जैसा कि सुमन की शैली है, सुमन खुद भी दो-तीन मिनट भौंकार फोर कर रोते रहे।

पन्त जी ने अपना एक काव्य-संग्रह रामविलास जी को समर्पित किया है।

विरोध, असहमति व्यक्तिगत द्वेष नहीं, जो कटुता बढ़ाए, यह साहित्यिक सम्बन्ध एक प्रकार का रक्त सम्बन्ध—रक्त सम्बन्ध से भी अधिक विचार एवं मन-सम्बन्ध है, जो द्वन्द्वात्मक प्रक्रिया से और प्रगाढ़ होता है। अपसंस्कृति में जी रही और उससे जूझ रही नयी पीढ़ी को इसे समझना चाहिए।

रामविलास शर्मा कुश्ती लड़ते थे। निराला से पंजा लड़ाते थे। पहलवानी करते थे। कहते हैं कि लखनऊ विश्वविद्यालय में कभी-कभी अखाड़े की धूल से चर्चित ही अंग्रेज़ी साहित्य की क्लास लेते थे। जीवन भर विवाद भी किया है। मन में बहुत जिज्ञासा थी कि मार-पीट के मौके भी आए होंगे। सुनें। विगत छह जुलाई (1994) की शाम उनसे पूछा। केवल दो घटनाएँ हाथ लगीं।

एक फोटोग्राफर-कहानीकार मित्र मेरठ अधिवेशन में कवि सम्मेलन संचालक रामविलास शर्मा के साथ बैठे थे। कोई कवयित्री पढ़ने आती, बदतमीज़ी की बात करते। वह साथ ही ठहरे थे। निवास पर आकर शर्मा जी ने उनसे कहा—''तुमने आज बहुत बदतमीज़ी की। यह ठीक नहीं।'' उन्होंने कहा, ''मैं तो करूँगा।''

''तुम करोगे!''

''हाँ करूँगा।''

तब शर्मा जी ने उन्हें ढाई घूँसे मारे। दो भरपूर मारते ही वह चीख़ने लगे। तीसरा आधा ही पड़ा। सुमन दौड़ते हुए आये और उन्हें पकड़ लिया—इसे मार डालोगे क्या?

दूसरी घटना बलवन्त राजपूत कालेज की है। अंग्रेज़ी विभाग के अध्यक्ष—शायद वाइस प्रिंसिपल भी—रामविलास शर्मा से एक छात्रा ने शिकायत की—यह लड़का मुझे छेड़ता है। शर्मा जी ने उस लड़के को बुलाकर पूछा, ''तुम्हारा नाम क्या है?''

''मुझे नहीं याद आ रहा है।''

और फिर उसके गाल पर रामविलास जी का भरपूर थप्पड़। लड़के को नाम याद आ गया।

दोनों घटनाओं का सम्बन्ध नारी-अपमान से है।

रामविलास शर्मा भयंकर पढ़ाकू, समय के पाबन्द और फालतू चीज़ों और व्यक्तियों की फौरन छुट्टी कर देने वाले आदमी हैं। लेकिन वह भयंकर बैठकबाज़ और 'गप्प रसाने' वाले भी हैं। 'मित्र-संवाद' के पाठक को इसका संकेत मिल जाता है। असल बातचीत उनसे करनी हो तो तुलसीदास पर कीजिए। निराला या शेक्सपीयर पर, आजकल वेदों पर या संगीत या क्रिकेट पर—

टुक ज़रा छेड़िए फिर देखिए क्या होता है!

स्वर्गीय 'मालकिन' (श्रीमती रामविलास शर्मा) की बात मत छेड़िए। वह प्रायः ख़ामोश हो जाते हैं और वार्ता-क्रम भंग हो जाता है। ख़ामोशी में ओठ फरफराते रहते हैं। आपको लगेगा कि आपने कुछ अपराध कर दिया।

बाँदा में ऐसा ही प्रसंग, प्रकारान्तर से आ गया था। नागार्जुन नहीं आये थे। मैं नाम भूल रहा हूँ, लेकिन किसी परिचित ही युवा साहित्यकार ने मंच पर नागार्जुन की एक कविता पढ़ी—वृद्ध पति वृद्धा पत्नी से पूछता है कि अधिक वृद्धावस्था के कारण श्वेत केश राशि में तुम्हारी मांग मुझे दिखलाई नहीं पड़ती। ज़रा मेरी उँगली पकड़कर अपने सिर पर उस जगह रखो जहाँ मैंने सिन्दूर लगाया था।

मंच पर बैठे रामविलास जी का विवर्ण चेहरा देखा नहीं जाता था ओठ फरफरा रहे थे। आँसू वह रोक रहे थे।

शर्मा जी के व्यक्तित्व और आलोचना को उनकी इस भावुकता से काटकर देखेंगे तो ग़लत नतीजे पर पहुँचेंगे। इस भावुकता के साथ उनके संगीत प्रेम, भाषा प्रेम, मित्र प्रेम और देश प्रेम को जोड़िए। निराला की कविता की नाद-योजना ने ही उन्हें सबसे पहले प्रभावित किया था। अपने पहले आलोचना लेख में (1934 ई. में) उनकी नाद-योजना की प्रशंसा करते हुए उन्होंने ध्वनि आवृत्तियों की ओर ध्यान दिलाया था। उनकी आलोचना में नाद-योजना, ध्वनि-आवृत्ति, लय, धुन आदि की चर्चा हिन्दी के किसी अन्य आलोचक से ज़्यादा हुई है।

एक और बात की चर्चा ज़रूरी है। उनके बड़े भाई ने रामविलास शर्मा को ही बताया कि बचपन में वह माँ के दूध पर अपना क़ब्ज़ा रखते थे। उनके छोटे भाई मुंशी ने बताया कि अखाड़े में एक बार मुंशी ने उनको नीचे कर दिया। थोड़ी देर बाद रामविलास ने मुंशी को नीचे किया और उनका मुँह अखाड़े की मिट्टी में देर तक धँसा रहा। मुंशी का कहना है कि लगता था, मेरे प्राण निकल जाएँगे। किसी तरह छूटा तो विक्षुब्ध होकर बोला, "कोई नहीं है, अकेले में मुझे मार डालना चाहते थे क्या?"

"और जब मैं नीचे था तब मुझ पर क्या बीत रही थी, यह पता है?" रामविलास शर्मा ने कहा।

भयंकर ज़िद। जो राय किसी के बारे में एक बार बन गयी, उसमें परिवर्तन कम होता है। अभिभूत बिल्कुल न होना। बदला जल्दी और भरपूर लेना। पहले से बनी राय के आधार पर ही समीक्षा करना। यह प्रवृत्ति जिसने रामविलास शर्मा को बहुत ख्याति और बहुत बदनामी दी है। सुमित्रानन्दन पन्त पर उनकी आलोचना पढ़िए, मुक्तिबोध, यशपाल, हजारी प्रसाद द्विवेदी पर पढ़िए तो आप इन लेखकों के बारे में बहुत विचित्र और ग़लत राय बनाएँगे। भारतेन्दु, प्रतापनारायण मिश्र, बालमुकुन्द गुप्त, महावीर प्रसाद द्विवेदी पर लिखते समय उनका कमज़ोर पक्ष, यो तो बिल्कुल ओझल हो जाता है, या बहुत कम दिखता है। द्वन्द्वात्मकता ठंडी पड़ जाती है प्रशंसा की ऊष्मा से।

हिन्दी आलाचेना का उद्‌भव और विकास स्वाधीनता-आन्दोलन की पृष्ठभूमि में हुआ है। इससे हिन्दी आलोचना में सामाजिक चेतना रच-बस गयी है। वह 'स्वायत्त' शायद कभी नहीं रही। हिन्दी आलोचना का विकास पत्रकारिता और निबन्ध-लेखन से हुआ। द्विवेदी युग में साहित्य को ज्ञान-विज्ञान की अन्य शाखाओं से जोड़ने का अभूतपूर्व उद्योग हुआ। जिसे आज अन्तर्विद्या अध्ययन और तुलनात्मक आलोचना कहते हैं वह हिन्दी आलोचना की घुट्टी में पड़ी है। यहाँ इस विकास यात्रा का विवरण नहीं दिया जा सकता। इसका उल्लेख मात्र इसलिए आवश्यक है क्योंकि इसके बगैर शर्मा जी की आलोचना का महत्त्व नहीं आँका जा सकता। वह जो महत्त्वपूर्ण शुद्ध साहित्येतर लेखन कर रहे हैं, उसकी साहित्य के साथ संगति नहीं बिठाई जा सकती और सबसे महत्त्वपूर्ण बात, हिन्दी आलोचना की परम्परा का मूल्यांकन कम नहीं किया जा सकता।

हिन्दी के श्रेष्ठ आलोचक रामचन्द्र शुक्ल ने 'हिन्दी शब्द सागर' का सम्पादन किया। 'बुद्ध चरित' की भूमिका में हिन्दी की विभिन्न बोलियों का विश्लेषण किया। 'हिन्दी साहित्य का इतिहास' लिखा। हेकल की विश्व प्रसिद्ध पुस्तक 'रिडिल आफ यूनीवर्स' का 'विश्वप्रपंच' नाम से अनुवाद किया। यह वही पुस्तक है जिसे लेनिन ने क्रान्तिकारियों के पाठ्यक्रम में निर्धारित किया था।

हजारी प्रसाद द्विवेदी ने 'हिन्दी साहित्य की भूमिका', 'हिन्दी साहित्य का इतिहास' लिखा। हिन्दी व्याकरण पर काम किया। कबीर की जुलाहा जाति का विश्लेषण, कबीर-साहित्य के सन्दर्भ में किया। वह ज्योतिष, आयुर्वेद, गणित के भी जानकार थे।

इन आलोचकों ने हिन्दी साहित्य का मूल्यांकन, हिन्दी भाषा और साहित्येतिहास

के आलोक में किया। साहित्य की भाषा और साहित्येतिहास को—जो साहित्य की प्रवृत्तियों का प्रवाह है, उपेक्षा करके नहीं समझा-समझाया जा सकता। मैं नहीं जानता कि अंग्रेज़ी, फ्रांसीसी या अन्य भाषाओं के साहित्य में ऐसे कितने आलोचक हैं जो शुद्ध साहित्यिक आलोचक होने के साथ-साथ भाषा के विद्वान और साहित्येतिहास के भी विशेषज्ञ हैं।

रामविलास शर्मा इस परम्परा का विकास करनेवाले आलोचक हैं। उन्होंने शब्द-सागर जैसे शब्दकोश का सम्पादन न किया हो किन्तु भाषा के क्षेत्र में शुक्ल जी और द्विवेदी जी से कम नहीं, ज़्यादा काम किया है। हिन्दी साहित्य का विधिवत इतिहास नहीं लिखा है अभी तक। किन्तु हिन्दी साहित्य के इतिहास लेखन से सम्बन्धित जो लेख लिखे हैं, उनके आधार पर ही हिन्दी साहित्य का नया इतिहास लिखा जा सकता है। मार्क्स ने कहा था कि हर चीज़ अन्य सभी चीज़ों से सम्बद्ध है—साहित्य भी है। रामविलास जी हिन्दी नवजागरण, भारत और मार्क्सवाद, ऋग्वेद, महाभारत, संगीत आदि पर जो इतना लिख रहे हैं, वह सब हिन्दी से उनका सरोकार, हिन्दी जाति की चेतना का विकास और अन्ततः राष्ट्रीय चेतना का विकास है। विश्वविद्यालयों के प्रोफेसर, बुद्धिजीवी पत्रकार, हिन्दी भाषी क्षेत्र को 'गोबर बैल्ट' भी कहते हैं, साम्प्रदायिक ताक़तों के वर्चस्व से परेशान भी होते हैं, अन्ततः साम्प्रदायिक संगठनों में घुल-मिल जाते हैं। लेकिन ज्ञान की गंगा अंग्रेजी में ही बहाते हैं। अंग्रेजी देश में अमीर आदमियों और उनके बच्चों को आती है। जो गरीब अँग्रेजी नहीं जानते उनमें चेतना कौन फैलाए?

फिर विशुद्ध आलोचना की बात!

आज हिन्दी जगत में भारतेन्दु, प्रेमचन्द, रामचन्द्र शुक्ल, निराला, महावीर प्रसाद द्विवेदी के विषय में शर्मा जी के ही मत प्रतिष्ठित हैं। 'भारतेन्दु युग' उनकी प्रारम्भिक पुस्तक है। यह पुस्तक इतिहास न हो, रेखाचित्र न हो, आलोचना न हो, लेकिन 'भारतेन्दु युग' से बढ़कर इस युग का किसी ने अब तक न कोई इतिहास लिखा है ने रेखाचित्र और आलोचना। प्रेमचन्द के कथा साहित्य के विषय में उन्होंने लिखा—"प्रेमचन्द के पूर्व 'चन्द्रकान्ता' और 'तिलिस्म होशरुबा' के पढ़नेवाले लाखों में थे। प्रेमचन्द ने इन लाखों पाठकों को 'सेवा सदन' का पाठक बनाया, यह उनका युगान्तरकारी काम था।" रामविलास जी ने प्रेमचन्द की एक ऐसी विशेषता की ओर ध्यान दिलाया जिसकी ओर लोगों का ध्यान न पहले गया था न बाद में—प्रेमचन्द कबीर के बाद हिन्दी के सबसे बड़े व्यंग्यकार हैं, "प्रेमचन्द

यथार्थ के बहाव को पकड़ते हैं, प्रेमचन्द गहरे मनोवैज्ञानिक रचनाकार हैं।'' इसी प्रकार उन्होंने आचार्य रामचन्द्र शुक्ल को सामन्तवाद-साम्राज्यवाद विरोधी एवं वस्तुवादी आलोचक बताया। ''हिन्दी साहित्य में शुक्ल जी का वही महत्त्व है और जो उपन्यासकार प्रेमचन्द या कवि निराला का।'' 'भारतेन्दु', 'प्रेमचन्द', 'निराला', 'रामचन्द्र शुक्ल', 'आचार्य महावीर प्रसाद द्विवेदी'—इन पुस्तकों को एक साथ रखकर देखें तो पता चलता है कि उन्होंने इन पाँचों महारथियों की विवेचना करके आधुनिक हिन्दी साहित्य का आंशिक इतिहास प्रस्तुत कर दिया है।

'निराला की साहित्य साधना' का दूसरा खंड रामविलास शर्मा की आलोचना का शिखर है।

रामविलास शर्मा द्वन्द्व को केन्द्र में रखकर कृति के ढाँचे की परीक्षा करते हैं। इस द्वन्द्व केन्द्रित ढाँचे का प्रमुख घटक है नाटकीयता। व्यंग्य, विद्रूप, विसंगति, विडम्बना—ये सब स्थितियों के अन्तस्सम्बन्धों द्वारा ही उत्पन्न और निर्णीत होते हैं। भाषा छल भी करती है। विश्वसनीय होता है परस्परावलम्बित गतिशील स्थितियों का बोध। विभिन्न भाव या मनोविकार मानवीय होकर ही काव्योत्कर्ष के साधक होते हैं। कविता का मूल्यांकन ही नहीं, आस्वाद भी बोध के बिना असम्भव है। करुणा या परदुखकातरता का रूप भी वैचारिकता या बोध के बिना सम्भव नहीं, क्योंकि करुणा कहाँ और किसके प्रति!

द्वन्द्व है तो गति है और विकास है। रचना में द्वन्द्व निर्मित होता है गति से, और विकास भी होता है गति से। नाटकीयता द्वन्द्वात्मक विकास का रूप है।

प्रकृति में गति स्वत: होती है। मनुष्य की गति का सम्बन्ध उसकी वैचारिकता, भाव बोध और मूल्यों से प्रेरित कर्म से है। 'निराला की साहित्य साधना' (खंड दो) में एक अध्याय का शीर्षक है 'कविता का नक्शा।' रामविलास जी लिखते हैं—''प्रत्येक रचना में गति है, विकास है, तर्क की रेखाओं के अनुरूप भाव और मूर्ति-विधान की इमारत खड़ी की जाती है। कविता जिस स्थिति से शुरू होती है उसी में ख़त्म नहीं होती। प्रथम स्थिति यदि कारण है तो अन्तिम स्थिति उसका परिणाम है।'''तुलसीदास' (निराला कृत) के विषय में लिखा—''मुगल शासन से सूर्य का अस्त हुआ, तुलसी की साधना से उदय होगा—सारी घटनाएँ निराला इस ढाँचे के अन्दर सजाते हैं। ढाँचे का मतलब है रूप-योजना। लेकिन ढाँचा ही काव्योत्कर्ष की गारंटी नहीं। इसे तर्क सम्मत होना चाहिए। तर्कसम्मत यानी भाव-बोध और विचारधारा की वैज्ञानिकता।

प्राकृतिक विज्ञान की वैज्ञानिकता नहीं, नैतिकता और मूल्यों से युक्त मानव-समाज को बेहतर बनानेवाली वैज्ञानिकता। उनके अनुसार इस दृष्टि से 'तुलसीदास' और 'राम की शक्तिपूजा' के ढाँचे में कमज़ोरी है। कमज़ोरी का कारण निराला का भाव-बोध और विचारधारा है। जीवन में संघर्ष और पीड़ा को चमत्कार से दूर करने का प्रयास कविता के ढाँचे को कमज़ोर बनाएगा ही।

रूप या ढाँचे को महत्त्व देकर कृति का विश्लेषण करना अच्छी बात है लेकिन उन्हें भी बोध से जोड़े बिना विश्लेषण में प्रवृत्त रहना मूल्यान्ध होना है। बोध का आधार छोड़ दिया जाये तो संरचनावाद रूपवाद ही है। मुख्य बात है द्वन्द्व-चित्रों के उपस्थापन की क्षमता 'अन्याय जिधर है उधर शक्ति' यह बोध बाह्य द्वन्द्व और राम के अन्तर्द्वद्व के मूल में है। इस द्वन्द्व का शमन सामाजिक बोध और सकर्मकता की माँग करता है, चक्रमभेदन की अन्तस्साधना की नहीं। यथार्थ-बोध उतना वैज्ञानिक और समाधान इतना रहस्यवादी। यही ढाँचे की कमज़ोरी है।

लोग कहते हैं कि शर्मा जी निराला में अन्तर्विरोध नहीं देखते। यहाँ शर्मा जी ने निराला की श्रेष्ठ कविता 'राम की शक्ति पूजा' की कमज़ोरी बतायी है। यह है प्रतिमान का निर्मम प्रयोग। नामवर सिंह, श्रीकान्त वर्मा, अशोक वाजपेयी, चारुमित्र, चंचल चौहान ने मुक्तिबोध में कितना अन्तर्विरोध देखा है, यह खोज का विषय है।

लेकिन इससे यह न समझा जाये कि इन पंक्तियों का लेखक शर्मा जी द्वारा की गयी मुक्तिबोध की आलोचना को उचित समझता है। ज़रूरी नहीं कि कोई आलोचक सब पर लिखे ही। लेकिन जब आप किसी पर लिखते हैं तो आपसे आशा की जाती है। निराला की कविताओं पर रामविलास जी ने जितना परिश्रम किया है उसका चौथाई भी मुक्तिबोध की कविताओं पर किया होता तो मुक्तिबोध के अन्तर्विरोधों का चित्र अधिक पर्याप्त होता। कुछ लोग उन दिनों मुक्तिबोध को निराला के सामने खड़ा कर रहे थे।

कविता में शब्दों की ध्वनि-योजना, घोषत्व, अघोषत्व, अल्पप्राणत्व, महाप्राणत्व, लय, छन्द, आवर्त-वाचन अर्थ सम्पदा को समृद्ध करते हैं। नाटकीयता और विचलन ध्वनि योजना में भी होते हैं जो शब्दार्थ को साक्षात करके विशिष्ट बनाते हैं और काव्यार्थ में परिणत करते हैं। शर्मा जी ने निराला की नाद-योजना को रेखांकित किया है। प्राचीन कवियों को भी स्मरण किया है। वह कविता पर बात करते हुए संगीत की भी चर्चा करते हैं।

उन्होंने वाल्मीकि, कालिदास, भवभूति, शेक्सपीयर, कीट्स, शैली पर प्रामाणिक, विश्लेषणपरक लेख लिखे हैं। रमते सबसे ज़्यादा वह तुलसी, निराला और शेक्सपीयर में है। भवभूति, निराला, शेक्सपीयर को वह उदात्त ट्रेजेडी का कवि मानते हैं—शायद

तुलसीदास को भी।

रामविलास शर्मा ने मार्क्सवादी आलोचना एवं सौन्दर्यबोध को हमारे लिए विश्वसनीय बनाया है। क्या किसी अन्य भारतीय भाषा के साहित्य में अभी तक मार्क्सवादी आलोचना का इतना वर्चस्व बना हुआ है ? उनमें क्या इस समय भी कोई सर्व-सम्मानित आलोचक व्यक्तित्व इतना सक्रिय और द्वन्द्वात्मक भौतिकवादी आस्था पर टिका है ? ऐसे प्रश्नों के सन्दर्भ में शर्मा जी का व्यक्तित्व और अधिक आलोकित है।

उसी त्रिलोचन को देखा

मुक्तिबोध की कविता 'अँधेरे में' तिलक के अँगरखे का चित्र है, वाचक उन्हें 'पिता' कहकर सम्बोधित करता है। पढ़ाते हुए मुझे अपने पिता के कुर्ते का ध्यान आता था। मेरे पिता दर्जा एक तक पढ़े थे। पहलवान, मज़बूत क़द-काठी के थे। लौटकर घर आते तो कुर्ता उतारकर मुझे देकर कहते—"खूँटी पर टाँग आओ।" मैं कुर्ते को रास्ते में ज़रूर सूँघता, पिता की देह, उनके पसीने की गन्ध आती। कैसी लगती थी वह गन्ध मत पूछिए, मन करता है त्रिलोचन के कुर्ते को भी सूँघकर देखूँ कैसी गन्ध आती है।

बनारस में पढ़ते समय बहुत दब्बू था। त्रिलोचन के बारे में प्रथम सूचना काशीनाथ सिंह ने दी—1953 ई. में, वे तब इंटर में पढ़ते रहे होंगे—"भइया (अर्थात् नामवर जी) इनको बहुत मानते हैं। जिस दिन उन्हें भोजन करना होता है, भाभी से कहते हैं—सात व्यक्तियों का भोजन बनाओ—एक मेरा, एक अपना, एक काशी का, चार शास्त्री जी का।"

उस समय शास्त्री जी बनारस नहीं, इलाहाबाद में काम करते रहे होंगे।

केदारनाथ सिंह त्रिलोचन के बारे में ख़ूब घुलकर बातें करते। केदार जी की अन्तरंग वार्ता-पद्धति है। उसका प्रभाव अचूक पड़ता है। 'यह रहस्य जानइ कोउ-कोऊ' शैली में वे अनेक कला-विधाओं का उपयोग करते हुए त्रिलोचन के बारे में बहुविधि जानकारियाँ देते। कहने को वे और हम क्लासफेलो थे—बल्कि मैं परीक्षा-छोड़क सीनियर भी था, लेकिन दर हक़ीक़त वे मेरे साहित्य-गाइड थे। नामवर जी तो ख़ैर अध्यापक थे।

केदारनाथ सिंह कम वय में ही इतने प्रसिद्ध हो गये थे कि उनका सहचर होना गौरव एवं ईर्ष्या की बात थी। मुझे उनका साहचर्य मिलता था। वे त्रिलोचन शास्त्री के प्रिय थे। केदार जी मुझसे त्रिलोचन के बारे में अथक बातें करते-काफी छूट लेते हुए, विनोद-भाव से लेकिन कुल मिलाकर असीम आदर का भाव व्यंजित करते हुए।

त्रिलोचन जी से काशी में अकेले कभी नहीं मिला। शुरू में बहुत दिनों

तक दूर-दूर से देखता रहा। बाद में मिलना किसी के साथ ही होता। अक्सर केदारनाथ सिंह के साथ। उनके बारे में बहुत किंवदन्तियाँ प्रचलित थीं, लेकिन मिलने पर वे इतने सहज एवं आत्मीय लगते कि विश्वास ही नहीं होता कि ये वही हैं—प्रचलित किंवदन्तियों के नायक। वे एक बार मेरे कमरे में मेरी कविता सुनने आये थे। मुझे यक़ीन ही नहीं हो रहा था कि ये मेरी कविता सुनने इतनी दूर से आए होंगे। मैंने बनारस में त्रिलोचन जी को रिक्शे, इक्के, ताँगे पर बैठे नहीं देखा है। ख़ैर, बनारस की बातें फिर मौका मिला तो करूँगा। त्रिलोचन को थोड़ा नज़दीक से देखा दिल्ली में। दिल्ली में वे दिल्ली विश्वविद्यालय के उर्दू विभाग के तहत तैयार हो रहे उर्दू-हिन्दी कोश में काम करने आये। उनके पूर्व इस स्थान पर शमशेर काम करते थे। शमशेर, मलयज, प्रेमलता उनके माँ-बाप, मलयज के छोटे भाई के साथ माडल टाउन, दिल्ली में साठोत्तरी दशक में ही आ गये थे। मुक्तिबोध की मृत्यु (1964) के समय शमशेर दिल्ली में थे। त्रिलोचन 1977 के आसपास आए होंगे, शमशेर जब उज्जैन चले गये प्रेमचन्द सृजन पीठ में।

त्रिलोचन की बँधी तनख़्वाह एक हज़ार रुपये मासिक थी। माडल टाउन के तीसरे स्टाप, आज़ादपुर के पास से डी.टी.सी. की बस पकड़ते मॉरिस नगर स्थित विश्वविद्यालय के लिए। टिकट किराया तब 15 पैसे था। कुछ दिन के बाद मैंने ध्यान दिया कि त्रिलोचन नित्य 10 बजे के आसपास मेरे घर आते। चाय पीते, मेरे साथ दुकान पर पान खाते और सेकंड स्टाप से बस पकड़कर विश्वविद्यालय पहुँचते। मन में सोचा, स्नेहवश आते हैं। पानवाले से कहा—मैं न भी रहूँ तो भी इन्हें पान खिला दिया करो मेरे हिसाब में। एक दिन शास्त्री जी मगन होकर बोले—डी.टी.सी. वाले बहुत चालाक समझते हैं अपने-आप को। किराया 15 पैसे से बढ़ाकर 25 पैसे कर दिया है। मैं भी वह तिकड़म करता हूँ कि 15 पैसे में ही पहुँच जाता हूँ। आज़ादपुर से आपके घर आ जाता हूँ और यहाँ से बस-किराया 15 पैसे ही है। यह कहकर अपनी ख़ास रहस्यमयी मुस्कान से जिसमें वे दोनों ओठ दबाते हैं और शरीर थिरक उठता है, सफलता के उल्लास से मुस्कराये।

लोग जानते हैं कि वे जीवन-भर ऐसी तिकड़म सफलतापूर्वक करते मुस्कराते और उल्लास से थिरकते रहे हैं। महीनों बल्कि वर्षों की बढ़ी दाढ़ी एक दिन ऐसी सफाचट—दाढ़ी-मोंछ सफाचट कि हमें भी पहचानने में थोड़ी देर लगे। ओठ दबाकर सबको चकित कर देनेवाली व्यंजना से मुस्कराये—वह मुस्कराहट जो गाँव के उस बच्चे की होती है जो पेड़ का सुन्दरिया आम चुपचाप भूसे में डाल आता है और एक दिन अपने समवयस्कों को ललचाता हुआ विजय-दीप्ति से सबको दिखा-दिखाकर चूसता है।

10 मिनट इर्द-गिर्द के लोगों के कौतूहल का आनन्द लेने के बाद बोले—ब्लेड से बनायी है। मैं नाई से दाढ़ी नहीं बनवाता। अनेक आवाज़ें प्रशंसा में उठीं—शास्त्री जी बड़ी चिकनी दाढ़ी बनाते हैं आप। ऐसी चिकनी दाढ़ी नाई नहीं बना सकता। शास्त्री जी ने सराहना के शब्दों को आश्वस्ति के साथ स्वीकार किया।

और एक दिन कला-संकाय के अध्यापकों, विद्यार्थियों, शोध-छात्रों, पानवाले पंडित जी, चायवाले असरफी—सबने देखा कि त्रिलोचन शास्त्री जींस पहने फैशन-परेड वाली मुद्रा में चले आ रहे हैं—साक्षात्। दाढ़ी तब तक ब्लेड से सफाचट नहीं की थी। कुर्ता मटमैला और पुट्ठों पर जेबोंवाली जिप, चेनवाली जींस में शास्त्री जी। शास्त्री जी परम प्रकृतिस्थ भाव से बोले—मजबूत होती है, जल्दी फटती नहीं। जल्दी-जल्दी धोने का भी झंझट नहीं। किसी को पता नहीं चला और शास्त्री जी ने तिकड़म कर दी।

राजकुमार सैनी मिल गये थे। सोच-विचार के बाद उन्होंने समझाया—अच्छी रहेगी शास्त्री जी, खरीद लीजिए। जींस में त्रिलोचन—न विश्वमूर्तेरवधार्यते वपु—महाजन स्मेरमुखी होते रहें।

शास्त्री जी पान या चाय नियत दुकानों पर ही लेते हैं। कुछ दुकानों पर हरगिज़ नहीं जाते। जिस दुकान पर हम लोग चाय पीते थे—वहाँ नहीं। कहते—यह बासी दूध डालता है। चाय पिलानी है तो उनकी इच्छित दुकान पर शौक से पिलाइये।

त्रिलोचन जी नयी या अपरिचित जगहों पर भोजन प्रायः नहीं करते या मनुहार के बाद करते हैं। काशी में किसी रेस्त्राँ आदि में चाय या कॉफी पिलाने के लिए नामवर जी नाटक करते—कॉफी का ऑर्डर देते समय। वेटर को कहते—ख़ूब साफ़ करके कप या गिलास में कॉफी लाना। वैसे नहीं जैसे हम लोगों को ले आते हो। शास्त्री जी हैं—साफ-स्वच्छ न हुआ तो नहीं पीएँगे। शास्त्री जी पंख फुलाए हुए पक्षी की तरह गद्गद होते रहते और मौन स्वीकृति दे देते।

त्रिलोचन को भरपेट भोजन उनकी पत्नी ही करा सकती थीं। मेरा त्रिलोचन परिवार से ज़्यादा सम्पर्क नहीं रहा है। मॉडल टाउन में 4-5 दफ़े उनके घर गया हूँगा। वे बुड्ढी थीं लेकिन मुझसे पैर नहीं छुआती थीं—ब्राह्मण जानकर। पहले दिनों की मुस्कराहट बाकी थी। शास्त्री जी जब कभी बिना पूर्व-सूचना बाहर भोजन कर आते तो वे बहुत बिगड़तीं। पत्नी-मनोविज्ञान के जानकार जानते हैं कि पत्नी अपने बनाये भोजन, मायके और रूप की उपेक्षा नहीं सह सकती। इसलिए चतुर पति बाहर से खाना खाकर आने पर घर में भोजन माँगते हैं। अरे खा तो लिया उनके यहाँ, बहुत पीछे पड़ गये थे—लेकिन जब तक तुम्हारे हाथ का न खाऊँ पेट ही नहीं भरता। शास्त्री जी ऐसा नहीं कहते होंगे या पत्नी ने ताड़ लिया होगा। सो वे खाना बचा रखती

थीं और अगले दिन वही खिलाती थीं—तुम वैसे नहीं ऐसे मानोगे। शास्त्री जी चुपचाप भोजन सिरिज लेते। कसूर अपना ही होता, किस मुँह से बोलें।

पत्नी के आक्रोश का एक कारण और था—शास्त्री जी शेरशिकम रहे हैं। (अब नहीं रह गये।) पेट संकोच के कारण नहीं भरता। एक बार देखा—परात-भर खिचड़ी खा रहे हैं। शास्त्री जी शास्त्री भी हैं। एक कौर बत्तीस बार चबाते हैं—ड्रिंक फूड और ईट मिल्क वाले। साथवाले उठ जाते हैं। शास्त्री जी अधपेट उठ आते। एक बार कॉरेसपॉन्डेंस कोर्सेज में सेमीनार हुआ। बहुत लोग आये। नागार्जुन, त्रिलोचन, नामवर सिंह, सुरेन्द्र चौधरी आदि। शास्त्री जी बहस में देखे गये। भोजन के समय ग़ायब। नागार्जुन ने कहा—चिन्ता मत करो। त्रिलोचन कल भोजन करेंगे। उनको तुम लोग नहीं खिला पाओगे। दूसरे दिन भोजन-बेला में नागार्जुन त्रिलोचन को आप साथ लाये। बगल में बैठाया। परोसनेवाले को बुलाकर कहा—पाँच-छ: आदमियों का भोजन-तदनुकूल दाल, सब्जी, दही, चटनी आदि ले आओ। त्रिलोचन के साथ पूरे समय धीरे-धीरे खाते हुए बैठे रहे। इस प्रकार त्रिलोचन जी ने भोजन सम्पन्न किया। पत्नी जानतीं कि इन्हें भोजन कराना धैर्य का काम है, तिड़क जाते हैं। और गृहिणी सब सह सकती है, पति की निन्दा या हँसाई नहीं।

गुस्से में बोलतीं—अरे खाओगे तो तुम्हारे ही शरीर में लगेगा। गुस्सा करोगे, न खाओगे तो तुम्हारा ही नुकसान होगा, हम कोई अपने लिए कहते हैं।

त्रिलोचन की पत्नी—जय और अमित की माँ सागर में मरीं। विष्णुचन्द्र शर्मा ने कहा—त्रिलोचन सागर गये हैं, एकाउंट वहीं रखा है। सागर में मुक्तिबोध पीठ में नियुक्ति हो गयी है। उसी घर में हैं। कहते हैं कि सागर में मरूँगा तो कम-से-कम उस कमरे में तो मरूँगा जिसमें जय की अम्माँ रहती थीं।

शास्त्री जी के भोजन और शरीर की एक घटना जिसका मैं प्रत्यक्षदर्शी हूँ—तब वे 60 से ऊपर के, करीब 65 के ज़रूर रहे होंगे।

हिन्दी विभाग की एम.फिल. की छात्रा श्रीमती खुराना ने उन पर लघु शोध प्रबन्ध लिखा। सरिता मछली बनाने में निपुण हैं। बिहार के कायस्थ परिवार की हैं। मछली मुझे भी पसन्द है। तय पाया कि विनोद खुराना (सरिता के पति और हमारे मित्र) के यहाँ मद्य-मत्स्य योग हो।

बन्धुवर विनोद ऊपर से कड़ियल अन्दर से निहायत संकोची, शर्मीले, औपचारिक हैं। खिलाने-पिलाने में ऐश की तबियत पायी है। परम स्वाभिमानी, तेजस्वी। हमें अपने घर सादर ले गये। पान प्रारम्भ हुआ। पहली बोतल ख़तम, पहले ही रखी आधी बोतल ख़तम। शास्त्रीजी का योगदान ख़तम करने में तीन-चौथाई। हमारा-विनोद का संयुक्त योगदान एक-चौथाई। मैं ज़्यादा ले ही नहीं सकता और विनोद पिलानेवाले थे, पीनेवाले कम।

शास्त्री अनवरुद्ध। विनोद क्या करें! गये अन्दर से एक बोतल लाये। रंग

काला, गाढ़ा। शास्त्री जी ने बोतल उठाकर नीट-पान शुरू किया। मैं तो अनजान। विनोद खुराना पसीना-पसीना। हाथ जोड़े, बोले—क्या कर रहे हैं, शास्त्रीजी, क्या कर रहे हैं!

शास्त्रीजी ने बाँह आगे बढ़ायी। बोले—विनोद इसे ज़रा हिलाओ तो। पता नहीं विनोद खुराना ने ऐक्टिंग की ज़ोर लगाने की या सचमुच ज़ोर लगाया—बाँह टस से मस नहीं हुई। हमारी मित्रमंडली में विनोद खुराना जैसी मज़बूत क़दकाठी का कोई दूसरा नहीं है।

फिर शास्त्री जी धम्म-से गिर पड़े। बहुत कुछ कथनीय-अकथनीय बोलते रहे, भोजन मछली सारा पहले ही खा चुके थे। रास्ते में किस गत-बेगत से शास्त्री जी घर लौटे। यह न तो विनोद ने किसी से कहा न मैंने। अब शास्त्री जी को रात के दो बजे शास्त्रीणी जी के पास डिपाजिट कौन करे? खुराना का नैतिक दायित्व था। दोतल्ले पर शास्त्री जी को लादकर ले जाना, दरवाजा खुलवाना।

इसके बाद दो सप्ताह तक विनोद खुराना से भेंट नहीं हुई। मिलने पर बताया—उनकी पत्नी डाँटती रहीं। शास्त्री जी चुपचाप रजाई तानके सो गये। मैं सरपट भाग आया। कुछ मुझे भी सुनने को मिला।

शास्त्री जी का पंजा। और क्षेत्रों में भी होगी, लेकिन मैंने सिर्फ़ अवध में देखी है पंजा लड़ाने की प्रतियोगिता। पंजा लड़ाने में एक और साहित्यकार प्रसिद्ध हैं—डॉ. रामविलास शर्मा। डॉ. शर्मा ने लिखा है कि वे निराला से पंजा लड़ाते थे। पंजा लड़ाने में कुश्ती की तरह दाँव-पेच होता है। निराला दाँव नहीं जानते थे। रामविलास जी जानते थे। वे जीत नहीं पाते। इस पर निराला को भी आश्चर्य होता था। क्योंकि ताक़त में निराला ज़्यादा थे तो पंजे में क्यों नहीं। कहते हैं, एक बार शास्त्री जी और रामविलास जी में हो गयी। शमशेर ने बताया कि त्रिलोचन की देह ताँत की है। शर्मा जी बीस नहीं पड़ सके। त्रिलोचन प्राय: ऐसे मामलों में बोलते नहीं। लेकिन इस घटना के बारे में पूछा तो बताया—रामविलास गड़बड़ी कर रहे थे। मैंने कहा, ठीक क़ायदे से पंजा लड़ाओ। गड़बड़ी करोगे तो ठीक नहीं होगा।

हुआ क्या! कौन उन्नीस पड़ा कौन बीस, मैं नहीं मानता। डॉ. शर्मा से मैंने इस बारे में पूछा नहीं। पूछने की हिम्मत नहीं पड़ी।

डॉ. शर्मा से त्रिलोचन के बारे में एक ही बात हुई है। मैंने कहा, शास्त्री जी भुलक्कड़ आदमी हैं। राह चलते ख़्याल नहीं रखते। एक बार जा रहे थे मगन। घूमकर देखा तो पाया, अरे मैं तो ऊँट के नीचे से चला आया। डॉ. शर्मा ने कहा—शास्त्री जी भुलक्कड़ आदमी हैं। वे ऊँट के नीचे से नहीं निकले थे। ऊँटे उनके नीचे से निकल गया था।

शास्त्री जी को क्रुद्ध मैंने कभी नहीं देखा। मनोविकार उठने पर वे चुप एवं शान्त हो जाते हैं। सचमुच संयमी हैं। वे सिर्फ़ एक बार उग्र होने जा रहे थे। फ़िराक़ गोरखपुरी ने निराला के बारे में कुछ अशोभन कह दिया था। शास्त्री जी उठ खड़े हुए। हाव-भाव देखकर फ़िराक़ ने कहा—यदि आप मुझे असहाय कर देंगे तो और क्या करूँगा?

फ़िराक़ गोरखपुरी भाषा के विषय में तर्क नहीं करते थे। हिन्दी और हिन्दीवालों को गालियाँ देते थे। शायर वे बड़े थे। प्राच्यविद् नहीं। बनते विद्वान थे। शास्त्री जी ने बहस शुरू की होगी। उन्होंने गालियाँ देनी शुरू की होंगी—तब यह घटना घटी होगी। घटना के बारे में शास्त्री जी ने ही बताया था।

लेकिन, अच्छा हो कि मैं उन्हीं बातों तक अपने को सीमित रखूँ जिन्हें मैंने ख़ुद देखा है।

शास्त्री जी चलते-फिरते पुस्तकालय नहीं विश्वविद्यालय हैं। देश के अधिकांश विश्वविद्यालयों के किसी हिन्दी विभाग ने उतना काम नहीं किया होगा, उतने साहित्य संस्कारी व्यक्ति नहीं पैदा किए होंगे जितना अकेले शास्त्री जी ने तैयार किये। बिना कोई पगार लिये। साहित्य संस्कार छींटते रहना उनका स्वभाव है। ये बहुत जानते हैं। निराला, कबीर, तुलसी, कालिदास, ग़ालिब, रवीन्द्रनाथ, भूषण, बिहारी, शेक्सपियर, सरहपा आदि का अधिकांश साहित्य उन्हें कंठस्थ और सिद्ध है। सिद्ध का अर्थ यह कि उसकी वे तर्कसंगत, शास्त्रसम्मत एवं युगसम्मत व्याख्या कर सकते हैं। वे इस समय हिन्दी के श्रेष्ठ काव्यार्थ-मीमांसक हैं। यह बात मैं व्यक्तिगत अनुभव से जानता हूँ और आग्रहपूर्वक कह सकता हूँ।

बैठिए और 4-5 घंटों तक उनसे किसी बड़े साहित्यकार पर बातें कीजिए। रस-गंगा में स्नान कीजिए। हाँ, बीच-बीच में पान-तमाखू या चाय हो जाये तो रंग चोखा आएगा। इसके इतने अधिक उदाहरण हैं कि मैं दे नहीं सकता। हिन्दी में कौन ऐसा उल्लेखनीय साहित्यकार है जिसने कुछ-न-कुछ शास्त्री जी से सीखा नहीं है, वे न अपने ज्ञान का डंका पीटते हैं न ज्ञान-दान का।

शास्त्री जी शब्दश: कलम पकड़ना सिखाते हैं। वे इस समय हिन्दी की अनेक साहित्यकार पीढ़ियों के शिक्षक हैं। नामवरजी ने अपनी पहली पुस्तक बक़लम ख़ुद शास्त्री जी के सन्निध्य में रची थी। शास्त्री जी के प्रभाव में आकर ही वे शम्भुनाथ सिंह के उत्तर-छायावादी प्रभाव से मुक्त हुए। 'झुपुर-झुपुर धानों' की शैली छोड़कर 'आँख खोलकर कलियाँ भी कहती हैं पैसा' लिखने लगे। जिस आदमी के प्रभाव में आकर नामवर सिंह नामवर सिंह बने हों, उसके साहित्यिक महत्त्व का अनुमान किया जा सकता है। यह कहकर मैं डॉ. सिंह की अपनी साधना को भूल नहीं रहा हूँ।

फिर भी लोग, मेरे जैसे लोग भी शास्त्री जी से ही छूट लेते हैं। उनकी मंडली में छोटा-बड़ा बनकर कोई रह ही नहीं सकता। औपचारिक वे हो ही नहीं सकते, औपचारिक होते ही वे निश्चेष्ट हो जाते हैं—मौन। विश्वविद्यालय में वे ट्यूटोरियल बिल्डिंग की सबसे ऊँची तीसरी मंज़िल के कॉरीडोर के कोनेवाले आख़िरी कमरे में बैठते थे। आनेवालों का ताँता लगा रहता। कितने नामी अनाम लोग—सभी वय के। असम, केरल, तमिलनाडु, गुजरात के हिन्दी और हिन्दी-प्रेमी साहित्यकार आते। समय पर कोई पाबन्दी नहीं, विषय पर कोई पाबन्दी नहीं। नौसिखिए, कुछ सीखने, साहित्य में प्रवेश पाने के इच्छुक किशोर सबसे बड़ी संख्या में आते। त्रिलोचन शास्त्री को पूछते-पाछते उस कमरे में पहुँच जाते। उर्दू विभाग, हिन्दी विभाग के लोग भुनभुनाते भी—त्रिलोचन शास्त्री न अध्यापक, न प्रोफेसर, न विभागाध्यक्ष न शोधनिर्देशक, न नौकरी दिला पानेवाले—और लोग इतनी अधिक संख्या में उनसे इतनी दूर-दूर से मिलने आएँ—परिसर-दिग्गजों के लिए सन्ताप की बात तो थी ही।

स्वातन्त्र्योत्तर भारत में नौकरी पाने की सबसे बड़ी जगह दिल्ली बनी। अन्नपूर्णा यहीं आ गयीं। अध्यापक, साहित्यकार, नौकरशाह, नेता, शीर्षस्थ गुंडे, पत्रकार आदि दिल्ली आ गये। इनमें यथोचित परस्परावलम्ब हो गया। दिल्ली को जायसी ने 'निबहुर देस' कहा—जो दिल्ली गया वह वापस नहीं लौटा।

अपने देस नहीं लौटा तो कहाँ चला गया? यहाँ सिर्फ़ साहित्यकारों की बात करें नहीं तो बात फैल जाएगी। फैल तो गयी ही है, ज़्यादा फैल जाएगी। देखिए कि जो लोग दिल्ली आते हैं वे मिलते-जुलते किससे हैं—किन लोगों से?

त्रिलोचन दिल्ली आये तो किन लोगों की सोहबत में रहे—विष्णुचन्द्र शर्मा तो ख़ैर उनके सहोदरवत् ही हैं। उनकी बात छोड़िए। वे शमशेर, मलयज के यहाँ ठहरते, विद्यासागर नौटियाल उनसे मिलने अक्सर आते। गोविन्दप्रसाद तब विद्यार्थी थे (अब जवाहरलाल नेहरू विश्वविद्यालय में अध्यापक हैं), अक्सर उनके साथ रहते। जहरीखाल से वाचस्पति आते। राजकुमार सैनी प्राय: उनके साथ रहते। ऐसे ही लोग। शास्त्री जी को किसी सांसद, सचिव, साहित्य अकादमी के अधिकारी, बहुत अधिक पारिश्रमिक देनेवाली पत्रिका के सम्पादक के साथ नहीं देखा। राजकमल से उनकी किताब 'प्रतिनिधि संकलन' बहुत बाद में निकली। अनाम प्रकाशकों, अनाम साहित्यकारों से वे घिरे रहते, उन्हीं से वे मिलने भी जाते। महानगर के किसी उपेक्षित क्षेत्र के एक या अधिक से अधिक दो कमरे के मकान में किराये पर रहते। रूखा-सूखा खायकर ठंडा पानी पी।

कहते हैं कि आदमी की पहचान उसके साथ रहनेवालों से होती है। त्रिलोचन के साथ रहनेवाले अधिकांश ऐसे हैं जिन्हें साहित्यिक सब-आल्टर्न कहा जा सकता है। त्रिलोचन ही नहीं, हमारे कुछ बड़े साहित्यकार हैं—नागार्जुन, केदारनाथ अग्रवाल,

रामविलास शर्मा—जो उच्चपदस्थ, प्रतिष्ठान-प्रतीक पुरुषों के साथ शायद ही कभी दिखलाई पड़ते हों।

दूसरी तरफ़ ऐसे लोग हैं जिनके पास उन लोगों से मिलने का समय ही नहीं है जो नागार्जुन, त्रिलोचन, केदारनाथ अग्रवाल के आसपास रहते हैं। समय स्वर्ण है। समय का उपयोग करते हैं। बड़े अफ़सरों, बड़ी जगहों पर खान-पान-वाहन करते हैं। फिर—

जग सेवक ही सेव्य जगत के बन जाते हैं।
चाहे हों वे नीच तदपि पूजा पाते हैं।

ये 'साहित्यिक सबाल्टर्न' प्राणवायु हैं। ये जहाँ होते हैं वहीं कविता का जनपद होता है। ये जहाँ नहीं हैं वहाँ या तो अनन्त है या कविता का अन्त है। अन्त और अनन्त का साथ बेतुका नहीं। यह जो 85 से ऊपर के नागार्जुन, केदारनाथ अग्रवाल, रामविलास और 80 के हो रहे त्रिलोचन—'फिरत सनेह मगन मन अपने' हैं, ताज़ा कविताएँ लिखते हैं। नयी पीढ़ी के प्रेरणास्रोत हैं। जिनसे जुड़ने में साहित्यकारों की नयी पीढ़ी सार्थकता का अनुभव करती है। उस सबका कारण यह जनपद-राग और जनपद निवासियों के साथ विचरण ही है। मुक्तिबोध ने अपने ऐसे ही सबाल्टर्न साहित्यकारों को सम्बोधित करके अनेक कविताएँ लिखी हैं—'केतकी गन्ध से महक रहे मेरे युवजन—मेरे सहचर'। ये युवजन और ये सहचर कैसे रहे होंगे। इसका अनुमान आप परसाई के मुक्तिबोध के संस्मरण के इस प्रसंग से कर सकते हैं—

''जबलपुर आये तो मेरे घर पर एक मित्र हनुमान वर्मा से मुलाकात हुई। हनुमान कॉलेज में पढ़ाते हैं। दो-तीन दिन ख़ूब मज़े में उनसे मुक्तिबोध की जमती रही। फिर हनुमान अपने घर ले गया। वहाँ अच्छा-सा सोफ़ा था। डाइनिंग-टेबुल भी थी। मुक्तिबोध को खटका लग गया। वे शिष्ट व्यवहार करने लगे। लौटते वक़्त रास्ते में मुझसे बोले—पार्टनर, इस आदमी से अपनी कैसे पट सकती है। उसका सोफ़ा देखो, डाइनिंग टेबुल देखो। वह अपनी दुनिया का आदमी नहीं है। ही बिलांग्ज टू ए डिफरेंट वर्ल्ड। मैंने कहा—कुल छह-सात सौ ही पाता है वह। अपनी ही दुनिया का आदमी है। पर यह बात गले उतरने में देर लगी।''

जो बात नागार्जुन, त्रिलोचन, रामविलास, केदारनाथ अग्रवाल, शील, हंसराज रहबर, विष्णुचन्द्र शर्मा के बारे में कह सकते हैं, औरों के बारे में नहीं।

विपरीतधर्मियों की न पूछिए। कोई पत्थर न बचा जिस पर मूते न हों, कोई पेशाबघर न बचा जिसमें घुसे न हों, कोई नाबदान न बचा जिसका टीका-तिलक माथे पर सुशोभित न हो रहा हो। ये लोग शाम-सवेरे कहाँ रहते हैं, इसका पता

लगाइए तो आप हिन्दी भाषा, साहित्य और हिन्दी साहित्यकारों के स्वातन्त्र्योत्तर उत्कर्ष से सन्तुष्ट हो जाएँगे।

हिन्दी की कविता, उनकी कविता है जिनकी
साँसों को आराम नहीं था, और जिन्होंने
सारा जीवन लगा दिया कल्याण को धोने
में, समाज के, नहीं काम करने में घिन की
कभी किसी दिन।

त्रिलोचन का भी नाम उछला दिल्ली में एक बार चीन जाने के लिए। कोश का काम था। एक दिन शास्त्री जी बोले—ऐ देखिए। मुझे तो कोई परेशानी है नहीं। वैसे ही चलता हूँ। कोई तकलीफ़ नहीं। डॉक्टर कहता है ब्लड-प्रेशर हाई है। फिर जैसे डॉक्टर की बेवकूफ़ी और मेडिकल साइंस पर हँसे। मैंने कहा—तम्बाकू कम कर दीजिए और ज़रा सेवन भी। त्रिलोचन मेरी भी अज्ञानता पर हँसे, कुछ भी हुआ। त्रिलोचन नहीं जा पाये। हाँ राजनीति-विज्ञान के प्रो. काशीराम शर्मा के घर चीनी अधिकारियों के साथ एक आपानक-गोष्ठी हुई जिसमें गोविन्दप्रसाद थे, सम्भवत: डॉ. तारकनाथ बाली भी। वहाँ क्या हुआ, कैसे हुआ, कुछ नहीं मालूम। लेकिन दो-तीन दिन के बाद त्रिलोचन जी को उनके कमरे में देखा तो उनका सिर फटा था। कुर्ता रक्त से भीगा था। ख़ून सिर पर और कुर्ते पर भी सूख चुका था। पता नहीं क्या बात थी कि वे कपड़े नहीं बदलते थे और फटे सिर पर एक पन्ना काग़ज़ चिपकाए विश्वविद्यालय आते थे। लगता था जैसे किसी अपराधबोध की मन:स्थिति में प्रायश्चित करना चाहते हों, अपने को दंड दे रहे हों, लोगों के सामने अपनी दुर्गति खोलकर रख देना चाहते हों—देखो मैं वही त्रिलोचन हूँ, तुम लोग मेरा आदर करते हो और मैं ऐसा हूँ। ग़ालिब की मन:स्थिति।

पता नहीं कैसे इसकी सूचना नागार्जुन को मिल गयी। नागार्जुन दिल्ली में ही थे। बिगड़े। घोषित कर दिया कि दिखलाई पड़ जाये त्रिलोचन बस, इस बार छोड़ूँगा नहीं बिना पीटे। किसने कहा था उससे वहाँ जाने के लिए?

तब सोवियत संघ का विघटन नहीं हुआ था। कनाट प्लेस में यू.एस.एस.आर. बुक हाउस था। वहाँ शाम को रसूल गम्ज़ातोव से मिलने की गोष्ठी थी—आपानकवाली नहीं। उसमें नागार्जुन आये। नामवर सिंह, केदारनाथ सिंह आये। पीछे पता नहीं कब त्रिलोचन आकर बैठ गये। केदारनाथ सिंह ने मुझे इशारा किया, रसूल गम्ज़ातोव तब तक आये नहीं थे। मैंने बाबा से कहा—त्रिलोचन बहुत डरे हैं। उन्होंने किसी से सुन लिया है कि आप उन पर नाराज़ हैं। बाबा ने मुझे देखा काइएँपन से—बच्चू हमसे उड़ते हो। फिर दाढ़ी में छिपती विश्वमोहिनी मुस्कान बिखेरी—कहाँ हैं त्रिलोचन—

बुला लाओ। नागार्जुन, त्रिलोचन ने साथ-साथ बैठ उस गोष्ठी में भाग लिया।

केदारनाथ अग्रवाल, त्रिलोचन, नागार्जुन तीनों भोपाल में एकत्र। अवसर था—'केदार महत्त्व' का। सन् 1980 ई. की बात है। मध्यप्रदेश प्रतिशील लेखक संघ ने आयोजित किया था। एक सत्र की अध्यक्षता नागार्जुन कर रहे थे। त्रिलोचन, केदारनाथ अग्रवाल, केदारनाथ सिंह, धनंजय वर्मा, भगवत रावत, अशोक वाजपेयी, कमला प्रसाद, राजेश जोशी, राजेन्द्र शर्मा आदि सब मौजूद। पर्चा धनंजय और मैंने पढ़ा। केदारनाथ सिंह बोले, त्रिलोचन ने बोलना शुरू किया। बोले—एक पर्चे में 'ऐन्द्रिक' शब्द का प्रयोग 'ऐन्द्रिय' के लिए किया गया है। लोग कोश नहीं देखते। हिन्दी का पहला कोश कब बना, किसने बनाया, कोश बनाने की विधि क्या है—आदि-आदि। भाषण लगभग आधा घंटा चला। केदार का, हिन्दी कविता का ज़िक्र नहीं। केदारनाथ अग्रवाल ने डाँटा—त्रिलोचन, क्या बघार रहे हो। तुम कोश पर बोलने खड़े हुए हो या मुझ पर। त्रिलोचन चुप। तत्काल बैठ गये। सत्र में सन्नाटा। नागार्जुन ने अध्यक्ष पद का उपयोग करते हुए कहा—"जब मैं आदरणीय होता हूँ तब केदार, त्रिलोचन फादरणीय। जब ये आदरणीय होते हैं तब मैं फादरणीय। ये आपसी मामला है। नाबालिग अपना काम देखें।"

त्रिलोचन खड़ी बोली जब बोलते हैं, व्याकरण का ध्यान रखते हुए धीरे-धीरे बोलते हैं। उन्हें सुनते ही आपको लगेगा कि ये अपनी मातृभाषा (अवधी) नहीं, अर्जित भाषा बोल रहे हैं। अभिव्यक्ति में—चाहे वैचारिक हो या सर्जनात्मक, चमकने से, प्रभावित करने की सायास शैली से बचे रहते हैं। लगता है अतिसामान्य बात कर रहे हैं अगर ध्यान न दें तो आप जान ही नहीं पाएँगे कि त्रिलोचन कितनी महत्त्वपूर्ण बात कर रहे हैं। यह बात उनके भाषण और सर्जन दोनों पर लागू होती है। कविता पर विशेष तौर पर लेकिन उसकी चर्चा यहाँ नहीं।

त्रिलोचन के अतीव सर्जनात्मक भाषण सुने हैं। कविता पर, गद्य की लय पर, छन्दों पर। उसी धीमी, अनायास सहज, संयमित शैली में। उनसे कबीर, तुलसी और निराला, रामचन्द्र शुक्ल पर बात करना तो पुण्योदय है। सूरदास के बारे में मुझसे कहा—आपने ध्यान से सूरदास नहीं पढ़ा है! पढ़ डालिए। ये बातचीत में साहित्य की फिल्म दिखाते हैं। श्रव्य के माध्यम से दृश्य का अंकन करते हैं। जो कुछ वे कहते हैं उसे सुना, देखा और हृदयंगम किया जा सकता है। जब तक उनके जैसे लोग हिन्दी में होते रहेंगे, हिन्दी रसवती बनी रहेगी।

वे बहकते भी हैं। लेकिन याद दिलाने पर या ज़रा-सा टोकने पर या तो चुप बैठ जाते हैं या सँभल जाते हैं। वे किसी विषय या सूत्र को जिस परिप्रेक्ष्य में देखते हैं, उसे न समझने पर ही वे बहकते प्रतीत होते हैं। जब वे समझ लेते हैं कि श्रोता उनकी बात तक नहीं पहुँच रहे हैं तो वे तत्काल या तो चुप हो जाते हैं

या श्रोताओं के स्तर पर उतर आते हैं। इसी को सँभलना समझिए।

कई बातें चक्कर में डाल देनेवाली ज़रूर वे बताते हैं। निराला के यहाँ पहुँचे। वहीं दारागंजवाली कोठरी में—या कहीं और, ठीक से याद नहीं। (मुझे नहीं याद, त्रिलोचन जी को तो कोई बात कभी भूलती ही नहीं) बाहर से दरवाज़ा बन्द। लेकिन अन्दर से मारपीट की आवाज़। जैसे कोई किसी को घूसों, थप्पड़ों से मार रहा हो। शास्त्री जी चिन्तित परेशान। दरवाज़े पर धक्के पर धक्का दे रहे हैं, दरवाज़ा अन्दर से महाकवि खोल नहीं रहे हैं। दरवाज़ा तोड़ना मुनासिब नहीं। क्या करें त्रिलोचन। पीछे से दीवार पर चढ़कर खिड़की से नीचे झाँका तो अजीब दृश्य। निराला तुलसीदास के चित्र के सामने खड़े हैं और चित्र को घूँसे, मुक्के जमा रहे हैं, क्रोध में हैं और आँसू बह रहे हैं। शास्त्री जी धम्म-से कूदे। निराला को प्रणाम करके बोले—निराला जी यह क्या कर रहे हैं आप! तुलसी के चित्र की पिटाई कर रहे हैं!

कवि-गुरु बोले—"त्रिलोचन शास्त्री तुम बीच में मत पड़ो। मैं कहता हूँ हट जाओ बीच से, आज इसका और मेरा फ़ैसला हो जाने दो।"

"आख़िर तुलसी के चित्र ने क्या बिगाड़ा है आपका?"

"क्या बिगाड़ा है इसने मेरा। अरे! मैं कुछ भी अच्छा लिखता हूँ, सोचता हूँ नया लिखा है। कविता की श्रीवृद्धि की है। इसे पढ़ने पर पता चलता है कि इसने वह सब पहले ही लिख रखा है। इसने मुझमें कुंठा भर दी है।"

और कवि (त्रिलोचन नहीं) निराला रोने लगे।

यह घटना त्रिलोचन शास्त्री ने मुझे सुनायी है। औरों को भी सुनाई होगी। क्या यह घटना झूठी है?

जी नहीं, इस घटना पर लोग सन्देह इसीलिए करते हैं क्योंकि यह सच्ची से ज़्यादा सच्ची है। अगर यह झूठ है तो सरहपा, गोरखनाथ, कबीर, सूर, तुलसी, मीराबाई, रैदास, गाँधी के विषय में प्रचलित सारे आख्यान झूठे हैं। अल्पमाल, चौरासी वैष्णवन की वार्ता झूठी है।

यह घटना त्रिलोचन शास्त्री की उत्कृष्ट कविता है। इसे उनके संकलन में होना चाहिए। तुलसी और निराला के कवि-सम्बन्धों को अभिव्यक्त करने वाला ऐसा मिथक कोई और नहीं रच सकता था।

उनकी जानकारी भी चौंकानेवाली है। जब उन्होंने बताया कि काशीप्रसाद जायसवाल ने रामचन्द्र शुक्ल को बनारस की कचहरी के पास पिटवाने का उपक्रम किया था। कारण यह कि आचार्यश्री और धुरन्धर इतिहासज्ञ जायसवाल दोनों में किसी बात को लेकर कटुता हो गयी थी। ज़माना दूसरा था। जायसवाल बैरिस्टर थे। अपराधकर्मी उनके हुकुम पर चलते थे। एक को लगा दिया। लाठी का वार उसने

भरपूर किया। संयोग से शुक्ल जी के साथ उनके विश्वासपात्र मित्र थे। उन्होंने वार रोक लिया। उनका दायाँ हाथ जनम-भर के लिए झूल गया। लेकिन शुक्ल जी बच गये।

त्रिलोचन जी से यह सुनकर मैंने मन में कहा—त्रिलोचन जी की आदत है, गढ़ लेते हैं। बाद में श्री चन्द्रशेखर शुक्ल द्वारा लिखित आचार्य शुक्ल जी की जीवनी पढ़ी तो उसमें वह घटना दी हुई है। कारण भिन्न बताया गया है।

त्रिलोचन शास्त्री के वाचिक सचल विश्वविद्यालय का छात्र मैं भी हूँ। 1977 ई. में किरोड़ीमल कालेज से विभाग में आया। एक-दो वर्षों के बाद मुझे निराला की 'राम की शक्तिपूजा' और 'तुलसीदास' पढ़ाने का काम सौंपा गया। डॉ. नित्यानन्द तिवारी के सौहार्द्र से। शास्त्री जी की विश्वविद्यालय में उपस्थिति मेरे काम आयी। वे न होते तो मैं न पढ़ा पाता।

सवेरे-शाम उनसे जो पढ़ता वही पढ़ा देता। छात्र कहते—'अच्छा पढ़ाते हैं।' सेवा-निवृत्त हुआ तो मेरे प्रिय छात्र और यशस्वी पत्रकार रवीन्द्र त्रिपाठी ने 'जनसत्ता' में मेरे निराला-अध्यापन की याद की। तुलसी और निराला दोनों के हिन्दी में आज दो ही मर्मज्ञ हैं—डॉ. रामविलास शर्मा और त्रिलोचन शास्त्री। डॉ. उदयभानु सिंह केवल तुलसी के। डॉ. शर्मा का परिप्रेक्ष्य ऐतिहासिक है। जहाँ तक अर्थ-मीमांसा का प्रश्न है त्रिलोचन अद्वितीय हैं। 'सरोज-स्मृति' में 'अपने' शब्द का प्रयोग असामान्य है। निराला लिखते हैं—देखने के लिए अपने मुख था गया हुआ। सामान्यत: 'अपना मुख' होता है। आदमी का अपना मुख एक ही होता है। रावण 'अपने मुख' कह सकता था, निराला नहीं। फिर 'अपने मुख' देखने के लिए कहीं और जाने की क्या ज़रूरत थी? शीशे में या पानी में जहाँ थे वहीं देख लेते।

शास्त्री जी ने बताया—अपने मुख यानी आत्मीय जनों के मुख। यानी आत्मीय लोगों को देखने गया था। इस मुख को 'मुखिया' से जोड़कर समझो। मुखिया मुख सों चाहिए...जो अपने मुखों का प्रमुख हो वह मुखिया। काशी की विदग्ध-मंडली शास्त्री जी की अर्थ-मीसांसा पद्धति का मज़ा लेते हुए कहती है—शास्त्री जी अर्थ कर देंगे। आपके गले अर्थ नहीं उल्लेख उतरेगा तो कहेंगे—अवधी में यह प्रयोग है।

मामला सचमुच 'अवधी में प्रयोग' का है। शास्त्री जी का यह अर्थ खरा है। 'सरोज-स्मृति' में ही अन्यत्र—

अपने आँसुओं अत: बिम्बित
देखे हैं अपने ही मुख-चित

यहाँ निराला ने क्षीण-विपन्न-दृग लोगों को 'अपने ही मुख' कहा है। चित—यानी वेदना, अपने लोगों की वेदना।

'राम की शक्ति-पूजा' में—सब सभा रही निस्तब्ध : राम के स्तिमित नयन। स्तिमित का अर्थ 'अधमूँदा' नहीं, 'भीगा' है। प्रसाद ने भी 'कामायनी' में इस शब्द का इसी अर्थ में प्रयोग किया है।

सबसे बड़ी बात यह कि वे निराला की पंक्तियों का वाक्यान्वय करते। कहते—वाक्यार्थ की प्रक्रिया से काव्यार्थ तक पहुँचो। मूर्ख नहीं बनना चाहते हो तो। 'शत' का अर्थ 'सौ' नहीं, अगणित है। 'शतघूणावर्त तरंग भंग' में शत का अर्थ 'सौ' करोगे? 'फूटी रघुनन्दन के दृग महिमा-ज्योति-हिरण' में 'हिरण' का अर्थ 'स्वर्ण' है, 'मृग' नहीं, आदि आदि।

शत-शत जिज्ञासु जनों को उन्होंने अपने सचल वाचिक विश्वविद्यालय में प्रवेश दिया है। सौभाग्य से मुझे भी प्रवेश मिला। मैंने सुना है कि हमारे गुरु आचार्य हजारीप्रसाद द्विवेदी शास्त्री जी के साथ कबीर की पंक्तियों के अर्थ पर विचार करते थे।

त्रिलोचन जी परम सहचर-वत्सल व्यक्ति हैं। छोटी परेशानियों में तटस्थ बने रहते हैं। वास्तविक परेशानियों में उचित सहायता करते हैं। अपने किये की कोई भनक नहीं पड़ने देते। मैं अध्यापक संघ के चुनाव में खड़ा हुआ। मतदान के दिन देखा—शास्त्री जी मेरे कार्ड बाँट रहे हैं चुपचाप मतदान केन्द्र पर, मैं संकोच से धरती में गड़ता हुआ बोला—शास्त्री जी आपसे किसने कह दिया मेरे लिए चुनाव-कार्य करने के लिए। शास्त्री जी चुप। "पौधा निर्वाक खड़ा है।" उनका आशीर्वाद था कि मेरा नाम विजेता टीम में अव्वल था।

वाणी प्रकाशन के तत्कालीन स्वामी अशोक माहेश्वरी मेरे काव्य-संकलन की पांडुलिपि माँगने आये। शास्त्री जी ने उनसे कहा। भूमिका शास्त्री जी ने लिखी। सब कुछ अपनी ही ओर से।

और एक ऐसी बात जो छिपाने लायक़ है लेकिन शास्त्री जी के कलुषहारी व्यक्तित्व के स्मरण-सन्दर्भ में शक्ति पा रहा हूँ कह डालने की। एक अध्यापक थे। डॉ. लोकनाथ त्रिवेदी। वे सम्मोहित थे, एक प्रसंग में। अनुचित उसे किस मुँह से कहूँ। शास्त्री जी के ही कमरे के पास एक क्लासरूम में वे सवेरे क्लास लेते। लगभग 4 वर्षों तक नित्य—जाड़ा-गर्मी-वर्षा में। छुट्टी के दिन किसी पेड़ तले। क्लास में एक ही छात्रा होती। सवेरे खाना बनाकर लाती। साथ में पान। दोनों नाश्ता साथ-साथ करते। शाम को साथ-साथ चाय पीते। तेरी आँखों के सिवा दुनिया में रक्खा क्या है—लोकनाथ ने तभी समझा।

जिस दिन न मिल पाना होता, ब्लैक बोर्ड पर अगले दिन मिलने का समय-स्थान लिख देते। ऐसे ही छात्रा भी करती।

परिसर में गूँजानुगूँज की लहरें। लोग घात लगाये। शास्त्री जी ब्लैक-बोर्ड पर पढ़ लेते, मिटा देते और वाचिक सन्देश दे देते। दोनों समझते कि लिखित

पढ़कर मिलने में चूके नहीं। रहस्य बाद में खुला जब एक दिन उन्हें लेखी पोंछते देखा।

ब्लैक-बोर्ड पर लिखा मिटा देते थे कि अपयश न फैले।

मेरे सभी प्रिय छात्र शास्त्री जी के प्रशंसक थे। एक छात्रा उनके दर्शन जब करती, चरण छूती।

यह बात न शास्त्री जी ने किसी से कही न मुझे कभी बतायी। एक प्रसंग में मुझे प्रो. त्रिवेदी ने ही बतायी। अपने बच्चे का दोष दुनिया-भर से माँ ऐसे ही छिपाती होगी। ऐसे व्यक्तित्व से क्या क्षमा-याचना, क्या कृतज्ञता-कथन।

त्रिलोचन शास्त्री भारतीय साहित्य के प्रामाणिक विश्वकोश थे। वे सचल विश्वविद्यालय थे। बहुत ज़्यादा पैसा खर्च करके स्थापित कोई अन्तर्राष्ट्रीय, राष्ट्रीय विश्वविद्यालय नहीं थे। देश के किसी भी विश्वविद्यालय के हिन्दी विभाग की तुलना में उन्होंने हिन्दी-उर्दू के अधिक रचनाकार और पाठक पैदा किये हैं। त्रिलोचन शास्त्री हिन्दी की विगत तीन पीढ़ियों के काव्य-गुरु थे। प्रगतिशील साहित्य के पंच महाभूतों (राजेश जोशी के शब्दों में—नागार्जुन, केदारनाथ अग्रवाल, शमशेर, मुक्तिबोध, त्रिलोचन) में से एक थे। ये पाँचों आज भी अदृष्ट हैं, लुप्त हैं, किन्तु हैं। क्योंकि ये प्रगतिशील कविता के महाभूत हैं।

आप इनमें कई नाम जोड़ सकते हैं, मसलन डॉ. रामविलास शर्मा, परसाई, शील का। डॉ. शर्मा और शील का नाम यहाँ एक ख़ास उद्देश्य से जोड़ा जा रहा है। उक्त सभी प्रगतिशील जनवादी कवियों-चिन्तकों ने वामपन्थी पार्टियों और साहित्य संगठनों की अकुंठ आलोचना की है। तीखी आलोचना की है। व्यंग्य किया है। पार्टी और संगठन के लोग उनसे विचलित हुए हैं। लेकिन उन्हें सदैव प्रेरक माना है, उनसे अपना सम्बन्ध कभी नहीं तोड़ा है। उनके जीवन-काल और मृत्यु के बाद भी उनका सम्मान किया है। म.प्र. प्रगतिशील लेखक संघ ने 'महत्त्व' शृंखला के माध्यम से उनका तथा अन्य बड़े साहित्यकारों का सम्मान किया है। किस कारण? आलोचना, व्यंग्य के बावजूद वे हमारे प्रेरक-पूर्वज क्यों हैं!

सबसे बड़ा कारण तो यह है कि उन्होंने कालजयी साहित्य रचना है। लेकिन यही कारण नहीं है। और उसे ध्यान में रखना ज़रूरी है। उपर्युक्त प्रेरक साहित्यकारों की शायद ही कोई फोटो किसी उद्योगपति, मन्त्री, ऊँचे अफसर के साथ देखने को मिले। कोई खोजी शोध-छात्र, पत्रकार या विश्वनिन्दक निकाल भी लाए तो वह 'खोज' होगी। ये लोग दिल्ली आते थे या कहीं जाते थे तो किससे मिलते थे, किसके यहाँ ठहरते थे? उपेक्षित नये या पुराने साहित्यकारों के प्रति इनका क्या

रवैया था? और भी अनेक ऐसी बातें। निम्नवर्गीय सबॉल्टर्न समाज में होते हैं, साहित्य-समाज में भी। साहित्य-समाज के सबॉल्टर्नों के प्रति इनकी कैसी आत्मीयता थी? और इनके साहित्य में अभावग्रस्त, बेरोज़गार, असहाय, दलितों, नारियों का कैसा चित्रण हुआ है। इन सब कारणों से हम इनको प्रेरक, सम्माननीय मानते हैं। त्रिलोचन ऐसे ही थे।

त्रिलोचन शास्त्री के बारे में सबसे पहले काशीनाथ सिंह से सुना था। गंगा में सीधा तैरते थे—सिंह और वाराह की तरह। नींद में ही गंगा नहा आते थे। भाँग पीकर गंगा नहाने लगे, निकले ही नहीं, तैरते रहे। उनकी पत्नी आयीं। डाँटा तब निकले। घर से आटा पिसाने गये थे। गेहूँ का कनस्तर आटा चक्की पर रखकर जौनपुर कवि सम्मेलन में चले गये तीन दिन बाद आटा पिसवाकर लौटे। ये सारी सूचनाएँ काशी ने पहले दिन ही दे दी थीं।

वे किंवदन्ती पुरुष हैं। आधुनिक युग में निराला के बाद वे सबसे बड़े किंवदन्ती पुरुष हैं। इसमें उनके परिचितों और मित्रों की उर्वरा कल्पना-क्षमता का भी योगदान है! नागार्जुन उन्हें पुराणों का कोई पात्र कहते थे। वे थोड़ा विचित्र तो हैं। लेकिन उनकी विचित्रता की एक विशेषता है। वे किसी को कष्ट असुविधा या मानसिक यातना नहीं देते। उपेक्षा, अपमान को पीकर सहन, शान्त बने रहने में आसानी है। भूख, उपवास, बेरोज़गारी का अनुभव बहुत है। हिन्दी में भूख, उपवास, उपेक्षा का अनुभव करने वाले लेखकों की कमी नहीं। लेकिन उसका वर्णन-चित्रण कर पानेवाले रचनाकार बहुत कम हैं। चप्पल फटकारते हुए अफ़सरों, सम्पादकों की ख़ुशामद करते घूमेंगे, लड़की की शादी के लिए दरबदर अपमान सहते भटकेंगे, लेकिन कलम उठाते ही कलाकार बन जाते हैं। गोया कलम जादू की छड़ी है कि छूते ही अपना जीवन-यथार्थ उड़ जाता है। साहित्य में जीवनानुभव की आहट नहीं मिलती। त्रिलोचन ने भूख, उपवास, बेरोज़गारी झेली है और उसका जमकर वर्णन-चित्रण किया है। उनका आत्मकथ्य तुलसीदास की तरह है। आत्मदया से दूर, आत्ममोह से दूर, राम के भरोसे स्वाभिमान सुरक्षित। त्रिलोचन को राम का नहीं, अपनी भाषा और संस्कृति का भरोसा है। त्रिलोचन अपनी भाषा, साहित्य-संस्कृति जनपदीयता के लिए संघर्ष करते हैं, झेलते हैं और उसी के भरोसे तनकर खड़े होते हैं। तुलसीदास और निराला की तरह।

वही त्रिलोचन है, वह जिसके तनपर गन्दे
कपड़े हैं। कपड़े भी कैसे— फटे लटे हैं
यह भी फैशन है, फैशन से कटे कटे हैं।
कौन कह सकेगा इसका यह जीवन चन्दे
पर अवलम्बित है। चलना तो देखो इसका—

उठा हुआ सिर, चौड़ी छाती, लम्बी बाँहें
सधे क़दम, तेज़ी, वे टेढ़ी-मेढ़ी राहें
मानो डर से सिकुड़ रही हैं, किस किस का
ध्यान इस समय खींच रहा है। कौन बताये,
क्या हलचल है इसके रँधे-रुँधाए जी में
कभी नहीं देखा है इसको चलते धीमे।

अभावग्रस्त जीवन को साधन-हीनता, साधनहीनता के लिए निराला जैसा आत्म-धिक्कार (धिक साधन जिसके लिए सदा ही किया शोध) आत्मधिक्कार/आत्मदया नहीं। फिर पूर्वजों से पाये हुए अपने स्वस्थ शरीर पर—अभावग्रस्तता में भी चाल, उठा हुआ सिर चौड़ी छाती, लम्बी बाँहें पर आत्मगौरव का भाव! टेढ़ी-मेढ़ी राहें मानो डर से सिकुड़ रही हैं, जैसा चित्र अन्यत्र नहीं मिलेगा। ऐसी अभिव्यक्ति अभिधा में ही सम्भव है, प्रतीकों में नहीं और यह शक्ति सिर्फ़ सुगठित वाक्य विधान में ही हो सकती है। वाक्यों को घायल करनेवाली भाषा में नहीं। इस पर तो हम आगे विचार करेंगे।

काशी में त्रिलोचन जी को मैंने देखा था और उनका स्नेह भी मुझे मिल गया था। लेकिन उनके साथ भरपूर सत्संग का अवसर दिल्ली में मिला। सन् 80 के आसपास वे दिल्ली विश्वविद्यालय के उर्दू विभाग की शब्दकोश योजना में काम करने के लिए नियुक्त हुए। पहले इस जगह पर शमशेर काम करते थे। वे ट्यूटोरियल बिल्डिंग के थर्ड फ्लोर पर सबसे आख़िरी कमरे में बैठते थे। उनके आते ही वह कमरा दिल्ली के साहित्यकारों और फिर क्रमशः पूरे भारत की नयी पीढ़ी के रचनाकारों का तीर्थ-स्थल बन गया। त्रिलोचन शास्त्री अक्सर विश्वविद्यालय के किसी ढाबे पर चाय पीते दिखलाई पड़ते, काव्य-चर्चा में मगन। विभागों से उनका नाता लगभग नहीं के बराबर था। मुझे उन दिनों निराला का 'तुलसीदास' और 'राम की शक्ति पूजा' पढ़ाना था। मैंने शास्त्री जी से कहा—यदि आप मुझे निराला काव्य पढ़ा दें तभी मैं पढ़ा सकता हूँ।' उन्होंने हामी भरी। मैं उनके कमरे में पहुँचता। पहले उनसे पढ़ता फिर वही जाकर क्लास में पढ़ाता। शास्त्री जी मॉडल टाउन के तीसरे स्टाप पर रहते थे। वहीं से मौरिस नगर के लिए (विश्वविद्यालय जाने के लिए) बस पकड़ते। तब बस का किराया दस पैसे था। कुछ दिनों के बाद शास्त्री जी बस मेरे स्टाप से पकड़ने लगे। आते, मेरे यहाँ चाय पीते, पान खाते और वहीं से बस पकड़ते। एक दिन मैंने पूछा—"अब आप यहीं से बस क्यों पकड़ते हैं? उन्होंने बताया—"अब थर्ड स्टाप से बस का किराया पन्द्रह पैसे लगता है। मैं यह चालाकी करता हूँ कि थर्ड क्लास से आपके स्टाप तक पैदल आता हूँ। यहाँ से दस पैसे में ही पूर्ववत् विश्वविद्यालय पहुँच जाता हूँ।" शास्त्री जी के चेहरे पर चालाकीजनक विजय की दीप्ति थी। उन्होंने डी.टी.सी.

को मानो असफल कर दिया था। एक दिन हम लोगों ने देखा कि शास्त्री जी जीन्स पहने घूम रहे हैं। सब आश्चर्यचकित कि शास्त्रीजी जीन्स में कैसे आ गये। चाय पीते हुए शास्त्री जी ने ख़ुद बताया—'राजकुमार सैनी ने खरीद दिया है। कहते थे कि मज़बूत है, जल्दी फटेगा नहीं।' उनको इस बात का ध्यान हीं नहीं था कि त्रिलोचन शास्त्री को जीन्स में देखना लोगों के लिए विचित्र किन्तु सत्य जैसा भाव पैदा कर सकता है। एक-दो घटनाएँ बहुत मार्मिक हैं। विषम हैं। उनका विवरण केवल इसलिए दे रहा हूँ कि हम शास्त्री जी की तितिक्षा, उपेक्षा और अपमान को पीकर सहज बने रहने की क्षमता का अनुमान कर सकें। पता नहीं कैसे, किसके यहाँ शास्त्री जी 'सुरापान घन अन्धकार' की स्थिति में गिर पड़े। सवेरे दस बजे उनके कमरे में गया तो देखा कि कुर्ता रक्त से भीगा हुआ है। मेरे मनोजगत् में 'अँधेरे में' कविता में मस्तिष्क कोष के फट जाने से रक्त में डूबे हुए तिलक के अंगरेख का बिम्ब साक्षात् हो उठा। शास्त्री जी ने रक्तस्राव रोकने के लिए सिर के घाव पर काग़ज़ चिपका रखा था। शान्त कुर्सी पर बैठे काम कर रहे थे। कारण पूछने का साहस नहीं हुआ। कुछ इधर-उधर सुन रखा था। तीन दिन तक शास्त्री जी इसी तरह ऑफ़िस आते रहे। कुर्ता नहीं बदला। सिर से काग़ज़ नहीं हटाया।

शास्त्री जी जो कुछ हुआ था उसे छिपाना नहीं चाहते थे। प्रकट करके मानो किसी के अपराध का स्वयं दण्ड भोग रहे थे। सहज वैसे ही थे। कविता पर बात करते समय तन्मय और भगत वैसे ही हो जाते थे। उन्हें किंवदन्ती-पुरुष कहा जाता है। किंवदन्ती-पुरुष वे हमारे लिए थे, अपने लिए नहीं।

वे अपनी कविताओं से अपना जीवन-आचरण निर्धारित करते थे। शब्द उनके सम्बन्ध-सेतु थे। इस बीच सबसे अधिक अवमूल्यन शब्दों का हुआ है। हमारे लिए शब्द और शब्द की देवी सरस्वती, स्वार्थ-साधन की देवी हो गयी है। वह सस्ता माल, महँगा बेचने में सहायक विज्ञापन का काम करती है। ऐसे माहौल में शास्त्री जी के लिए शब्द अर्थवान् थे, मूल्यवान थे और उन शब्द सम्बन्धों से प्रेरित जीवन-आचरण निराला की ही तरह उनको इस उठाईगीर समाज से बहिष्कृत कर देता था और किंवदन्ती पुरुष बना देता था। और उसी शब्द-आचरण में निष्ठा रखने वाले त्रिलोचन के डर से राहें सिकुड़ भी जाती थीं। त्रिलोचन के दिवंगत होने पर यह जो पूरे हिन्दी क्षेत्र में शोक की लहर आ गयी है, हम सबको लगता है कि हमने कुछ खो दिया है उसका कारण त्रिलोचन की यही शब्द-निष्ठा और अपनी कविता से अपने जीवन आचरण को अनुकूलित करने का उद्यम है। किंवदन्ती पुरुष प्रायः सहज नहीं होता लेकिन त्रिलोचन की सहजता ही यानी शब्द और अर्थ में संगति रखने की टेक ही उन्हें किंवदन्ती पुरुष बनाती थी। निराला के साथ भी यही हुआ था। त्रिलोचन ने लिखा

भी है—'आँखों में रहे निराला।'

त्रिलोचन की सहजता का स्रोत उनकी किसानी है। त्रिलोचन ने अपने को जनपद (अवध) का कवि कहा है। किसान की अपनी संस्कृति होती है। वह संस्कृति श्रमजीवी, अतिरिक्त का निषेध करनेवाली, विनम्र, आत्मगोपन की और इसीलिए परम स्वाभिमानी होती है। किसी प्रकार की उच्छृंखला नहीं सह सकती। प्रकृति और जीवन से उसका सहज राग होता है। किसान का जीवन विषम होता है। वह ऋतुओं और प्रकृति की विषमता को झेलता है और इसीलिए वह उनका सौन्दर्य भी भोग सकता है। निराला की एक पंक्ति है—'ऋतु का प्रभाव संचित जैसे तरु-तन में।' त्रिलोचन अग्रगण्य क्या गण्य बनने की भी चिन्ता नहीं करते थे। अगर वे कवि की तरह रहते तो लोगों को इतने असाधारण और शायद किंवदन्ती पुरुष नहीं लगते। त्रिलोचन ने लिखा है—''यह भी फैशन है, फैशन से कटे-कटे हैं।' फैशन रीतिबद्धतर है और फैशन से कटे रहना ही सर्जना की मानसिकता है। यह किसानी काव्य-दृष्टि ही है कि त्रिलोचन पारम्परिक रूप-विधान में कई अन्तर्वस्तु का समावेश करते हैं। वस्तुतः नये के समावेश से यानी अन्तर्वस्तु नयी हो जाने से रूप-विधान भी अन्ततः पारम्परिक नहीं रह जाता। लेकिन त्रिलोचन के यहाँ वह ऐसा बदलता है कि असंस्कारी पाठक को पुराना ही लगता है। नागार्जुन ने लिखा—

जली ठूँठ पर बैठकर, गयी कोकिला कूक।
बाल न बाँका कर सकी, शासन की बन्दूक॥

यह दोहा है। छन्द रहीम और बिहारी का है। लेकिन लय भिन्न है। अगर लय नयी न होती तो अन्तर्वस्तु भी नयी न होती। इसी तरह त्रिलोचन के बरव, कवित्त एवं लोक-गति हैं। अर्थ की खोज कविता में छिपी रहती है। मानो किसान अपने गुण या अपनी निजता छिपाये है—

मैंने देखा कि फूल हँसते थे,
फूल सब झूल-झूल हँसते थे।
उनसे पूछा खबर है कल की भी,
बात सब भूल-भूल हँसते थे।

फूलों का हँसना कौन नयी बात है? झूल-झूल के हँसना भी कोई ख़ास बात नहीं है। इस रूप में उनका चित्रण न जाने कब से हो रहा है, आज भी हो रहा है। फूल थोड़ी देर के लिए खिले रहते हैं, फिर मुरझा जाते हैं। किसी ने उनसे पूछ लिया कि आज हँस रहे हो, कुछ कल की ख़बर है? यह नयी

बात है। लेकिन फूल कल मुरझाने की बात याद आने पर भी उसे भूल-भूलकर हँसते हैं। हँसना जारी किए रहते हैं। फूलों के हँसने का ऐसा चित्रण पहले नहीं हुआ है। व्यंजना यह कि आज हँसने का आवेग इतना अनिवार्य और उद्दाम है कि उस मन:स्थिति में कल की बात सोचने का कोई अवकाश नहीं है अगर आप इतना सतर्क होकर, एकाग्र पाठक और श्रोता होकर, कविताएँ न पढ़ें-सुनें तो कविताएँ सपाट लगेंगी (हमारे अनेक आधुनिक बन्धुओं को लगती भी हैं)। त्रिलोचन पाठक और श्रोता-रिझाऊ कवि नहीं हैं। उनकी कविता पाठक को आत्मीयता देने के लिए बेहाल नहीं रहतीं। वह पाठक को सर्जक बनाकर उसे अपनी आत्मीयता देती हैं। वह कोई छैल-छम्मो नहीं है कि सबको अपनी आत्मीयता बाँटती फिरे, वह योग्य की आत्मीय बनती है और फिर आत्मीय बन जाने पर दूर तक साथ देती है। सौन्दर्य-बोध उत्तराधिकार में नहीं मिलता उसे अर्जित करना पड़ता है।

त्रिलोचन का प्रथम काव्य-संकलन 'धरती' 1940 के आसपास प्रकाशित हुआ था। तब कविता में मंचीय कवियों की धूम थी। विरह और वियोग की बाढ़ थी। त्रिलोचन ने प्रेम और प्रेम की पीड़ा की अनेक कविताएँ लिखी हैं। उनकी प्रसिद्ध पंक्ति है—'आज मैं अकेला हूँ, अकेले रहा नहीं जाता।' ध्यान दीजिए। पंक्ति के पूर्वार्द्ध में अकेलेपन की पीड़ा है और उसी के उत्तरार्द्ध में पीड़ा से मुक्ति की छटपटाहट। पीड़ा की यातना एक बात है लेकिन पीड़ा में रस लेनेवाला शायद पीड़ित ही नहीं है। प्रेम-कविता होते हुए भी यह कविता प्रेम की अलग दुनिया नहीं बसाती बल्कि जीवन के आधार पर अकेलेपन को तोड़ती है—

जीवन मिला है यह, रतन मिला है यह
धूल में कि फूल में
मिला है तो, मिला है यह
मोल-तोल इसका अकेले कहा नहीं जाता।

प्रेम पर ऐसी अछूती और अनूठी कविता, प्रेम की संवेदना के नये आयाम जोड़ती है। प्रेम की संवेदना में तीव्रता की नयी धार लाकर उसकी भाव-परिधि का विस्तार करती है। यह किसान कवि की प्रेम-संवेदना है जो अभिधा में वाक्य के सहज प्रवाह में व्यक्त होती है। वाक्य यहाँ विज्ञापनी पैंतरे नहीं भाँज रहा है।

पहले पहल तुम्हें जब मैंने देखा,
सोचा था—इससे पहले, सबसे पहले,
क्यों न तुम्हीं को देखा।

प्रेम की ऐसी निरीहता अन्यत्र नहीं मिलेगी। प्रेम जीवन का अतिथि है। ज्ञान का सहज—सलोना शिशु है। मानवता का स्वाभिमान है।

अभी इस बात पर ध्यान नहीं दिया गया है कि नागार्जुन, त्रिलोचन और केदारनाथ अग्रवाल वात्सल्य-रस के बहुत बड़े कवि हैं। इनके आलम्बन भी दलित, विशेषत: निम्नवर्गीय बालिकाएँ हैं या शिशु हैं। नागार्जुन की 'हरिजन-गाथा' का 'कलुआ' याद कीजिए—टुकुर-टुकुर कैसा देखता है शैतान। त्रिलोचन की काले-काले अच्छर न चीन्हने वाली चम्पा। चित्रा जाम्बोरकर, नगयी महरा में गोहन लगुई बच्ची, चन्द्रमुखी, जिसने गोर्की की तस्वीर निहारी, केदार का 'एक हथौड़े वाला।' त्रिलोचन के प्रेम की परिधि में पूरा जगत स्थित है। धूप में सुन्दर जग-रूप की तरह है। और कवि अपने जीवन को धूप में प्रकाशित जग-रूप की तरह ही सुन्दर और सहज बनाना चाहता है। त्रिलोचन नागार्जुन, केदारनाथ अग्रवाल की कविताओं में आये हुए अधिकांश पात्र प्रेमचन्द के किसान पात्रों की सन्तानें मालूम पड़ती हैं। उनके प्रेमी-पात्र भी ऐसे ही हैं—त्रिलोचन के पास निम्नवर्गीय किसान-पात्र हैं। उनका श्रम-सौन्दर्य भी द्रष्टव्य है—

मिलकर वे दोनों प्रानी/दे रहे खेत में पानी।

जीवन में, (किताबी जीवन में नहीं) राग-द्वेष निहायत छोटी-छोटी चेष्टाओं या बातों में व्यंजित होता है, प्रायोजित वक्तव्यों या घटनाओं में नहीं। पारम्परिक किसानी-जीवन में तो राग छिपाया ज़्यादा जाता है, प्रकट बहुत कम किया जाता है। त्रिलोचन की एक पत्र-कविता है। अनपढ़ पत्नी चिट्ठी लिखवाती है कि गाँव में किसी की भैंस आयी है। वे समझते हैं कि तुम (प्रिय) अभी यहीं हो, इंड़री भिजवाते हैं। अवध में खीस (सद्य:प्रसवा भैंस का गाढ़ा दूध) को इंड़री कहते हैं। इस एक संकेत से कि तुम मानो अभी यहीं हो जितनी विरह-व्यथा प्रकट होती है, बड़े-बड़े विरह वर्णनों से नहीं—यह विरह-वर्णन शैली सघन जीवन-कर्म से लिपटा हुआ प्रेम-संकेत ठेठ सूरदास के विरह वर्णन की इसी तरह प्रकृति प्रेम के रूप त्रिलोचन लोक जीवन से उठाते हैं।

त्रिलोचन ने हिन्दी खड़ी बोली कविता में वाक्य की महत्ता की स्थापना की है। वे सुगठित वाक्य विधान में खड़ी बोली कविता लिखते हैं। इस विषय में उनके साथ भवानी प्रसाद मिश्र का नाम लिया जा सकता है। त्रिलोचन की काव्य-साधना लगभग वाक्य-साधना है। वे भारतीय भाषा-शास्त्र के वाक्य-महत्त्व को जानते थे और वैसा ही काव्य-आचरण करते थे। भाषा की इकाई शब्द नहीं नहीं वाक्य है। अर्थ-बोध शब्द से नहीं शब्द-संयोजित वाक्य से होता है। वाक्य ठीक न हों तो अर्थ-बोध नहीं होता। विदित है कि प्राचीन भारतीय काव्यशास्त्री पहले वाक्य को परिभाषित करते हैं। काव्य रसात्मक वाक्य है। शब्द नहीं शब्दार्थी काव्य

है। उर्दू कविता वाक्य को विछृंखल नहीं करती। इसीलिए वह समझ में आ जाती है जल्दी। उसका प्रभाव तत्काल पड़ता है। हिन्दी कविता में वाक्य की विफलता का एक कारण और है। हिन्दी कवित्त पर बोलियों का असर बहुत ज़्यादा है। यह हितकर है, किन्तु इससे खड़ीबोलीपन में बाधा आती है। बोलियों का रूप हिन्दी खड़ी बोली कविता को अपार संवेदना-समृद्धि देता है। उर्दू कविता उससे लगभग वंचित रह जाती है लेकिन हिन्दी काव्य भाषा का मानक रूप स्थापित करना दुष्कर है। आप 'कामायनी' की काव्य-पंक्ति देखें—

आती अर्ध निशा चल जाती
सूखे में जो पड़ी रही।

इन्हीं बातों को ध्यान में रखकर फ़िराक़ गोरखपुरी हिन्दी कवियों को शिक्षा देते थे—पूरी शुद्ध क्रियाएँ लिखिए शब्दों का क्रम रखिए ठीक।

त्रिलोचन इस दुष्कर को अकेले साधते हैं। पूरे वाक्यों में कविता लिखते हैं। सानेट में दूरगामी वाक्य रचते हैं—

'यदि मैं तुम्हारे प्रिय गान नहीं रच पाया
तो तुम मुझे छोड़ एक दिन चले जाओगे।'

यह दूरगामी वाक्य विधान तुलसी का है—

'सियाराम मय सब जग जानी।
करउँ प्रनाम जोरि जुग पानी॥'

सब जग को सियाराम मय जानकर दोनों हाथ जोड़कर प्रणाम करता हूँ। दो अर्धालियों का एक वाक्य।

इसी तरह ग़ालिब का यह शेर—

'ग़ैर फिरता है तेरे ख़त को लिये यूँ कि अगर
कोई पूछे कि ये क्या है तो छिपाए न बने।'

—पूरे शेर का वाक्य है।

त्रिलोचन को अधिकार था कहने का।

'तुलसी बाबा भाषा मैंने तुमसे सीखी'

और ग़ालिब के बारे में कहने का—

'ग़ालिब ग़ैर नहीं है, अपनों से अपने हैं
ग़ालिब की बोली ही आज हमारी बोली है।'

'मय्यादास की माड़ी' का कथाकार

भीष्म साहनी व उपन्यास 'मय्यादास की माड़ी' पर कुछ लिखने के पहले भीष्म साहनी के बारे में मैं कुछ बातें करना चाहता हूँ। मेरा ख़्याल है कि जो कुछ कहने जा रहा हूँ, वो है तो संस्मरण, लेकिन उससे उनके लेखन और शायद उनके शिल्प पर भी प्रकाश पड़ता है। भीष्म साहनी देखने और सुनने में बहुत सीधे-सादे और कभी-कभी तो सपाट लगते थे। मैंने कुछ बुद्धिजीवियों के मुँह से यह तक सुना है कि वो बहुत तीव्र बुद्धि के आदमी नहीं थे। लेकिन वही सामान्य बुद्धि है, जो उनको बड़ा रचनाकार बनाती है। भीष्म साहनी अँग्रेज़ी के अध्यापक थे। भारतीय कम्युनिस्ट पार्टी के बहुत दिनों एक्टिविस्ट रहे। प्रगतिशील लेखक संघ के कम-से-कम एक दशक तक महासचिव रहे। भारत विभाजन के समय में काम किया था। बम्बई में इप्टा में काम किया। कुछ दिनों तक भूमिगत रहे। प्रचुर लेखन किया। उनका जीवन सामान्य व्यक्ति का नहीं था। वो घटना संकुल था। वो केवल लेखक या विचारक का जीवन नहीं, अपने विचारों को सक्रिय रूप देने वाले व्यक्ति का जीवन है।

भीष्म साहनी बहुत पढ़ाकू थे। 1954 में काशी गये थे। आचार्य हजारीप्रसाद द्विवेदी के पास रहकर शोध-कार्य करने। मैं उन दिनों विद्यार्थी था। एक दिन उन्होंने मेरे पास 'लस्ट फार लाइफ' किताब देखी। बड़ी मशहूर किताब है। इरविन स्टोन की, वॉन गॉग के जीवन पर। वो किताब गम्भीर पढ़ाई के लिए नहीं थी मेरे पास। खरीदी तो मैं नहीं जानता था कि कितनी महत्त्वपूर्ण पुस्तक है। अपने किशोर सुलभ उत्सुकता में मैंने उसमें लस्ट शब्द पढ़ा और समझा कि उसमें कुछ इधर-उधर की बातें होंगी। उन्होंने किताब देख करके कहा ये ज़रूर पढ़ना। मैं दो-तीन बार उनके पास गया और मैंने कहा कि मैंने पढ़नी अभी शुरू नहीं की है। तीसरी बार या चौथी बार उन्होंने मुझे बहुत डाँटा और कहा कि तुम बिना पढ़े मुझसे मिलने मत आना। इस तरह विवश होकर तो किताब मैंने पढ़नी शुरू की। मेरा ख़्याल है कि दो या तीन बैठकी में मैं वो पूरी किताब पढ़ गया। इतनी अच्छी लगी! उसको पढ़ने से मुझे बहुत लाभ हुआ।

पता नहीं कितनी चीज़ों का। मैंने उसका अनुवाद करने को सोचा। फिर जगत शंखधर ने कहा कि तुम इस चक्कर में मत पड़ो। तुम प्रेमचन्द वगैरह पर काम करो। वॉन गॉग पर नहीं कर पाओगे।

बहुत दिनों के बाद एक बार भीष्म जी के साथ मुझे यात्रा करने का अवसर मिला। जबलपुर तक। विवेचना की गोष्ठी में। उस बार कुछ ऐसा हुआ कि हम लोगों को फर्स्ट क्लास में रिजर्वेशन नहीं मिला। हम लोग सेकेंड स्लीपर में गये। और वो सब तो अलग बात है कि वे हमारा भी होलडाल बाँध देते थे। इससे पहले कि मैं बाँधूँ, वो ही बाँधकर तैयार कर देते थे। उस बार यात्रा में उन्होंने मुझसे करीब चार-पाँच घंटे तक मार्खेज़ के उपन्यास 'वन हन्ड्रेड ईयर्स ऑफ़ सॉलीच्यूड' पर बात की। बड़ी तफ़्सील से। बार-बार कहते थे कि तुम ये किताब पढ़ना ज़रूर। पढ़ने का आग्रह इस तरह करते थे मानो तुम ये किताब पढ़ लोगे तो उनको कोई बड़ा लाभ होगा। जिस आग्रह से लोग, कर्ज देनेवाले, अपना पैसा माँगते हैं। सूद सहित। इस आग्रह से वो कहते थे कि ये किताब ज़रूर पढ़ना, ज़रूर पढ़ना। इस किताब का बहुत असर 'मय्यादास की माड़ी' पर है। और सिर्फ़ इसी किताब का नहीं है, बहुत पुस्तकों का है। इसीलिए शुरू में मैंने ये निवेदन किया कि वे बहुत पढ़ाकू थे। मुझे ये किताब 'तमस' से ज़्यादा अच्छी लगी।

भीष्म जी से उनके साहित्य पर बात करो तो किसी उल्लास या उत्सुकता से या दत्तचित्त होकर सुन रहे हों, ऐसा नहीं लगता था। लेकिन जब इस किताब की तारीफ़ उनसे की तो वे बहुत ख़ुश हुए। वो धीरे से मुझसे बोले कि इस किताब पर मार्खेज़ की किताब का असर है। वो साफ़-साफ़ दिखलाई भी पड़ता है।

सबसे पहले भीष्म साहनी के शिल्प की बात करता हूँ। वो 'चीफ़ की दावत', 'अमृतसर आ गया', 'तमस', 'हानूश' जैसी रचनाओं के लेखक हैं। प्रेमचन्द के शिल्प का निर्वाह जिस हिन्दी लेखक में सबसे ज़्यादा देखने को मिलता है, वो भीष्म साहनी हैं। प्रेमचन्द के शिल्प का निर्वाह शेखर जोशी ने अपनी प्रारम्भिक कहानी 'दाज्यू' में किया है। अमरकान्त में प्रेमचन्द के शिल्प का निर्वाह उतना नहीं है। वो शिल्प क्या है? घटनाओं में, स्थितियों में, उनके चित्रण में, लेखक अपनी ओर से कुछ हस्तक्षेप ही नहीं करता। यानी वो घट रही हैं। जैसी घट रही हैं। जैसा हो रहा है, वैसा हो रहा है।

स्थितियों को, घटनाओं को लेखक अपने विचारों से या अपनी मानसिकता से मोड़ नहीं रहा है। उन पर टिप्पणी तो प्रेमचन्द भी करते हैं और भीष्म साहनी भी बहुत करते हैं। और ये टिप्पणी करना भी प्रेमचन्द का शिल्प है। लेकिन उस घटमान और घटमान में रचित जो वर्तमान है, उसमें कहीं भी लेखक अपनी ओर से घटनाओं को नहीं मोड़ रहा है। जहाँ प्रेमचन्द ऐसा करते हैं वहाँ बिल्कुल साफ़ पता चलता

है। लेकिन ऐसा प्राय: वो कथानक के अन्त में करते हैं। जैसे कोई आश्रम खुलवा दिया। ये अजीब बात है कि 'मय्यादास की माड़ी' के अन्त में वो आदर्शवाद, प्रेमचन्दीय आदर्शवाद, किसी-न-किसी रूप में दिखाई देता है। इसलिए प्रेमचन्द के शिल्प का निर्वाह करनेवाला लेखक प्रेमचन्दोत्तर साहित्य में कोई है तो भीष्म साहनी है।

भीष्म साहनी के उपन्यास 'मय्यादास की माड़ी' में नया शिल्प-प्रयोग भी है। प्रेमचन्द के शिल्प का प्रभाव 'मय्यादास की माड़ी' में स्थूल रूप में नहीं दिखलाई पड़ता। इसमें हिन्दी कथा साहित्य के कुछ नये शिल्प-प्रयोग हैं। उदय प्रकाश में भी हैं। दोनों ने लिया शायद मार्खेज़ से है। लेकिन उस शिल्प के प्रयोग का क्या हासिल है, इसमें बहुत बड़ा अन्तर है। उतना ही बड़ा अन्तर है जितना बड़ा अन्तर कहानी और उपन्यास में है। सवाल कथ्य की व्यापकता का है। उदय प्रकाश ने शायद कोई उपन्यास नहीं लिखा। कहानियाँ लिखी हैं। और ये जो कहा जाता है कि उनमें मार्खेज़ के शिल्प का प्रभाव है वो उनकी कहानियों के बारे में कहा जाता है। सिर्फ़ मार्खेज़ का ही शिल्प नहीं है बल्कि और बहुत कुछ है जो 'मय्यादास की माड़ी' के द्वारा हिन्दी उपन्यास में पहली बार दिखलाई पड़ता है। हजारीप्रसाद द्विवेदी के 'चारुचन्द्र लेख' में ठेठ जादुई यथार्थ का खेल है, लेकिन वह सीधे मध्यकालीन रोमांच आख्यान से आया है।

यह उपन्यास उस समय लिखा गया जब ये बात बहुत ज़ोरों पर थी कि इतिहास का अन्त हो गया है। देश में संकल्प लिया गया था निरक्षरता का अन्त करने का, साम्प्रदायिकता का अन्त करने का, आर्थिक पराधीनता का अन्त करने का, वर्णाश्रम व्यवस्था, जाति-पाँति के भेदभाव का अन्त करने का। उस देश में इतिहास का अन्त कर दिया जाये या यह कहा जाये कि इतिहास का अन्त हो गया है, उस देश में विचारधारा के अन्त की बात कर दी जाए, इस तरह की सोच के परिणाम बहुत भयंकर हैं। इसलिए भयंकर हैं कि अगर इतिहास का अन्त हो जाये तो हम इतिहास नया नहीं बना पाएँगे। वो अपरिवर्तित रहेगा। और अगर हम इतिहास नहीं बनाएँगे तो इसका मतलब यह हुआ कि जो हमारी आर्थिक पराधीनता है, वर्णव्यवस्था का अभिशाप है, जो नारी पराधीनता है, जो बेरोज़गारी है, महँगाई है, औरतों को जलाना है, वो सब जस-का-तस बना रहेगा। मगर कोई स्थिति जस-की-तस कभी रहेगी नहीं।

अगर हम ये सोच लें कि हमें इतिहास नहीं बनाना है तो हम अधिक पराधीन होंगे। हम जाति-पाँति में और ज़्यादा पड़ेंगे। हमारे यहाँ महँगाई और ज़्यादा बढ़ेगी। आज जो कुछ घटित हो रहा है उससे यह बात पुष्ट होती है। उसके दुष्परिणाम हमारे सामने आ रहे हैं।

इस बीच हिन्दी में इतिहास को ध्यान में रखकर अनेक उपन्यास लिखे गये हैं।

ये शुभ है। लेकिन 'मय्यादास की माड़ी' इतिहास के अन्त और इतिहास के प्रारम्भ के द्वन्द्व-बिन्दु पर रचा गया है। उन्नीसवीं सदी के पंजाब को जिस ढंग से देखा गया है, जैसा उसे वर्णित किया गया है वो ऐतिहासिक पुनराविष्कार है। दूसरी बात ये है कि आज इतिहास की जो अवधारणा है या यों कहें कि जो समाज-वैज्ञानिक दृष्टि है इतिहास को देखने की, उस दृष्टि से इतिहास को पहली बार इस उपन्यास में देखा गया है। उस दृष्टि से ही गहरा सम्बन्ध है उस शिल्प का जिसे जादुई यथार्थवाद कहा जाता है। इस उपन्यास को ध्यान से पढ़ने पर अगर आप समझ लेते हैं कि भीष्म साहनी ने उन्नीसवीं शताब्दी के भारत के एक क्षेत्र के इतिहास का पुनराविष्कार किया है, तब आप ठीक अर्थ में 'मय्यादास की माड़ी' ही नहीं मार्खेज़ को भी समझ लेंगे। उसकी महत्ता को समझ पाएँगे। इतिहास घटनाओं की सरणि मात्र नहीं है। घटनाएँ तो स्थूल रूप से घटित होती हैं। मुख्य बात ये है कि उन घटनाओं का जनता पर प्रभाव कैसा पड़ता है। उन घटनाओं को सामान्य जनता किस रूप में ग्रहण करती है। दिल्ली में कुछ हुआ। कोई राजा मारा गया। कोई राजा आया। उस राजा के मरने के क्या कारण समझती है जनता। किंवदन्तियाँ जन्म लेती हैं। लोकवार्ता पैदा होती है। ऐसे अवसरों पर गीत लिखे जाते हैं। कानाफूसियाँ होती हैं। चौपालों पर, अलावों पर, चारागाहों में बैठकर लोग इन पर बातचीत करते हैं। वो बड़ी महत्त्वपूर्ण होती हैं। और वस्तुतः इतिहास लेखन उनके सहारे होना चाहिए। सच क्या है? वो कई तरह से देखा जा सकता है, और जो चीज़ कई तरह से देखी जा सकती है, उसमें ठीक-ठीक सच का अनुसन्धान करना पड़ता है। ये काम बड़ा मुश्किल है। घटनाओं को सामान्य जनता, निरक्षर जनता, शिक्षित जनता, औरतें, बच्चे ये सब ग्रहण करते हैं अपनी रूढ़ियों के चौखट में। अपनी रूढ़ियों, अन्धविश्वासों, धार्मिकता में। शताब्दी से जो पल रही परम्परा है उसके आलोक या अन्धकार में। और इन सबके बीच में इतिहास है। उसे खोज निकालना बहुत मुश्किल है। ऐसा मुश्किल काम, जो किताबी इतिहासकार या प्रोफेशनल्स शायद कम कर पाते हैं। ऐसा काम साहित्यकार रचना के माध्यम से शायद ज़्यादा अच्छी तरह करते हैं। इसीलिए जो यथार्थ है चाहे तो अतीत का यथार्थ हो चाहे हमारे समय में घटित होने वाला यथार्थ हो, उसको कहानियाँ, उपन्यास, लोकगीत आदि ज़्यादा प्रकट करते हैं।

इतिहास और साहित्य दोनों को अपने-अपने नियमों का पालन करना होता है। इतिहास शास्त्र है। वो निष्कर्ष और अवधारणाएँ प्रस्तुत करता है। इतिहास का क्षेत्र—बोध है। विक्षोभ उत्पन्न करना नहीं है। वह भाव का क्षेत्र नहीं है। साहित्य चित्रण करता है और वो विक्षुब्ध करता है। वो मनोविकारों का पर्यवसान करुणा में करता है। यानी वो घटनाओं को हाड़-मांस प्रदान कर उन्हें सजीव करता है। साहित्य में

अवधारणाएँ निष्कर्ष के रूप में अन्त में आती हैं। पाठकों के चित्त में उदित होती हैं। और इसीलिए ज़्यादा विश्वसनीय होती हैं।

भीष्म साहनी की सबसे बड़ी शक्ति है कि वे वर्णन करते समय या चित्र खींचते समय लगभग तटस्थ और निष्पक्ष दर्शक की भाँति चित्र खींचते जाते हैं। किसी पात्र की किसी चेष्टा से या किसी स्थिति से लेखक के ऊपर कोई असर नहीं पड़ रहा है। आत्म-लोप की यह क्षमता उन्हें सच के नज़दीक पहुँचाती है। अचूक और विश्वसनीय ढंग से मनोविकारों को करुणा में बदल देती है। अपने पात्रों में वे अपने-आप को पूरी तरह ढाल लेते हैं। यहाँ कहना अप्रासंगिक न होगा कि, पात्र शब्द का अर्थ ही यही होता है। जिसमें द्रव तत्रूप हो जाय। लेखक के अपने विचार, मनोविकार, अपनी दृष्टि, अपनी विचारधारा, विवेक तो होने ही चाहिए, लेकिन सर्जक के रूप में आत्म-लोप की क्षमता ज़रूरी है। वो अपने आप को किसी चरित्र में इतना ढाल ले कि वह ख़ुद रह ही न जाए। तब वो उसको पूरी तरह समझा जा सकता है। अगर आप किसी आदमी को, किसी चरित्र को पूरी तरह समझ लेते हैं, तब आप उसके गुण, उसके दोष दोनों बहुत विश्वसनीय ढंग से व्यक्त कर सकते हैं।

'मय्यादास की माड़ी' में शुरू में ही बहुत मनोरंजक बहुत कुटिल, लेकिन असहाय लगने वाला एक जटिल चरित्र आता है। पुरोहित। बाभन चरित्र। और उस पात्र के प्रवेश से ही जादुई यथार्थवाद के शिल्प का भी पदार्पण होता है और सामन्ती व्यवस्था में पुरोहित की भूमिका का चित्र खिंचता जाता है। माड़ी पर दीवान धनपतराय आराम कुर्सी पर दोनों टाँगें ऊपर चढ़ाए बैठे हैं और हाथ में गुड़गुड़ी उठाए हल्के-हल्के कश ले रहे हैं। चबूतरे के सामने गली में बिरादरी का बूढ़ा पुरोहित दीवान जी की हाँ में हाँ मिलाता हुआ। 'सत वचन, सत वचन, महाराज' कहे जा रहा है। वो प्राय: हर आदमी से यही कहता 'सत वचन महाराज, राम भली करेंगे, सत वचन महाराज राम भली करेंगे।' दीवान धनपत के सामने ये पुरोहित बैठा है। थोड़ी देर में वहाँ से एक अधेड़ उम्र का आदमी हाथ में पीतल का लोटा उठाए गुज़रता है। उस आदमी को गुज़रते हुए देखकर पुरोहित दीवान से कहता है—'मनिराम का वक्त आ गया है गरीब नेवाज' फिर आगे कहता है, 'उसका धागा इतना ही लम्बा था, बस। महराज उसका वक्त आ गया है।' और थोड़ी देर में सचमुच ही मनिराम मर जाता है। अब पाठक के लिए यह एक जादू जैसी बात है, महान आश्चर्य में डाल देने वाली है, कि—वह चापलूस काइयाँ बुढ्ढा ये कैसे जान जाता है कि वो मरने वाला है। होता ये है कि मनिराम ने माथे पर नहाकर चन्दन लगाया था। वो एक घंटे तक सूखा नहीं था। यानी शरीर में उसके ताप ही नहीं रह गया था। जब तक वो लोटा पकड़े था, तब तक लोटे का ताप उसके शरीर में प्रवेश कर रहा था। लोटा उसने रखा, और

शरीर में कोई ताप नहीं रह गया और वो मर गया।

और अब आप ये देखते हैं कि यह छोटी-सी घटना जादू का असर पैदा करती है। ऐसे ही नासमझी को जादू कहा जाता था। वही अन्धविश्वास का आधार होता था। वही दैवी प्रकोप, दैवी शक्ति का आधार होता था। यह भी कहा जा सकता था कि इसको किसी ने कह दिया था कि तुम इस किनारे की ओर ना जाओ। यह ज्योतिष की भी घटना बन सकती है। किसी चीज़ को जब हम नहीं समझ पाते हैं, उसका भौतिक या वैज्ञानिक आधार नहीं जानते हैं, तब जो कुछ होता है उसमें हम अन्धविश्वास देखते हैं। ज्योतिष देखते हैं। जादू देखते हैं।

यह जादुई जादू नहीं है। 'जादुई यथार्थ' का मतलब हुआ कि वो जादू जैसा है। जादू नहीं है वो। जादुई यथार्थ है। यथार्थ को ही प्रकट करता है। स्थितियों को, भौतिक नियमों को, न जानने के कारण हम उसे अन्धविश्वास या जादू या पारलौकिक या अलौकिक समझते हैं। जो सामान्य जनता है, जो निरक्षर या अन्धविश्वासी जनता है, वो किसी घटना को किस ढंग से देखती है। उस ढंग के बयान में जादुई यथार्थवाद का शिल्प है। रामदास पुरोहित जिस तरीके से संवाद करते हैं, जैसे चलते हैं—द्रष्टव्य है। ठिगने क़द का पुरोहित तीन पत्नियों को अगले जहान पहुँचा चुका था। और अब उसकी चौथी पत्नी का भी रंग पीला पड़ने लगा था। सिर पर चिंगेर रखे वो बिरादरी के घर-घर हदां उगाहनें जाती थी। जबकि पुरोहित पुरोहिताई करता फिरता है। चार पत्नियों के बावजूद पुरोहित के बच्चा-बाला नहीं हुआ था। पुरोहित साठ साल का हो चला था। जबकि चौथी पत्नी परमेश्वरी की उम्र यही सत्ताईस-अठाईस वर्ष की रही होगी। पुरोहित जी इतने सहनशील हैं जितना कि एक कुटिल पुरोहित को होना चाहिए। ये ख़ासकर बच्चों के लिए उस जगह के लौंडों-लपाड़ियों के लिए हास्यापद हैं। इनका चाहे जितना भी अपमान किया जाये ये अपमानित होते ही नहीं हैं। अब उस क़स्बे के बच्चों से इनकी बातचीत आप देखें। पुरोहित नज़र नीची किये धीरे-धीरे चलता हुआ खाटों के पास से सरकता हुआ, आगे बढ़ रहा था। तब पीछे से आवाज़ आयी। 'पुरोहिता। आज पुरोहिताइन नहीं आयीं।' इस पर बाकी सब हँस दिये, अब पुरोहित उत्तर देते हैं। 'नहीं छोटे दीवान जी आज वो नहीं आयीं।' और उँगलियाँ नचाता हुआ, बुस-बुस करता हुआ आगे बढ़ने लगा। राह चलते पुरोहित ने कनखियों से खोंमचे वाले की ओर देखा। पन्द्रह एक साल का युवक था। उसके गाल पर उँगलियों के निशान थे। 'पुरोहिता। दीवान जी की रेखा पढ़ आया है।' पुरोहित ने बचकर निकल जाने की चेष्टा की। जिस पर मँझले ने उठकर पुरोहित का रास्ता रोक लिया। पहले बताओ माड़ी में क्या करने गया था। इस पर खाट पर बैठा एक युवक बोला, 'तुमे पुरोहिताइन की सौगन्ध सच-सच बताना।' इस पर फिर से ठहाका हुआ। पुरोहित अन्दर से घाघ-सा था। पर बाहर से मुस्कुराता हुआ

सर हिलाता हाथों की उँगलियाँ नचाता। होठों में बुदबुदाता रहा। 'वाह! वाह! दीवान जी, आपके सिर सदके। हा हा छोटे दीवान जी।' इस तरह से ये पुरोहित इतना सीधा है, मान-अपमान से परे है, जितना कि उस सबसे कुटिल आदमी को होना चाहिए।

और इस उपन्यास में जो ग़लत-से-ग़लत काम हैं, नीच-से-नीच काम हैं, वो या तो दीवान धनपत करता है या ये पुरोहित करता है। दीवान का जो बड़ा लड़का है कल्ला, उससे एक बारह-तेरह साल की लड़की की शादी कराने का पूरा षडयन्त्र ये पुरोहित करता है। इस पुरोहित के चलने का, उठने का, बैठने का उसको सजीव, आँखों के सामने ला खड़ा करने का काम भीष्म साहनी ने जितने कुशल ढंग से किया वो अद्‌भुत है। वो उनकी क्षमता का परिचायक है। पूरे उपन्यास में ये पुरोहित कहीं भी न गुस्से में आता है, न विक्षुब्ध होता है, न किसी पर नाराज़ होता है। ठेठ क़स्बे का खुशामदी, चापलूस, मँगता ब्राह्मण है।

इसी तरह से दूसरे पात्र। जो पात्र सफल हैं और अपनी मनचाही कर लेते हैं, वे सब-के-सब मनोविकारों से शून्य हैं। माड़ी का मालिक दीवान धनपत है। अपने चरित्र में और मनोविकारों को छिपाने में बिल्कुल पुरोहित जैसा ही दिखता है। उसको भी आप चाहे जितना अपमानित कर लें, वो अपमानित नहीं होता, किसी की परवाह ही नहीं करता। किसी के सामने अपनी पगड़ी रख देने में उसे झिझक नहीं। किसी की खुशामद करने के लिए, अपना काम बनाने के लिए। वो किसी मूल्य की चिन्ता नहीं करता। रामचन्द्र शुक्ल का कथन है कि लोभियो! तुम धन्य हो, तुम्हें धिक्कार है। दीवान धनपत एक छोटे से टट्टू पर चलता है। एक बड़ी भारी पगड़ी बाँधता है और जिस तरीके से पुरोहित का लड़के मज़ाक़ उड़ाते हैं, उसी तरीके से पूरा क़स्बा मज़ाक़ उड़ाता है। लेकिन वो कभी विक्षुब्ध नहीं होता उसका उद्‌देश्य है, माड़ी पर अधिकार जमाना। उसको अपनी निगाह में रखता है। और ठीक उस समय जब खालसा फ़ौज हार रही होती है जाकर अंग्रेज़ों से मिल जाता है। और जब अंग्रेज़ क़ाबिज़ हो जाते हैं भारत के उस हिस्से पर, तो अंग्रेज़ उसको जागीर बख़्श देते हैं। और जागीर पाकर एकदम से वो बदल जाता है।

और फिर आता तो उसी टट्टू पर सवार होकर के, लेकिन तब उसकी पगड़ी और बड़ी हो जाती है। उसकी बोलचाल का ढंग बदल जाता है। उसकी आवाज़ बदल जाती है। उसकी चाल बदल जाती है। जो दब्बू था। जो सबसे डरता था। जो अपने मान-अपमान से परे था, एकदम से रोबीला बन जाता है। दबंग बन जाता है। और क्रूर, अत्याचारी और पहले दर्ज़े का स्वार्थी तो वो पहले से ही था।

बेशक़ सभी पात्र ऐसे नहीं हैं कि पुरोहित और दीवान धनपत। लेकिन इतिहास

की एक बहुत निर्मम दृष्टि है लेखक के पास। जो स्थितियाँ हैं और जो कुछ घटित हो रहा है उसको समझने और उसको विश्लेषित करने की दृष्टि अपने-आप में नयी भी है, सत्यान्वेषी भी। ये भी नहीं कि तमाम बाधाएँ पार करते हुए जो अच्छा है, अन्त में तो उसकी विजय होनी है। ये भी नहीं कि जो बुरा है उसका अन्त बुरा होता है। या अच्छे का अन्त अच्छा होता है। बल्कि उल्टा है। जो आदमी जितना ही अवसरवादी है, अपने उद्देश्य पर, अपने लक्ष्य पर, लोकहित और स्वाभाविक और मानवीय सम्बन्ध से हटकर जितना ज़्यादा ध्यान अपने लक्ष्य पर रखता है, वो ही सफल होता है। जीवन में सफलता प्राप्त करने के लिए आदमी को मानवीय मूल्यों का बलिदान करना पड़ता है। अक्सर यह होता है कि इतिहास में स्वार्थी लोलुप लोग सफल होते हैं और जो ऐसे लोग नहीं होते वो पराजित होते हैं।

उपन्यास में, एक और बात है। समाज को या मामूली लोगों को हम लोग बहुत बड़ी मूल्यवत्ता जो जोड़ते हैं। हम लोग ये समझते हैं कि ज़्यादातर लोग अच्छे-बुरे में फ़र्क़ कर लेते हैं। भीष्म साहनी के इस उपन्यास में जो लोग हैं, वे किसी घटना पर दोनों तरह से बात करते हैं। ज़्यादातर लोग ऐसे होते हैं जो विजयी हो गया है, जो सफल हो गया है, उसकी तरफ़दारी करते हैं। अगर आप ये मानकर के चलें कि नहीं, जनता तो सब कुछ देखती है, ऐसा कुछ नहीं है। दीवान धनपत स्वार्थी और क्रूर है। लेकिन वो कहते हैं, वो अड़ा तो रहा, भई देखो उसने इतने पैसे तो उसे दे दिये। भई बड़ा बुद्धिमान आदमी है। बड़ा चालाक आदमी है।

खालसा की फ़ौज हार जाती है। अंग्रेज़ आ जाते हैं, जुल्म करते हैं। लेकिन सामान्य लोग जो बातचीत करते हैं, कहते हैं कि अंग्रेज़ों का इकबाल है। उनके आगे कौन ठहर सकता है! और ऐसे बहुत गीत बनते हैं, जिनमें अंग्रेज़ों की बड़ी तारीफ़ की जाती है। अंग्रेज़ बहादुर ने रेल की गाड़ी अनूप चलायी। जो सफल है उसकी जय-जयकार होने लगती है।

बेशक़ कुछ अलग किस्म के भी पात्र हैं। लेखराज है। या भागसुद्धी है। मामूली पात्र। किसी विचारधारा से प्रेरित नहीं। किसी से प्रेरणा पायी नहीं। उसी रूढ़िग्रस्त समाज के ही घटक हैं। हमारे समाज में परम्परा से, जैसे अवसरवादिता पल रही है। वैसे ही मानवीयता, त्याग और बलिदान की भावना भी पल रही है। भागसुद्धी विधवा है। असहाय है। लेकिन वो जब देखती है कि गड़बड़ हो रही है तो तन के खड़ी हो जाती है। और उसका कोई कुछ बिगाड़ ही नहीं सकता। वो पहले से ही इतनी असहाय है। विवश है। उसके पास कुछ है ही नहीं। वो बिल्कुल सर्वहारा के समान है। उसका कोई कुछ छीन ही नहीं सकता है। क़स्बे के लोग इतना मान रखते

हैं कि बुड्ढी को मारना नहीं चाहिए। वो जो कुछ मन में आता है, बक देती है। इतिहास की ये एक अजीब स्थिति है। अवसरवादियों पर भी परम्परा का एक ऐसा प्रभाव होता है कि वे बुराई से बच जाते हैं। भीष्म साहनी के यहाँ इतिहास में शुभाशुभ कुछ नहीं है। मंगल-अमंगल कुछ नहीं। जो बुरा है, चाहे जितना सफल उसका भी अन्त है। दीवान धनपत बेहद काइयाँ हो लेकिन काल के साथ, समय के साथ उसकी कुटिलता, उसकी जो स्वार्थपरता है वो उसकी सन्तान में भी आ रही है। उसकी सन्तान, उसी के विरुद्ध आकर के खड़ी होती है। उसे अपमानित करती है। तिरस्कृत करती है। तो ये जो काल है, वो अपने-आप में, एक ऐसी शक्ति है, जो सिर्फ़ कमज़ोर के लिए ही त्रास देने वाली नहीं है। वो जो बुरे हैं या अमानवीय हैं, उनके लिए भी सन्त्रासकारी है। जो कमज़ोर और ताक़तवर हैं, दोनों ही उसके सामने, लगभग असहाय हैं। काल के सामने—आये हैं जो जाएँगे राजा रंक फकीर।

काल और समय पक्षधर नहीं हैं। वो सब को समान रूप से मारते हैं। और जब आप समय के सामने होते हैं, तो काइयाँ तो आप ही नहीं हैं, कुटिल एक आप ही नहीं हैं। और बहुत से लोग हैं, जो काइयाँ, कुटिल और चालाक हैं। जो कायर हैं, कुटिल हैं और जो क्रूर हैं, वो अपने लिए ही वधिक खड़े करते हैं। वो एक ऐसा संसार रचते हैं जो उनको मारेगा जबकि जो अच्छा आदमी है, वो अपनी प्रवृत्तियों से एक ऐसा भविष्य गढ़ता है जो मानवीय है। इस आधार पर आप अच्छे-बुरे का अन्तर करना चाहें या इस उपन्यास का सन्देश समझना चाहें तो समझ सकते हैं। आप ये देखते हैं कि कितनी निर्ममता से यह निष्कर्ष प्रस्तुत किया गया है। ठेठ कबीरदास की तरह। यह है काल की महिमा। कालबोध का मानवीय उपयोग। भीष्म साहनी ने बिल्कुल नये ढंग से इतिहास को पहचाना है। उसकी पहचान करायी है। जो हमारी शुभकामनाएँ हैं इतिहास और भविष्य के प्रति, उनसे बिल्कुल अलग हटकर।

उपन्यास में इतिहास की इस यात्रा में एक विकलांग पात्र भी है। असहाय है, लेकिन देशभक्त है। वह मानसिक रूप से अपरिपक्व है। ऐसे पात्रों का हिन्दी साहित्य में शायद ही किसी और ने इतना अच्छा चित्रण किया हो।

इस उपन्यास में कम-से-कम तीन पात्र अविस्मरणीय हैं। एक तो, कल्ला जो दीवान धनपत का अविकसित मस्तिष्क वाला पुत्र है। दूसरा, जिस लड़की से उसकी शादी होती है और तीसरा पात्र है लेखराज। ये पात्र बहुत देर के लिए नहीं आते उपन्यास में। बहुत कम आते हैं। लेकिन अपने कम समय में ही ये जैसे पूरे उपन्यास या इतिहास की अमानवीयता को तोड़ देते हैं।

दीवान धनपत का बड़ा लड़का कल्ला अविकसित मस्तिष्क का है। उसके मुँह से लार टपकती है। ठीक से चल नहीं पाता। मिरगी के दौरे आते हैं। ठीक से बोल

नहीं पाता। जब खुश होता है तो डंडा लेकर नाचने लगता है और उसकी शादी एक विधवा की नाबलिग लड़की रुक्मो से करा दी जाती है। इन दोनों में कोई पति-पत्नी जैसे सम्बन्ध नहीं हैं। और इस तरीके से रुक्मो दुनिया में बहुत अकेली है। फिर, कुछ दिनों बाद उस क़स्बे में आते हैं एक आर्यसमाजी। वो लड़कियों का स्कूल खोलना चाहते हैं। रुक्मो को परिस्थितियों ने दुर्लभ बुद्धिमत्ता दे रखी है। ख़राब से ख़राब स्थिति में अपने को सँभालना और उससे उबरने की कोशिश करने की मानसिकता। वो इस स्कूल में अपना नाम लिखाने वाली पहली विद्यार्थी है। उसका देवर मँझला बहुत मूर्ख और क्रूर है। वो सारी सम्पत्ति हड़पना चाहता है और हर तरह से रुक्मो को उस स्कूल में जाने से रोकता है। उसका आरोप ये है कि दीवान धनपत की बहू, माड़ी की रहने वाली बहू अगर घर से बाहर निकलेगी तो लोक-लाज की मर्यादा नष्ट हो जाएगी। और वो ख़ुद ही नहीं बल्कि अपने साथ दो-तीन शराबी और लम्पट मित्रों को बुलाकर चीख़ता-चिल्लाता है। आवाज़ें देता है। अपमानित करता है। सड़क पर खड़े होकर तरह-तरह के लांछन लगाता है। और रुक्मो को स्कूल जाने से रोकने के लिए कुछ भी करने को तैयार है।

इस बीच रुक्मो तो कहीं छिपकर बैठी रहती है। और कल्ला बिल्कुल असहाय उसकी तरफ निहारता है। क़स्बे के लोग इकट्ठे हो जाते हैं। केवल एक पात्र है, विधवा बुड्ढी भागसुद्धी जो बीच-बीच में मँझले को डाँटती है कि भगवान से डर, भगवान से डर, अँधेर मत कर। ये दरवाज़ा तोड़ने को होते हैं। तब एक अजीब घटना हो जाती है, इनके ऊपर छत से पत्थर गिरने लगते हैं। ये समझ नहीं पाते हैं कि ये पत्थर किसने फेंके। तो देखते क्या हैं कि कल्ला है, उसका पगलेट पति। उसकी समझ में कुछ नहीं आता। लेकिन वो इतना समझ लेता है कि ये लोग कुछ ऐसा कर रहे हैं, जो उसकी पत्नी के विरोध में है। कुछ रीति-रिवाज हुआ था। शादी में भाँवरें पड़ी थीं, वो घर में आयी थी। उसके साथ उसने फेरे लिये थे। आख़िर वो रहता इसी दुनिया में था। वो अनजान तौर पर एक अपने (जिसे कहेंगे कि) पशु-बोध से, समझ लेता है कि यह कुछ ऐसा हो रहा जो उसकी पत्नी के और उसके विरोध में है। और पता नहीं कौन-सा तन्त्र है उसके शरीर का, कौन-सी शिरा है, जिससे बहुत अबूझ तौर पर वह समझ लेता है कि उसका काम है वह अपनी पत्नी की रक्षा करे। और इसी प्रयास में जब और कुछ नहीं कर पाता तो पत्थर फेंकता है। भीष्म साहनी ने उस मानसिक प्रक्रिया को बड़ी सूक्ष्मता और संवेदनशीलता से उकेरा है। वो बिल्कुल पशु की तरह से बर्ताव करता है। लेकिन पशु भी संवेदनशील होते हैं। नितान्त संवेदनशून्य तो केवल 'मनुष्य' हो सकता है। भीष्म साहनी इस चरित्र के माध्यम से इस

विडम्बना की ओर भी संकेत करते हैं। 'माड़ी के अन्दर अपनी कोठरी में रुक्मो का पगलेट पति खाट पर बैठा, सामने फर्श पर बैठी, रुक्मो को एकटक देखे जा रहा था। किवाड़ पर प्रहार होने लगे थे। रुक्मो बिल्कुल चुप हो गयी थी। और बिन कुछ बोले, सिर नीचा किये, फर्श की ओर देखे जा रही थी। उसके मस्तिष्क में कुछ भी साफ़ नहीं था। लगता जैसे कहीं बादल घुमड़ रहे हों। एक-एक चिल्लाहट, किवाड़ पर पड़ने वाले एक-एक प्रहार को, वो ध्यान से सुनती जा रही थी। रुक्मो को भास हुआ जैसे उसके पति की आँखें उसकी ओर लगी हुई हैं। जैसे वो टकटकी बाँधे रुक्मो की ओर देखे जा रहा है। रुक्मो ने पलकें उठायीं, पगलेट पति उसकी ओर देखे जा रहा था। रुक्मो को पहली बार लगा जैसे उसके पति की आँखों में कोई भाव झलक रहा है। कोई ऐसा भाव जो मूक भी है और साथ ही साथ छटपटा भी रहा है। इस ओर रुक्मो का ध्यान पहले कभी नहीं गया था। उसने कई बार पहले भी पगलेट को अपनी ओर एकटक देखते पाया था। उसे इतना ही भास होता था कि दो भावशून्य आँखें उसे ताके जा रही हैं। पर अबकी बार रुक्मो पगलेट की आँखों में देखती रह गयी। उसे उन दो आँखों में कुछ झलकता हुआ नज़र आया। गहरी सद्भावना और गहरी पीड़ा, मूक वेदना। जैसे पगलेट उससे कुछ कहना चाहता है पर कह नहीं पा रहा है। पगलेट की आँखों में नमी आ गयी है। अभी भी उसका मुँह अधखुला था। और सिर तनिक टेढ़ा किये रुक्मणि को देखे जा रहा था। होठों के कोनों से लार कन्धों पर बराबर गिर रही थी। पहली बार रुक्मणि को लगा जैसे पगलेट की आँखें उसे दहला रही हैं। उसके समूचे व्यक्तित्व को सहला रही हैं। और बैठे-बैठे रुक्मणि को गहरी आत्मीयता का आभास हुआ। अपार आत्मीयता जैसे वो निपट अकेली नहीं है। उसे सम्बल मिल गया है, जीवन में। पगलेट की सहलाती आँखों में।' बहुत प्रेम-प्रसंग पढ़े हैं। विश्व का साहित्य प्रेम-भाव के सम्प्रेषण से भरा हुआ है, लेकिन ऐसी स्थिति का प्रेम-सम्प्रेषण कि जो पगलेट पति है, वह कुछ नहीं कह रहा है। केवल देख रहा है। उसकी आँखों से रुक्मो को उसके भाव का पता चल रहा है। वो भाव क्या है, वो रुक्मो को, पता नहीं है, निपट आत्मीयता का भाव है। वो उसके चेहरे से, भाव चेष्टा से यह बोध हो रहा है। उसे लग रहा है कि ये मेरे लिए कुछ करना चाह रहा है। लेखक यह लिखना नहीं भूलता है कि होठों के कोनों से बहती लार कन्धों पर बराबर गिर रही थी। ऐसा नहीं कि ऐसा करते हुए वो बहुत आकर्षक लग रहा था। जैसे कोई आदमी अपने पालतू पशु के भाव सम्प्रेषण को ग्रहण कर रहा है। दाम्पत्य प्रेम का ऐसा चित्रण मैंने अन्यत्र नहीं देखा है। मेरे मित्र नित्यानन्द तिवारी की एक बात मुझे बहुत अच्छी लगती है। उनका मत है कि आप कथानक को कल्पित नहीं कर सकते हैं। मैं

यहाँ यह बात ज़ोर देकर के निवेदन करना चाहता हूँ कि ये कल्पित स्थिति नहीं है। ये वास्तविक स्थिति है। एक व्यक्ति अपने पालतू पशु की आँखों में कितना कुछ पा लेता है। पालतू पशु अपने मालिक की आँखों में कितना कुछ पढ़ लेता है। भाव तो हैं, भले ही उन भावों की वाणी नहीं है। तो रुक्मो अपने पति की आँखों में ये क्यों नहीं पढ़ सकती। रचनाकार ने अपने मन से कोई सच गढ़ा नहीं है। सच रचनाकार कभी गढ़ नहीं सकता। और वो रचनाकार बहुत घटिया होता है जो सच गढ़ता है। हमारे मित्र हैं विनोद कुमार श्रीवास्तव। उनकी पुस्तक का शीर्षक मुझे बहुत पसन्द है—'सच मैंने बनाये नहीं।' रचनाकार सच नहीं बनाता है। उस सच को रूप देता है। शब्द-रूप देता है, स्थिति रूप देता है। लेकिन उस स्थिति को पहचानना, उस स्थिति की खोज करना और फिर स्थिति को जस-की-तस चित्रित करना, ये कमाल का है। भीष्म जी उस अबूझ मानसिक प्रक्रिया का चित्रण करने में कुशल हैं जो एक विशेष मानसिक स्थिति में उस उद्वेलन की, हम समझ नहीं पाते। लेकिन जितना ही वो अबूझ होती है उतनी ही ज़्यादा प्रभावशाली होती है। शायद ऐसा है कि जो भाव या जो मनोविकार हमें बहुत प्रभावित करते हैं हम उनके सामने लाचार हो जाते हैं। वो शायद इतने साफ़ नहीं होते। वो इतने अबूझ होते हैं! जब हम बहुत ज़्यादा किसी पर आकृष्ट होते हैं तब हमारे ऊपर नशा हो जाता है। उन्माद हो जाता है। जादू हो जाता है। इसका मतलब हम उसको समझते नहीं हैं। इसी को कवि कहते हैं कि वो कहा नहीं जाता है। इतना और जोड़ लीजिए कि जो पूरी तरह से समझा नहीं जाता वो शायद हमें सबसे ज़्यादा अपनी ओर खींच लेता है। हमें विवश कर देता है।

इसी तरीके से भीष्म साहनी ने लेखराज की मानसिक स्थिति का वर्णन किया है। इस भावोदय के पश्चात रुक्मणि को कुछ नहीं सूझता है। लिखा है, वह घुटनों के बल उठकर जाती है और अपने पगलेट पति की आँखों को चुन्नी से पोंछती है और कहती है, मत रोवो जी, मत रोवो। तुम क्यों रोओ। जब मँझला और उसके शराबी साथी चले गये तो दोनों कोठरी के अन्दर बैठे हैं। भाव विह्वल। कभी हँस रहे हैं। कभी रो रहे थे। रुक्मणि बार-बार उसके आँसू पोंछ रही है। पगलेट तुतलाते हुए बार-बार कह रहा है कि रुक्मो मेरी है। उस पगलेट को यह बोध हो गया था कि ये जो प्राणी है, रुक्मणि नाम की, वो रुक्मो मेरी है। अबूझ से बूझ पर इतना वो आ गया। इस पूरे उपन्यास में ये दोनों ऐसे हैं कि जिनके बीच कोई शारीरिक सम्बन्ध नहीं है। और इतना ही उनके लिए सब कुछ है। ये बोध पगलेट का कि कोई है जो मेरी है और उस पर कोई परेशानी आती है तो उसको बचाने की जिम्मेदारी मेरी है। जितने साफ़ शब्दों में मैं ये बात लिख रहा हूँ, उतने साफ़ शब्दों में उसके दिमाग़ में वो समझ नहीं है। एक अबूझ-सा धूमिल-सा बोध है। लेकिन एक मनुष्य

के मनोजगत के इस अबूझ पक्ष का और उसकी दुर्निवारता का इस उपन्यास में जो चित्रण हुआ है, वह एक बहुत बड़ी कलात्मक क्षमता है। उसके बाद जब वो पढ़ने जाती है तो ये पगलेट उसके आगे-पीछे डंडा लेकर रास्ता नापता हुआ चलता है कि उस पर कोई विपत्ति न पड़े। उसकी रक्षा करता है। बाद में उस वैभवशाली माड़ी में से निकल कर, अलग सामान्य ढंग से वे रहने लगते हैं। दीवान धनपत की मृत्यु के बाद, रुक्मणि इसको पागलखाने भेज देती है। उसने सुना है कि वहाँ जाने से उसकी दवाई होगी। तो किसी तरह से, अपने कलेजे पर पत्थर रख कर इसके अच्छा हो जाने के लिए, इस कल्पना में कि ये अच्छा होकर लौटेगा, उसको वहाँ भेज देती है। और ख़ुद चली जाती है तीर्थ यात्रा पर जहाँ उसकी मृत्यु हो जाती है। और ये अच्छा होकर के लौटता है। लेकिन जब वो रुक्मणि को नहीं पाता है तो फिर पागल हो जाता है। और उस समय में वो गाता है, अपनी पगलेटी में, लुक्मणि झूठी है। लुक्मणि झूठी है। लुक्मणि मेरी है। यानी इन स्थितियों को आप एक साथ रखें तो कह उठेंगे कि व्यर्थता की यह एक अजीब संगति है। यहाँ पर भीष्म साहनी की रचनात्मक क्षमता दिखाई पड़ती है। जीवन और जगत् की यह एब्सरडिटी है, पागलपन है। वो जो पगलेट है कल्ला, वो तो दवा से ठीक हो सकता है। लेकिन ये जो जीवन हमारा है, ज़िन्दगी हमारी है, उसके पगलेपन का कोई इलाज नहीं है। वो इतना अबूझ, अनिर्धारित है। जो उच्चतम कला होती है—वो इस बात में होती है कि कलात्मकता दिखाई न पड़े। जब आप इस बात पर बहुत सोचेंगे तो पता चलेगा कि वो जो पगलेट था, रुक्मणि ने उसका पगलेटपन दूर कर दिया। लेकिन विडम्बना ये कि जब वो ठीक हो जाता है, जब सामान्य जीवन व्यतीत करने की स्थिति में होता है। तो रुक्मणि नहीं रह जाती है। इस तर्कहीनता का क्या जवाब है! वो तो दवाओं से ठीक हो गया लेकिन जीवन ने उसे ऐसे मोड़ पर लोकर खड़ा कर दिया कि होना ग़लत हो गया। वो जो गाता था—'लुक्मणि मेली है' कि, जीवन मेरा है। वो ठीक हो गया तो लुक्मणि झूठी है तो जीवन झूठा है।

उपन्यास में इसी तरीके से इतिहास की तर्कहीनता दिखाई देती है। इस उपन्यास का सबसे ईमानदार वीरनायकोचित अगर कोई चरित्र है तो लेखराज है जो आजीवन अपनी भावनाओं के अनुसार काम करता है। अपनी उदात्त भावनाओं के अनुसार संघर्ष करता है। वो अपनी दादी-माँ से गुरु की कहानी सुनता है। गुरु गोविन्द सिंह की। किस तरह से पंजपियारे आये सुनकर के उद्वेलित और रोमांचित होता है। कहानी के आधार पर एक कल्पनालोक रचता है। उसमें वह स्वयं को स्थापित करता है। उसी कल्पनालोक का वासी हो जाता है। वही कल्पनालोक उसका यथार्थ हो जाता है। सांसारिक जीवन उसके लिए बेमानी हो

जाता है। वो सालार को देखता है। घुड़सवार को देखता है। ऐसा ही सैनिक मुझे बनना चाहिए। लड़ाई में जाता है। घायल होता है। उसका एक मित्र है मनोहर। उसे वह बेइन्तहा प्यार करता है। उसका शव उसको फेंकना पड़ता है। गड्ढे में। उस लड़ाई के बाद पता चलता कि वो जो सालार था, जिसे देखकर उसने प्रेरणा ली थी, जो गुरु की कहानी का प्रतीक था, जो सेनापति था खालसा फ़ौज का, वो विश्वासघाती निकला। अब इससे ज़्यादा हृदयद्रावक दारुण ऐतिहासिक विसंगति क्या हो सकती है! लेकिन ये विसंगति इस उपन्यास में सार्थक है। ये पूरी घटना एक फैंटेसी बन जाती है। यह स्वतन्त्रता पूर्व 19वीं शताब्दी की कथा स्वातन्त्र्योत्तर भारत की कहानी बन जाती है। जो प्रेरणास्रोत थे, जिनके लिए पता नहीं कितने लेखराजों ने प्राणों की आहुति दी, जो कहते थे 'हमने इस दहर को दहर का अफ़साना बना रखा था', और 'तेरी आँखों के सिवा दुनिया में रखा क्या है', स्वप्न के अलावा दुनिया में रखा क्या है, उन्होंने ही आगे चलकर कितना बड़ा विश्वासघात किया जनता के साथ। आप देखते हैं ये जो विसंगति है, विद्रूप है और विडम्बना है; आप उसकी निर्ममता को देखते हैं। भीष्म साहनी की कथा कितनी बड़ी और कितनी सार्थक फैंटेसी बनती है। पूरी कहानी हमारे समय को कितना समझाती है। बात यहीं तक नहीं है। मैयादास थे, जिनके नाम की माड़ी थी। उसके संस्थापक थे। उन्होंने रेल को अस्वीकार कर दिया था। उस पर नहीं चढ़ते थे। राजा अमीरचन्द्र के सबसे बड़े समर्थक थे। दीवान धनपत को गाड़ी से निकलवाकर बाहर कर दिया था। रेल के ड्राइवर की हुजूर-हुजूर कहकर खुशामद करते हैं। समझ लेते हैं कि अँग्रेज़ों की खुशामद करके ही जीवित रह सकते हैं। सम्मान प्राप्त कर सकते हैं। कोई और चारा नहीं है। वो दीवान धनपत को देखते हैं कि सारे नैतिक मूल्यों को, सारे मानव सम्बन्धों को, सारी मर्यादा को तिलांजलि देकर आदमी कितना सम्मान पा सकता है। तो अगर सम्मान पाने का यही रास्ता है कि अपने सम्मान को अंग्रेज़ों के जूतों के नीचे रखा जाय तो हम नीचे कर लें। लेकिन जब वो करने जाते हैं तो विडम्बना देखिए कि उनका और अपमान होता है। जो भी अंग्रेज़ हो, चाहे ड्राइवर हो, चाहे जो कुछ हो, उसे बड़ा अफ़सर मानने लगते हैं। जनता के बीच रही-सही प्रतिष्ठा भी समाप्त हो जाती है। खालसा फ़ौज के हार जाने के बाद नयी अमलदारी वजूद में आती है। नयी अमलदारी इस उपन्यास में अंग्रेज़ी शासन का प्रतीक शब्द है।

नयी अमलदारी भूमि व्यवस्था पर लागू होती है। लगान या मालगुजारी का तरीका बदल दिया जाता है। पहले लगान उत्पादन से लिया जाता था। अनाज के रूप में। अब लगान रुपयों में लिया जाने लगा। पहले ऐसा होता था कि अगर फसल अच्छी हुई तो लगान भरपूर लिया जाता था और अगर फसल कम हुई तो लगान कम लिया

जाता था। किसान से वृद्धि और विपन्नता के अनुपात में लगान लिया जाता था। अब लगान का रुपया उतना ही लिया जाएगा चाहे फसल जैसी भी हो। इसके परिणाम बहुत गम्भीर और बहुत दूरगामी थे। किसान को यह समझ में नहीं आया। एक तो गहरी चोट इससे लगी कि किसान के पास अनाज होता है, पैसे की कमी होती है। पहले वो अनाज देकर के मसाला और दीगर चीज़ें खरीदता था। अब यह हो गया कि पहले बेचे अनाज ज़रूरत की चीज़ों के लिए। साहूकार व्यापारी मनमाने दाम पर उससे अनाज खरीदें और मनमाने दाम पर अपना माल उसे दें। लगान न दे पावे तो किसान कर्ज़ ले और वो कर्ज़ मनमाने सूद पर दें। कर्ज़ न चुका पाये, जो कि अक्सर नहीं चुका पाता तो उसे ज़मीन से बेदख़ल कर दिया जाए। अकाल के समय कम अनाज उपजने से क्या स्थिति होती होगी किसानों की। रुपया किसान के लिए दुर्लभ चीज़ है। उसके पास अनाज है। उस अनाज को रुपयों में रूपान्तरित करने की प्रक्रिया उसके लिए बहुत मुश्किल है। वो उसके लिए बिल्कुल अनजाना क्षेत्र है। लेकिन बात इतनी ही नहीं है। पूँजीवाद इस सामन्ती व्यवस्था में मामूली परिवर्तन नहीं करता। वो ऐसे परिवर्तन करता है कि उसका माल भी ख़ूब बिके और सम्पत्ति भी उसकी होती जाए। ईस्ट इंडिया कम्पनी और उसी के चिह्न पर चलने वाले जो भारत के पूँजीपति थे, वो शोषण का काम दो स्तरों पर करने लगे। यानी नयी-नयी चीज़ें आने लगीं। जीवन में सुविधा प्रदान करनेवाली, आकर्षक लगनेवाली, साबुन, टूथपेस्ट, मंजन, नये डिजाइन के कपड़े, नये जूते। जिसके पास थोड़ा-सा भी पैसा होता है, वो यह सब लेकर गाँव में जाता है। गाँव के किसान के लिए तो ये सब स्वप्न होता है। जब भी कोई नयी चीज़ गाँव में आती है, और ख़ासतौर पर भारत के इस किसान के पास, जो शताब्दियों से एक ढर्रे की ज़िन्दगी जी रहा है।

बड़ा अच्छा चित्रण है कि रेल आयी है। उसकी कैसी प्रतिक्रिया गाँव में होती है। पहले उसको एक अजूबा चीज़ मानते हैं। तो कहते हैं कि नहीं बैठना चाहिए। कि ख़तरे की चीज़ है। पता नहीं कहाँ फेंक देगी। न हाथ में लगाम है। न घोड़ा है। लेकिन जब उसमें चढ़ने लगते हैं तो लगता है कि बड़ी उपयोगी है रेल। इसका बहुत सुन्दर चित्रण किया है। नयी रेल जब आती है, सीटी कैसे देती है, बलखाती कैसे चलती है। उसको देखने के लिए बच्चे कैसे दौड़ते हैं। लेकिन ये सब घटित हो रहा है एक साम्राज्यवादी रणनीति के तहत।

किसान एक तो अपना लगान पैसे में दे। कर्ज ले। रेहन रखे ज़मीन को। फिर ज़मीन से बेदख़ल हो, धीरे-धीरे। और उस काम में तेज़ी लाती हैं ये चीज़ें जो मार्किट में नयी-नयी आती हैं। परोस दी जाती हैं। इसका मिलान कीजिए, 'रंगभूमि' के उस दृश्य से जहाँ सूरदास की ज़मीन लेने की बात चलती है। फैक्टरी बनाने के लिए। और

किस तरीके से कुछ लोग उस पर कहते हैं कि साहब अगर यहाँ पर ये मिल खुल गयी तो हमारे बच्चे भ्रष्ट हो जाएँगे। हमारे बच्चों को नये-नये शौक पड़ जाएँगे। नयी-नयी बुराइयाँ पैदा हो जाएँगी। नयी-नयी ख़राब आदतें फैल जाएँगी। शराब-सिगरेट पीने लग जाएँगे। गाँव का भाईचारा ख़त्म हो जाएगा। सामूहिक ज़िन्दगी, एक ज़िन्दगी ख़त्म हो जाएगी। बिल्कुल ये एक पूरी ऐतिहासिक प्रक्रिया है। वही आज हो रहा है जिसको हम उपभोक्ता संस्कृति के नाम से जानते हैं। आज जो किसान आत्महत्याएँ कर रहे हैं। पहले लालच दिया जाता है। अगर ये खेती करोगे, तो बहुत लाभ होगा। कर्ज़ दिया जाता है। इस समय कर्ज़ कितना आसान बन गया है लेना। चाहे ज़मीन के लिए कर्ज लें। चाहे मोटर कार के लिए। और अपनी ज़मीन को, सम्पत्ति को रेहन रखिए। इसके साथ-साथ मल्टीनेशनल्स हैं, कार्पोरेट वर्ल्ड है। उसने गुंडे पाल रखे हैं वसूली के लिए। किस तरीके से कितने बड़े पैमाने पर हमारे देश में अरबपति बढ़ रहे हैं। कहा जाता है कि हमारा देश बड़ी तरक्की कर रहा है। बड़ी उन्नति कर रहा है। दूसरी तरफ आप देख रहे हैं कि बहुत बड़ी संख्या में किसान आत्महत्याएँ कर रहे हैं। ये एक आर्थिक हमला ही नहीं है। ये हमला बहुत भयानक बन जाता है, ये हमारा टेस्ट हमारी रुचि, हमारा आनन्द बदल करके अपने को स्थापित करता है। ये जो आज हम देख रहे हैं अपनी आँखों के सामने। किस तरीके से हमारे नेताओं ने जनता के साथ विश्वासघात किया है। और वो घटना पूरी प्रासंगिक बनती है, 19वीं शताब्दी की। खालसा फ़ौज की लड़ाई और अंग्रेज़ों की लड़ाई की। नयी अमलदारी है। नयी अमलदारी 19वीं सदी की घटना के रूप में पाठकों के सामने नहीं आती। बल्कि आजकल जो हो रहा है उसके अनेक दृश्यों के रूप में आती है। उसी का नैरन्तर्य है। इसको और स्पष्ट करने के लिए किताब में एक प्रकरण है। इंडिया हाउस का। सदस्यों की बहस होती है। आँकड़े प्रस्तुत किए जाते हैं। अंग्रेज़ कहते हैं कि हम भारत का उद्धार कर रहे हैं। यह हमारा नैतिक कर्तव्य है। हम तो त्याग और बलिदान करने जा रहे हैं। हम तो उनको सभ्य और सुसंस्कृत बनाने जा रहे हैं। उनको लाभ पहुँचाने जा रहे हैं। हम जनतन्त्र वहाँ लाने जा रहे हैं। इस तरह भारत में जनतन्त्र लाया गया। जैसे बुश इराक में जनतन्त्र ले आया। और सवाल किए जाते हैं तो पता ये चलता है कि जो रेल-लाइन बिछाई जाएगी, उसके लिए यहीं के लोग पैसा देंगे। लेकिन दिखाया जाएगा कि जैसे भारत कर्ज़ ले रहा है। और बाद में उतारा जाएगा। पता लगता है कि पता नहीं कितने जुलाहों के अँगूठे काटे गये हैं, इस देश में। अपने माल की खपत के लिए। पूरी तरह से आँकड़े इस तरह पेश किए जाते हैं, मानो हमारे देश को वो लाभ पहुँचा रहे हैं। लेकिन उनकी जो पूरी मंशा है, वो शोषण करना है। कितने क्रूर, कितने अमानवीय हैं वे, यह उनकी बहसबाज़ी से मालूम होता है। एक व्यक्ति है उस सभा में जो बुद्धिजीवी है। अध्यापक है।

उसके एक भी सवाल का जवाब ठीक से नहीं दिया जाता। वो ऐसे सवाल करता है कि उनका जो पूरा पाखंड है वो साफ़ हो जाता है। सबके सामने आ जाता है। हालाँकि लोग उसे पगलेट कहते हैं, गद्दार कहते हैं। लेखक ने कितनी जानकारी हासिल की होगी। कितनी मेहनत की होगी। और उन तथ्यों के आधार पर उसने इस उपन्यास का कथानक रचा होगा।

जैसा कि मैंने शुरू में कहा था इसका शिल्प कहीं-कहीं मार्खेज़ के उपन्यास से मिलता-जुलता है। कहने का ढंग मिलता है। जैसे कोई कथा कहते-कहते बीच में छोड़ दी जाय। फिर बहुत दिनों के बाद वो कथा याद आएगी। लेकिन अजीब बात है कि जादुई यथार्थ का ये शिल्प हमारे मध्यकालीन रोमांचक आख्यानों से बहुत मिलता-जुलता है। इस पर ध्यान लोगों का कम गया है। मध्यकालीन रोमांचक आख्यानों के मर्मज्ञ आचार्य हजारी प्रसाद द्विवेदी के उपन्यास 'चारुचन्द्रलेख' को देखें। 'चारुचन्द्रलेख' में कई ऐसे वर्णन हैं। तन्त्र-मन्त्र के, नाथ-सिद्धों के, आकाश में उड़ने के। कितनी ही अजूबा-सी चीज़ें सामने आती हैं। अनेक बार बिल्कुल रोमांचक आख्यान के तरीके में लिखा उपन्यास है। लेकिन इस उपन्यास में कई ऐसे वर्णन हैं जो मार्खेज़ के वर्णनों से मिलते-जुलते हैं। 'मय्यादास की माड़ी' का घटनाक्रम इतिहास के मध्यकाल और आज के भारत की सन्धि है।

'मय्यादास की माड़ी' में एकाधिक पात्र हैं जो बहुत सामान्य हैं, जिन्होंने जीवन में अकल्पनीय दुख, उपेक्षा, तिरस्कार, भोगा है। और इतिहास की या ज़माने की क्रूरता के सामने जिन्होंने हथियार डाल दिये हैं। जो परम निराशा में ही वास करते हैं। आप चाहे तो विश्राम कहें। चाहे ये कहें कि विवश हैं। चीत्कार करके चुप हो गये हों। सब कुछ को दुर्भाग्य समझने लगे हों। इस उपन्यास में ऐसे पात्रों की स्थितियों से भाग्य को परिभाषित किया गया है। लेखराज की मंगेतर मोराँ है। बहुत दिनों के बाद जब लेखराज मुहिम से वापस आता है, वो स्वयं भी अधेड़ हो गया है। मोराँ अकाल वृद्धा हो गयी है। दोनों मिलते हैं। हाल-चाल एक दूसरे का पूछते हैं। लेखराज जब मोर्चे पर जा रहा था तो 'मोराँ' ने उसको कहा था कि क्यों जा रहे हो वहाँ। वहाँ पर जाकर क्या करेगा तू। बन्दूक नहीं उठा पाएगा। और कहकर भाग गयी थी। लड़की थी, ये पता था कि दोनों की शादी तय हो गयी है। उसका जीवन बहुत कष्टों में पड़ा। मोराँ पर भी विपत्तियों का पहाड़ टूटा। और उसकी ज़िम्मेदारियाँ ऐसी बढ़ गयी हैं कि उसको पुराने के लौट आने का न कोई हर्ष होता है न विषाद होता है। यह एक बड़ी सामान्य-सी घटना बनकर रह जाती है उसके लिए। लेखराज सोचता है कि मैंने तो पूरी दुनिया देखी है। मैंने तो खालसा फ़ौज की तरफ से लड़ाई की है। मनोहर, जो मेरा मित्र था, जो मेरा साथ देने के लिए लड़ाई के मैदान में चला आया था। उसके

शव को गड्ढे में फेंका है। मैंने ये देखा है कि हमारे सेना का नेता गद्दार निकला। मैं समझता था कि ये दुनिया बड़ी व्यापक है। बड़ी-बड़ी चीज़ें मैंने देखी हैं। लेकिन जो क़स्बा है हमारा छोटा-सा, उस क़स्बे की ज़िन्दगी में भी कितनी जटिलताएँ हैं और कितनी परतें हैं। इस लड़की ने उन जटिलताओं में, व्यस्तताओं में जीवन बिताया। वो दुख ख़त्म हो सकता था, कम हो सकता था, घट सकता है। तो ये जो छोटी-सी ज़िन्दगी है, हमारे छोटे-से क़स्बे की, ये भी अपने-आप में बहुत बड़ी है।

बहुत बड़ा है 'मय्यादास की माड़ी' का यह रचना-दर्शन। भीष्म जी का इसमें पक्का यक़ीन था। यह यक़ीन मार्खेज़ के उपन्यास से पुष्ट हुआ। घटना चाहे जितनी बड़ी हो, इतिहास के लिए क्षुद्र है। व्यक्ति या देश कालप्रवाह में महत्त्वपूर्ण या महत्त्वहीन होता है। इतिहास और व्यक्ति भारतीय दर्शन के शून्य की तरह कुछ नहीं है और पूर्ण है।

उपन्यास का अन्तिम अंश। वर्षा का वर्णन है। बाढ़ आती है। बारिश होती है। ये बिल्कुल 'One hundred years of solitue' से लिया गया है। उस वर्षा में प्रलय का आभास है उसकी तुलना में ये वर्णन कुछ भी नहीं है। उस वर्णन की ये बड़ी भद्दी नकल है। उससे कहीं अच्छा वर्णन 'कामयानी' का है। चिन्ता सर्ग में। वर्षा का। लेकिन इतिहास में जो मानव जीवन है, जिसकी एक ऐतिहासिक नियति है, जिसमें मनुष्य की जिजीविषा भी सक्रिय रहती है, वो कभी कमज़ोर पड़ती है, कभी नहीं पड़ती है। उसकी एक निरन्तरता है। जिस तरीके से खालसा फ़ौज में सालार ने विश्वासघात किया, फिर हमारे स्वाधीनता आन्दोलन के नेताओं ने किया, जिस तरीके से पूँजीवाद साम्राज्यवाद ने अपनी जीवन-प्रक्रिया शुरू की वो प्रक्रिया आज भी दिखाई पड़ रही है। उपन्यास इस प्रक्रिया को दिखाता है। लेकिन इतिहास में अमानवीयता के प्रतिरोध की भी एक निरन्तरता है, उपन्यास इसे भी दर्ज़ करता है। जैसे—खालसा फ़ौज ने प्रतिरोध किया क़स्बे में भागसुद्धी ने किया। रुक्मणि और कल्ला ने किया। वाणप्रस्थी ने किया। विश्वासघात और उसके मानवीय प्रतिरोध की इस निरन्तरता को यह उपन्यास इतिहास में व्यक्त मानव जीवन के चित्रण के जरिए प्रस्तुत करता है, यह उसकी उपलब्धि है।

भैरव जी

109, लूकरगंज, इलाहाबाद में भैरव जी के घर मुझे अक्षोभ्येश्वरी प्रताप लेकर गये थे। उनका आग्रह था, 'अरे! आप भैरव जी से नहीं मिले हैं, चलिए मिलवाता हूँ।' अक्षोभ्येश्वरी प्रताप काशी हिन्दू विश्वविद्यालय में पढ़ते थे। हिन्दी में एम.ए. कर रहे थे। मैं शोध-छात्र था। प्रगतिशील नहीं था। भैरव जी का नाम सुना था। 'माया' के सम्पादक के रूप में। पढ़ा नहीं था। दोपहर का समय था। उपेन्द्रनाथ अश्क उनके यहाँ भोजन कर चुके थे और दाँत खोद रहे थे। अश्क जी मुखर-मौज ले रहे थे। वे दो-तीन घंटे तक बोलते रहे। भैरव जी उनकी बातों में योगदान करते, हँसते और बीच-बीच में मुझसे भी बातें करते रहे, ऐसे कि मेरा आना उन्हें अच्छा लग रहा है। उस दिन विदा करते समय बोले—''तुम यहाँ आया करो जी!'' मैंने उत्साहित अनुभव किया।

मुझे लगा कि उन्हें मित्रों, मिलने-जुलनेवालों को अपने यहाँ बुलाने, खिलाने-पिलाने में आनन्द आता है। बाद में एक मौके पर उन्होंने मुझसे कहा भी—''तुम नहीं जानते हो। मुझे खिलाने-पिलाने का काफी शौक है।'' भैरव जी खाने-पीने-पहनने के शौकीन थे। नहाने-धाने तैयार होने में काफी समय लगाते थे। हल्की क्रीम चेहरे पर चुपड़ते थे। इलाहाबाद कॉफी हाउस तब साहित्यकारों का अड्डा होता था। भैरव जी शाम को नहा-धोकर मद्रासी लुंगी-कुर्ता सफेद खद्दर का, पहनकर हाथ में मोटी छड़ी लेकर पहुँचते थे। अकेले नहीं, मार्कण्डेय, अमरकान्त, शेखर जोशी आदि के साथ। दबंगई और प्रतिबद्धता मशहूर थी। लोगों ने मुँहफटाई के चलते 'सोंटागुरु' नाम दे रखा था। एक बार बहस में उनके सामने ही मेरे मुँह से यह नाम निकल पड़ा। मार्कण्डेय ने मेरा मुँह दबाकर मुझे चुप करा दिया। कमर में हाथ डालकर दूसरी तरफ ले जाकर समझाने लगे। शायद वे मुझे भैरव जी की कोपाग्नि से बचाना चाहते थे।

अक्षोभ्येश्वरी मिलनसार और हरफनमौला थे। सम्बन्ध बहुत जल्दी बना लेते थे। बिड़ला हॉस्टल में एक बार उनके यहाँ अमरकान्त और शेखर जोशी साथ-साथ आये। मैंने भोलेपन में अमरकान्त से कहा—'आपकी कहानी पढ़ी है।' और शेखर से कहा—'आपकी फोटो देखी है।' इस पर दोनों बड़ी देर तक हँसते रहे। मैं समझ नहीं

पाया कि क्यों हँस रहे हैं। मैं इनके महत्त्व से परिचित नहीं था। एक बार अक्षोभ्येश्वरी के कमरे में नरेश मेहता का काव्य-पाठ हुआ। नामवर जी, केदारनाथ सिंह, विजयमोहन आदि थे। भोजन भी हुआ। अक्षोभ्येश्वरी रोब से कहते—"देखा! उस दिन लंच पर नरेश मेहता का काव्य-पाठ करा दिया मैंने।"

अक्षोभ्येश्वरी प्रताप ने एक प्रकार से अपनी रहनुमाई में भैरव जी से मेरी भेंट करायी थी। अनुगूँज यह थी कि "देखो! मेरे साथ रहोगे तो बड़े-बड़े लोगों से तुम्हारी भेंट करवा दूँगा।" अक्षोभ्येश्वरी ने भैरव जी के बारे में एक बात और बतायी। 1957 में साहित्यकारों का महत्त्वपूर्ण सम्मेलन इलाहाबाद में हुआ था। भैरव जी उसके प्रमुख आयोजकों में थे। पं. हजारीप्रसाद द्विवेदी उसमें जाएँ कि न जाएँ इसे लेकर विवाद था। परिमल के सदस्यों ने द्विवेदी जी को जाने से रोका। प्रगतिशीलों ने द्विवेदी जी को निमन्त्रित किया। बहरहाल द्विवेदी जी गये।

पं. जी के आने की ख़बर पाते ही भैरव जी खुशी के मारे उछल पड़े—अक्षोभ्येश्वरी ने मुझे बताया था।

इसके बाद इलाहाबाद जब जाता, भैरव जी से ज़रूर मिलता। इलाहाबाद मेरा जाना बहुत होता। वहाँ मेरी ससुराल है। नयी-नयी शादी हुई थी और तुलसीदास का प्रेमी होने के बावजूद मैं—'ससुरार पियार भई जब से' वाला यानी ससुराल प्रेमी था। महीनों टिका रहता। एक बार नरेश मेहता ने कॉफी हाउस में पूछा—"ससुराल कितने दिनों से हो?" मैं कहा—"दिन याद नहीं। यही समझ लीजिए कि जब आया था, नाश्ते में रसगुल्ला मिलता था, अब जलेबी मिलने लगी है। बताशा मिलने लगेगा तब चला जाऊँगा।"

आर्थिक हालत खस्ता थी। भैरव जी से मुनमुना कर उधार माँगता। वे दे देते। कभी मना नहीं किया। उधार वापस न कर पाता तो माँगते भी नहीं। लोग रुपये-पैसे के मामले में उन्हें सतर्क और अनुदार समझते-कहते हैं। मेरा अनुभव बिल्कुल विपरीत है। पैसे घर पर न होते तो वे कहते—ग्यारह बजे या बारह बजे कॉफी हाउस में रहना। वे मई-जून की दुपहरिया में साइकिल चलाते हुए ठीक समय पर सड़क पर दिखलाई पड़ते। सर पर हेट, कुर्ता-पाजामा। पैजामे के पांयचे में क्लिप लगी रहती। साइकिल कॉफी हाउस के स्टैंड पर खड़ी करते। मुझे ठंडी कॉफी पिलाते। पैसे लेकर चुपचाप मैं ससुराल की राह लेता। वे पैसे देते हुए मुस्कराते। वह मुस्कान मोहक और मार्मिक होती। भैरव प्रसाद गुप्त जैसी मुस्कान कम लोगों की है। नाराज़ होने के भाव में प्रीति का भाव और शरमाने का भाव मिला रहता था। इस मुद्रा का एक प्रसंग बार-बार स्मृति में कौंधता है। उनके उपन्यास 'धरती' का किशोर नायक ख़ूबसूरत है। स्वाधीनता-पूर्व एक ईमानदार नेता उससे प्रेम करता है। प्रसंग कुछ ऐसा है कि एक दैवी विपत्ति के दौरान वह नेता किशोर नायक को चिपटाए हुए हफ्तों घूमता रहता है। यह प्रसंग

वर्णन-तटस्थता में मोहक और सहज है। उसमें न कोई रस लिया गया है, न किसी 'कल्ट' का आग्रह है। पता नहीं क्यों मुझे लगा कि यह किशोर भैरव जी ही हैं। भैरव जी का व्यक्तित्व मुझे आकर्षक लगता था। हँसने पर चेहरे पर लजीलेपन का एक रंग दौड़ जाता था। पता नहीं मुझमें इतना साहस कहाँ से आ गया—पूछा, 'भैरव जी वो आप ही हैं। मुझे पूरा यक़ीन है।' भैरव जी छद्म क्रोध और स्वाभाविक सलज्जता से बोले—'क्या बेवकूफ़ी की बात कर रहे हो जी।' फिर धीरे-से उन नेता का नाम बताया जो उस समय एम.एल.ए. थे। फिर वही परिचित मुस्कान के साथ बोले—'ऐसी बेवकूफी की बातें मत किया करो। कहना भी मत किसी से। तुम नहीं समझते हो, साले बतंगड़ करते हैं।'

स्वातन्त्र्योत्तर भारत का दौर कम्युनिस्टों के भयंकर दमन से शुरू हुआ था। तेलंगाना में कम्युनिस्टों ने अपने स्वप्न को यथार्थ का रूप देने का रक्तिम उद्योग किया। वह नक्सलबाड़ी का पूर्वज आन्दोलन था। स्वतन्त्र भारत के कांग्रेसी गृहमन्त्री ने कहा था—''हिंसा बन्द न हुई तो एक-एक कम्युनिस्ट चुन-चुन कर मार डाला जाएगा।'' हिंसा बन्द हुई, आन्दोलन कुचल दिया गया लेकिन वामपन्थ को अभूतपूर्व लोकप्रियता मिली। उर्दू के श्रेष्ठ क्रान्तिकारी कवि मख़्दूम मुहीउद्दीन रिकार्ड-तोड़ मतों से चुनाव जीते। यह तेलंगाना-विद्रोह था, जिसने श्री श्री और मख़्दूम दिये, जिनकी आदमक़द मूर्तियाँ हुसैन सागर (हैदराबाद) में तेलुगु के अमर पुरुषों की पंक्ति में स्थापित की गयी हैं। यह उसी बलिदान का परिणाम था कि उस दौर की शायद ही कोई फिल्मी हस्ती हो जो इप्टा से सम्बन्धित न रही हो। हिन्दी का भी शायद ही कोई उल्लेखनीय साहित्यकार रहा हो जो प्रगतिशील लेखक संघ से सम्बद्ध न रहा हो (अज्ञेय और भारती तक)। भैरवप्रसाद गुप्त उसी परम्परा और दौर के साहित्यकार थे। ऐसे साहित्यकार नहीं जो कुछ समय के लिए कम्युनिस्ट हो गये थे, बाद में अवसर मिलने पर सिद्धान्तों के मुखौटे पहनकर लाभ-लोभ की लूट में शामिल हो गये। मार्क्सवाद भैरव जी के लिए ऑक्सीजन था। वे वामपन्थ पर चोट पहुँचाने वाले किसी व्यक्ति दो बर्दाश्त नहीं कर सकते थे। भैरव जी स्वतन्त्रता सेनानी थे, जेल गये थे। उनके जीवन-आचरण में सैद्धान्तिक धार कभी कुंठित नहीं हुई। उनकी दबंगई और मुँहफटई अधिकांशतः समझौताविहीनता के कारण थी। उनके मित्र, प्रशंसक और विरोधी बताते हैं कि वे प्रायः भरी सभा में ग़लत बात करने वाले को ललकार देते थे। बिना किसी की परवाह किये। यह मत भूलिए कि वे निराला और फ़िराक़ के इलाहाबाद के थे। उन दिनों भी ऐसे व्यक्तित्व दुर्लभ थे। आज भरी सभा में किसी के इशारे पर या किसी दाँव से ललकारने वाले लोग सुलभ हैं। जैसे विनम्रता में पाखंड छिपा रहता है वैसे दबंगई और तेज़ी में भी।

भैरव जी का व्यक्तित्व अवसरवाद और समझौतापरस्ती के विरोध का प्रतीक था। हिन्दुस्तानी अकादमी में गोष्ठी हो रही थी। हाईकोर्ट के एक जज वक्ता थे। उन्होंने प्रेमचन्द के बारे में कहा कि वे कोई बड़े लेखक नहीं थे। भैरव जी ने डाँटा—"आप जैसे अनपढ़ व्यक्ति को जज किसने बना दिया। जब आप साहित्य के बारे में इतने बड़े अज्ञानी हैं तब आपको इस सभा में बोलने की जुर्रत कैसे हुई।"

प्रत्यक्षदर्शियों ने बताया कि जज साहब भैरव जी के बोलने के बाद घर जाने के लिए अपने जूते ढूँढ़ते दिखलाई पड़े।

मार्कण्डेय घटनाओं को नाटकीय अन्दाज़ में सुनाने में सिद्धहस्त हैं। वे भैरव जी के अनेक किस्से सुनाते हैं। एक घटना उन्होंने कई बार सुनायी है। बात 1962 ई. की है जब भारत-चीन की सीमा पर फ़ौजी संघर्ष हुआ था। तब कम्युनिस्ट-विरोध और नेहरू-विरोध चरमबिन्दु पर था। आप जानते हैं कि हिन्दी का मध्य, निम्नमध्यवर्गी बुद्धिजीवी, रचनाकार राष्ट्रोन्माद की आड़ में कविताएँ, नाटक छपाकर यश और पैसा कमाने की ताक में रहता है। सो, इलाहाबाद में एक प्रतिष्ठित साहित्यकार के घर पर 'मौजूदा संकट में रचनाकार का कर्तव्य' विषय पर गोष्ठी बुलाई गयी। गोष्ठी में सबने गम्भीरता ओढ़ रखी थी। वक्ताओं ने रक्तदान, स्वर्णदान, रचनादान पर उत्तेजक विचार प्रकट किये। भैरव जी को भी बोलने के लिए निमन्त्रित किया गया। भैरव जी ने कहा—"आप लोग बकवास कर रहे हैं, मूर्ख और स्वार्थी हैं, आप लोगों को देश की कौड़ी भर चिन्ता नहीं है। आप अपना लेख छपाना चाहते हैं, आप अपनी कविता, आप अपना संकलन। देश के लिए आप क्या कर सकते हैं।" किसी ने टोका—"आप क्या कह रहे हैं, देश पर संकट है और आप देशद्रोह कर रहे हैं।" भैरव जी ने दागा—"आप देशभक्त हैं तो अपने दोनों पुत्रों को सेना में भरती करा दीजिए। वे मोर्चे पर लड़ने जाएँ।"

मार्कण्डेय बताते हैं कि गोष्ठी अभिधा में चलायमान हो गयी। लोग एक-दूसरे को धक्का देने लगे। कुहनियों से धकियाने लगे। लोग खड़े हो गये। भैरव जी भी खड़े हो गये। साथ में मार्कण्डेय भी। लोगों ने धकिया कर इन दोनों को ढकेल दिया। भैरव जी ने अपनी साइकिल सँभाली। मार्कण्डेय कैसे चले, यह नहीं बताया। पीछे-पीछे दूर तक लोग धकियाते रहे। वाचिक भी चलता रहा। कुछ देर बाद मार्कण्डेय और भैरव जी अकेले हुए तो मार्कण्डेय ने फेंचकुर फेंकते हुए भैरव जी से कहा—"कान पकड़ता हूँ आइन्दा कहीं किसी गोष्ठी में आपके साथ जाऊँ तो।"

जब इलाहाबाद जाता, मार्कण्डेय के यहाँ ही पता चल जाता—इस बार का मामला क्या है? एक बार सुना कि कल देखो कॉफी हाउस में क्या हो? सुना गया कि भैरव जी ने घोषणा कर दी कि एक भी साठोत्तरी कहानीकार साला नहीं है जो अपने बाप का हो। रात को साठोत्तरी एकत्र हुए। कहते हैं 12 बजे रात को भैरव जी

के घर गये और धमकी देकर आये हैं कि सगे के हो तो आना कल शाम को कॉफी हाउस में। शाम को भैरव जी यथावत् आये, कहीं कुछ नहीं हुआ। इलाहाबाद वाचिक, लेखन-परम्परा में यक़ीन करता है, बनारस की तरह स्पर्श परम्परा में नहीं। जहाँ आदि शंकराचार्य को एक सफाई कर्मचारी ने झाड़ू-स्पर्श करा दिया था।

भैरव जी की साठोत्तरी कहानीकारों के विषय में कही गयी बात उन दिनों मुझे बहुत याद आती थी जब इनमें से किसी का संस्मरण अपने मित्र-कहानीकार पर प्रकाशित होता था। क्या इन दोस्तीबाज़ रचनाकारों को भी अपने मित्रों, सहचरों पर लिखते समय भैरव जी के उस कथन की याद आती थी।

यह कहने की ज़रूरत नहीं कि भैरव जी का आशय यह था कि इनमें अग्रज-पीढ़ी के प्रति सम्मान का भाव या परम्परा का बोध नहीं है। उनका आशय जैविक कदापि नहीं था।

एक बार पहुँचा तो सतीश जमाली माथे पर हाथ रखे चिन्तित मुद्रा में बैठे थे। अनेक लोग चुप। मैं पहुँचा तो भी सब चुप। लाचार मैं भी चुप्पी में शामिल हो गया। लगभग 2-3 मिनट के बाद आवाज़ आयी—'तुमने अब तक जो इमेज बनायी थी वो सब खत्म समझो।' सतीश बार-बार कहे—'क्या करूँ भाई, मेरी समझ में कुछ नहीं आ रहा है।'

मालूम हुआ सतीश जमाली ने अश्क का इंटरव्यू लिया है। उसे अश्क कहीं छपवाएँगे। योजना बनी कि अश्क से इंटरव्यू वापस कैसे लिया जाए। अगर मुझे ठीक से याद है तो तय यही पाया कि सतीश किसी बहाने अश्क से इंटरव्यू का आलेख लेकर आएँ। अश्क जी अगर पीछे-पीछे उसे छीनने आएँगे तो गेट पर भैरव जी खड़े रहेंगे और भैरव जी को देखते ही अश्क जी शमित हो जाएँगे।

अश्क-भैरव कलह कुल मिलाकर प्रणय-कलह ही था। अश्क की धारदार भाषा किसी से पास नहीं थी। अभी भी नहीं है। भाषा से छुरी का काम कैसे लिया जाता है, इसे अश्क से ज़्यादा कोई नहीं जानता। भैरव जी वाक्-चातुर्य में विश्वास नहीं करते थे। वे प्रहार करने में सीधे बलियाटिक थे। अश्क को खलनायक बनाकर उन्होंने 'अन्तिम अध्याय' उपन्यास लिखा था। चालाक और धूर्त नायक की गतिविधियाँ निहायत सूक्ष्म एवं मनोवैज्ञानिक ढंग से चित्रित हैं। वे खलनायक का निर्माण कुशलता से कर सकते थे। बस अन्त में वे अधीर हो उठे हैं। अश्क जी भी बहुत दिनों तक भैरव जी की हँसी उड़ाने का कोई अवसर नहीं चूकते थे। दोनों लम्बे अरसे तक घनिष्ठ रहे थे। इसीलिए एक-दूसरे को खूब अच्छी तरह जानते थे। इसलिए जो कुछ आरोप-प्रत्यारोप लगाते थे, लोग उस पर विश्वास करते थे। अश्क जी भैरव जी के साथ-

साथ मार्कण्डेय और शेखर से भी नाराज़ रहते थे क्योंकि ये दोनों भैरव जी के अन्त समय तक घनिष्ठ बने रहे। नामवर जी ने भैरव-अश्क कलह का एक रोचक प्रसंग सुनाया—

अश्क ने कहा—'नामवर! मेरे पास भैरव के ऐसे पत्र हैं कि अगर उन्हें प्रकाशित करा दूँ तो भैरव कहीं मुँह दिखाने लायक़ नहीं रहेंगे।'

भैरव जी ने नामवर जी से यह सुनकर जवाब दिया—'कह दो कि वह सारे पत्र छपा दे। मैंने उन सारे पत्रों की प्रतिलिपि अपने पास सुरक्षित रखी है।' नामवर जी के अनुसार वे पत्र ऐसे थे कि एक-एक पंक्ति में एकाधिक विशेषण-उपमाएँ अश्क के लिए। उनकी संख्या उतनी अधिक जितनी की पशु-पक्षियों, सरीसृपों की।

रवीन्द्र कालिया ने अमरकान्त पर 'वर्ष' निकाला। उसमें मैंने अमरकान्त की कहानियों पर लेख लिखा। कुछ बातों से अश्क जी नाराज़ हुए। लिखा—"भैरव मूर्ख, शेखर दब्बू, मार्कण्डेय ऐयार और विश्वनाथ त्रिपाठी इन तीनों के योग।" ममता जी ने ऐसा इंटरव्यू लिया था कि अश्क जी को एकाधिक स्थानों पर मुझे आशीर्वाद देने का मौका मिला। उसके बाद अश्क जी से भेंट हुई तो मैंने कहा कि आप जैसे भारत-विख्यात लेखक की कलम से मेरा नाम लिखा गया, यह तो मेरे लिए गौरव की बात हुई। अश्क जी मुझसे प्रसन्न हुए। अन्तिम बार उनके दर्शन मैंने रवीन्द्र कालिया के रानी मंडी स्थित इलाहाबाद प्रेस वाले घर में किये। जाड़े के दिन थे। अश्क पराँठा-दही का नाश्ता कर रहे थे। शरीर क्षीण हो गया था। आवाज़ में दम-ख़म बरकरार था।

अश्क और भैरव में चाहे जितना कलह रहा हो, वह साहित्यकारों का झगड़ा बना रहा। विचित्र बात है कि प्रतिपक्ष को धराशायी करने में सिद्धहस्त अश्क ने भैरवप्रसाद गुप्त को ज़्यादा नहीं छेड़ा। भैरव से ज़्यादा ख़बर उन्होंने भैरव-सहचरों की ली।

इलाहाबाद के साहित्यकार एक-दूसरे की टोपी निरन्तर उछालते रहते हैं, फब्तियाँ कसते हैं, अफ़वाहें उड़ाते हैं और एक स्तर पर आत्मीयता भी बरकरार रखते हैं। उन्होंने भैरव जी को छूट दे रखी थी चाहे जिसको कुछ कह देने की। घर से भगा देने की, भला-बुरा कह देने की। दो बातें अटल थीं—सोंटागुरु की बात का कोई बुरा नहीं मानता था, और पलट कर जवाब या तो नहीं देता था या जवाब देते समय खिसियानी मुद्रा बना लेता था—भैरव जी आप हैं अब क्या कहूँ। कोई दूसरा होता तो जवाब देता।

रामकृपाल पांडेय को, जिन्होंने एक विभागाध्यक्ष को गिनकर केवल 12 जूते कनपटी पर मारे थे, भैरव जी ने घर से भगा दिया। वाम-सम्पादक चन्द्रभूषण तिवारी को डाँटकर अवाक् कर दिया, गोष्ठी में राजेन्द्र यादव को ठीक कर दिया। मेरे घर में ही एक बार नामवर जी को दुवर्चन-अमृत का पान कराया कि मैं वहाँ से हट गया

और 'तब प्रभु कहे कछुक दुर्वचना' का जाप करने लगा। अमरकान्त ने एक बार बात काट दी राजनीतिक बहस के बीच। भैरव जी डाँटें अमरकान्त को, सहमूँ मैं। बीच-बीच में अमरकान्त खुलकर न बोलें सिर्फ भुनभुनाएँ। भुनभुनाहट पर भैरव जी और नाराज़ हों। मुझे बहुत बुरा लगा। दूसरे दिन मैंने कहा—"आपको अमरकान्त से ऐसे नहीं बोलना चाहिए।"

"तुम समझते नहीं। वह इन दिनों बहुत इम्परटीनेंट हो गया है।"

पारिवारिकता उनकी विशेषता थी। इलाहाबाद में भी वे शेखर जोशी, अमरकान्त और मार्कण्डेय के परिवार से विशेषत: बच्चों से बहुत स्नेह करते थे। उनका सारा मार्क्सवाद मानवतावादी भाव-बोध पारिवारिकता के रूप में उमड़ पड़ता था।

109, लूकरगंज छोटा-सा लेकिन अपेक्षाकृत खुला मकान था। किराये का। सामने छोटी-सी लॉन या आँगन जैसी जगह। उसमें अमरूद का पेड़ था। फल बहुत मीठा होता था। मैं बच्ची और पत्नी के साथ जाता तो भैरव जी बड़ी देख-भाल करते। सीजन में क़ायदे से अमरूद तोड़कर खिलाते। बच्चों को उनके सामने डाँटने की हिम्मत किसी की नहीं पड़ सकती थी।

एक बार भैरव जी ने मुझे जो उपदेश दिया उससे उनका छिपा हुआ स्नेहिल और सम्मानित व्यक्तित्व मेरी निगाह में बहुत आत्मीय और बहुत सम्माननीय हो उठा। परिवार के विषय में ऐसा स्नेहिल एवं उदात्त उपदेश मुझे जीवन में और कहीं से नहीं मिला।

भैरव जी दिल्ली में कभी-कभी मेरे यहाँ भी रुकते थे। सवेरे दो कप चाय एक साथ पीते थे। हल्का-सा नाश्ता करके निकल जाते थे। दिनभर के लिए। मेरे यहाँ शराब नहीं मिलती थी। भैरव जी शौक से पीते थे। इसका इन्तज़ाम वे कहीं और कर लेते होंगे। पीना उन्हें अच्छा लगता था। मित्रों को पिलाने के लिए दौड़-धूप भी कर लेते थे। लेकिन यह उनका न रूटीन था, न मजबूरी थी। एक बार वे मेरे यहाँ पहुँचे तो मेरे पिताजी सख़्त बीमार थे। गाँव में तपेदिक बढ़ गया था। थूकने पर ख़ून आता था। पटेल चेस्ट के डॉक्टरों ने कैंसर का भी शक़ किया था। मेरे पास दो ही कमरे थे। एक में माँ-बाप थे, दूसरे में मैं पत्नी-बच्चों सहित। सौभाग्य से समाजवादी पार्टी के बाबू विनोदप्रसाद सिंह (अध्यापक सत्यवती कॉलेज) मेरे पड़ोसी थे। भैरव जी को उन्होंने सहर्ष और सानुरोध अपना अतिथि बना लिया। वहाँ बोतल का इन्तज़ाम हो गया और कम्युनिस्ट-सोशलिस्ट बहस का भी।

दूसरे दिन भैरव जी मेरे यहाँ आये। बच्चियाँ मेरे साथ रही होंगी। चाय पीने के बाद मुझसे बोले, "चलो पान खाने चलें।" रास्ते में उनसे मेरी जो बातचीत हुई वह लगभग इस प्रकार है—

भै. : "तुम इतने उदास क्यों हो।"

वि. : ''भैरव जी आप तो जानते ही हैं। मेरे पिताजी की हालत ठीक नहीं।''

भै. : ''देखो जी! बच्चों के सामने बाप को उदास कभी नहीं दिखना चाहिए। तुम पूरे गधे हो। बच्चों पर इसका क्या असर पड़ता है, तुम कभी नहीं समझ सकते। तुम्हें मालूम होना चाहिए कि बच्चे माँ-बाप विशेषत: बाप को असहाय देखकर कैसा महसूस करते हैं। उनके व्यक्तित्व पर क्या असर पड़ता है। वे अपने को जीवनभर असहाय अनुभव कर सकते हैं।''

मैं चुप। फिर भैरव जी बोले—

''और मेरी बात कान खोलकर सुनो और गाँठ बाँध लो। यह बात तुमसे और कोई कहेगा नहीं। देव-ऋण और अतिथि-ऋण कुछ नहीं होता। सिर्फ पितृ-ऋण होता है। अगर इस समय तुमने सेवा करके अपने पिता को बचा लिया तो जीवनभर गौरव अनुभव करोगे। सेवा नहीं की और उन्हें न बचा पाये तो साले! जनमभर के लिए अकेले में अपने आप पर थूकोगे। दुनिया थूकेगी और हम भी। जीवन में कुछ ही अवसर होते हैं जब आदमी अपने को सार्थक या निरर्थक अपनी ही नज़र में बना सकता है। तुम्हें यह मालूम होना चाहिए और तुम्हें यह जानकर आश्चर्य होगा कि मैंने वह किताब (शायद 'सती मैया का चौरा') पत्नी की बीमारी के दौरान ही लिखी थी। चारपायी के निकट ऐंगिल से थोड़ी दूर पर मेज-कुर्सी लगायी, उनकी तीमारदारी भी करता था और लिखता भी था। कई चोरकट लेखक मुझ पर हँसते थे। पत्नीभक्त होने की अफ़वाह फैलाकर मज़ाक़ भी उड़ाते थे। गधे-साले, पूछो अपनी पत्नी की सेवा नहीं करूँगा तो इन सालों की पत्नियों की सेवा करूँगा। तुम हिम्मत मत हारना। बच्चों को समझा देना। लेकिन तुम्हारे पिता को न लगे कि बच्चों को उनसे दूर रखा जा रहा है। तुम ऐंगिल लेकर—सामने से नहीं, लगभग 6 फीट की दूरी पर बैठा करना। कोई बात होगी तो बताना। घबड़ाना मत। हम लोग तुम्हारे साथ हैं। और देखो वो बात मत भूलना, बच्चों के सामने माँ-बाप को उदास नहीं दिखना चाहिए। तुमको यह समझना चाहिए।''

मैं भैरव जी के पैर छूने को बढ़ा। उन्होंने रोक लिया। भैरव जी का यह रूप मैं कभी नहीं भूला। पिताजी स्वस्थ हो गये। वे उसके बाद 10 वर्ष और जिए। अन्तिम समय में मैं उनके पास नहीं था। माँ की मृत्यु के समय भी उनके पास नहीं था। दोनों की मृत्यु गाँव में हुई, यानी भैरव जी के आदेश का पूर्ण पालन नहीं कर पाया।

ऐसा व्यक्ति अपने परिवार की कितनी चिन्ता करता रहा होगा!

भैरव जी का पत्नी-प्रेम प्रसिद्ध था। भाभी जी सम्भवत: उनकी दूसरी पत्नी थीं। पहली पत्नी से भी सन्तानें थीं। शायद लड़के। भाभी जी और भैरव जी 'गिरा-अरथ, जल-वीचि सम' थे। वे सिन्दूर-काजल, पैरों में महावर लगाने में पर्याप्त समय

लगाती थीं। उनके सामने भैरव जी ज़ोर से नहीं बोलते थे। हम लोग समझते थे डर के मारे। लेकिन ऐसा सम्भवत: उनके स्वास्थ्य के कारण; भैरव जी उन्हें गुस्सा नहीं करने देते थे।

भैरव जी को अपनी रुचि का भोजन घर में ही मिलता था। भोजन के बारे में वे ठेठ जनपदीय थे। एक बार दिल्ली में उन्होंने एक लेखक को बहुत डाँटा। उसने कह दिया था कि मिरचे का अचार दिल्ली में भी अच्छा बनता है। एक प्रतिष्ठित नाट्य विशेषज्ञ ने उन्हें घर पर निमन्त्रित करना चाहा और कहा—

''फिश बनेगा फिश, देशी घी में।''

भैरव जी कहते रहे, ''रहने दो, फिर कभी आऊँगा। इस बार नहीं।''

वे बार-बार फिश-फिश और देशी घी करते रहे। आख़िर में भैरव जी के सब्र का बाँध टूट गया।

''क्या फिश-फिश कर रहे हो जी। तुम्हारी सात पुश्त ने भी कभी मछली खायी है।''

''क्यों! हमारे यहाँ फिश देशी घी में बनती है।''

''तुम चुगद हो! मछली सरसों के तेल में बनती है, देशी घी में नहीं। मैं तुम्हारे यहाँ खाने कभी नहीं आऊँगा (फिर अनान्तिक में) फिश-फिश कर रहे हैं साले। मछली खिलाने चले हैं।

''गाँव में बकरा कटता है। गोश्त का स्वाद तीन दिन रहता है। एक दिन कि कल कटेगा-बनेगा। एक दिन जब कटता-बनता है और अगले दिन कि कल बनाया था।''

गँजेड़ी, अफीमची गोल बाँधकर गन्ने की मँडेरी के साथ बारी-बारी कैसे दम लगाते हैं—इन सबका वर्णन-विवरण बहुत मौज में आकर करते थे।

भाभी जी की अधिकार-भावना कभी-कभी भैरव जी को परेशान भी कर देती थी। भैरव जी निष्ठावान होने के साथ-साथ कुशल पति भी थे। कौन-सी बात पत्नी को नाराज़ कर देगी और कौन खुश—इसका ध्यान रखते थे और तदनुकूल आचरण करते थे। लेकिन कभी-कभी त्रुटि हो जाती थी तो दण्ड फौरन खुलेआम मिल जाता था। दिल्ली रहते हुए यानी 'नयी कहानियाँ' के सम्पादन-काल में भैरव जी एक बार भाभी जी के साथ आये। शाम का वक़्त था। कबाब बने थे। पत्नी ने भैरव जी को कबाब खाने को दिये। भैरव जी को कबाब अच्छे लगे होंगे। उन्होंने तारीफ़ कर दी। दो ही वाक्य तारीफ़ के बोले होंगे कि भाभी जी की व्यंग्य-भर्त्सना लपेटी कड़कदार लटपटी वाणी मुखर हो गयी—

''ए भइया। इनका और दै देईं नाहीं तौ राति भर इनका नींद न आयी। घरे कब्बो अइसन थोरइ खाइ नसीब होत बाड़ै। देईं देईं ई लार टपकावत बाड़ै।''

स्थिति हम भाँप गये। भैरव जी का चेहरा चुपचाप अपमानमृत पीने से सुर्खरू हो गया। फिर एक मिनट में प्रकृतिस्थ हो गये। भाभी जी शामभर ठनकती रहीं। रात में घर पर भैरव जी को मनाने में काफी श्रम करना पड़ा होगा।

जो लोग स्वाधीनता-आन्दोलन में शादी की वय में या शादी के बाद जेल चले गये थे, या बाहर रहकर भी स्वाधीनता-आन्दोलन में सक्रिय थे, उनका पारिवारिक-जीवन एक ख़ास तरह का होता था। उनकी पारिवारिक समस्याएँ भी विशिष्ट थीं। भैरव जी इस पर कभी बात करते थे। एक बार मन्मथनाथ गुप्त के बारे में बड़ी देर तक बातें करते रहे। शादी देर में की। बच्चे पैदा होने के समय वय यह थी। तुम समझते नहीं हो—ये सब बातें तुम लोग नहीं समझ सकते। ऐसे ही ग़ैरज़िम्मेदारी से चपड़-चपड़ करते रहते हो।

नामवर जी की सुपुत्री समीक्षा के जन्म के समय जो लहर उठी थी उसके मूल प्रेरक भैरव जी ही थे। सोंटागुरु ने तिथि आदि तक नोट कर रखी थी। ऊपर से नामवर जी की आलोचना करते थे। अन्दर से उनके गहन प्रशंसक थे, प्रेमी, स्नेही, शुभचिन्तक। जैसे घर में छोटे भाई की, बहुत दिनों के बाद औलाद होने पर मनोरंजक बातें, खुसर-पुसर होती है वैसा ही इलाहाबादी मित्र करते थे। मैं नामवर जी का विद्यार्थी था इसलिए खुलेआम कुछ नहीं कह सकता था, चुपचाप यथाशक्ति योगदान करता था। इस शुभ समाचार का सम्पादित संस्करण गुरुवर आचार्य द्विवेदी तक पहुँचाने का कार्य इस जन ने ही किया था।

भैरव जी सबसे ज़्यादा प्यार अपनी बेटी को करते थे। उसका नाम विद्या या कविता था। छोटी-सी साँवली बिटिया। भैरव जी की जान-परान। वह घर की डिक्टेटर थी। भैरव जी ने उसकी शादी में मुझे नहीं बुलाया। अब वह अलीगढ़ में है। भैरव जी की मृत्यु अलीगढ़ में बिटिया के ही घर हुई।

बब्बू (पुत्र) की शादी हुई। तिलक के अवसर पर मैं इलाहाबाद में ही था। दास बाबू, अमरकान्त, मार्कण्डेय, शेखर जोशी आदि अनेक सात्यिकार रात्रि-भोज में शामिल थे। इलाहाबाद के साहित्यकारों में ऐसे अवसरों पर भेद-भाव प्रायः नहीं किया जाता। सब बुलाए जाते हैं और सब शामिल होते हैं।

शादी जून में तय हुई थी। भैरव जी ने मुझे सख्त ताकीद कर दी थी क तुम्हें शादी में शामिल होना है। मेरी शामत थी कि मैं सपरिवार अपनी एक छात्रा के भाई की शादी में शामिल होने के लिए दिल्ली चला आया। भैरव जी इतने नाराज़ हो जाएँगे—मेरे लिए कल्पनातीत था। कहीं कुछ नहीं हुआ, पता तब चला जब कई महीनों के बाद मैं इलाहाबाद पहुँचा।

इलाहाबाद में, जहाँ मेरी ससुराल है, वहाँ से सबसे नज़दीक मिंटो रोड पड़ता

है। इसलिए सबसे पहले मार्कण्डेय के यहाँ। शेखर के यहाँ और फिर उनके साथ भैरव जी के यहाँ। अमरकान्त के घर मेरा आना बहुत कम हुआ है। उनका घर दूर पड़ता है। अकेले नहीं पहुँच सकता।

शेखर शरीफ़ आदमी हैं लेकिन काम भर के इलाहाबादी भी हैं। शरारती के रूप में लासानी और सबके कान काटनेवाले। जो काम और लोग पत्र लिखकर, अफ़वाहें फैलाकर, बड़ी मेहनत के बाद कर पाते है, वह काम शेखर एक मुस्कान, कनफुसी या चुप रहकर कर सकते हैं। एक बार उनकी एक मुस्कान ने मेरा एक दुर्लभ भोजन-निमन्त्रण निरर्थक कर दिया। निमन्त्रण मिल गया था, वे ऐसा मुस्कराए कि निमन्त्रक ने लम्बा और निद्रानाशक पत्र लिखकर निमन्त्रण वापस ले लिया।

शेखर जोशी के घर पहुँचा। थोड़ी देर बैठा। शेखर बोले—''चलो भैरव जी के यहाँ चलते हैं, वहीं चाय वगैरह पीएँगे। आप आये हैं तो भैरव जी आपका स्वागत करेंगे ही।'' मैं सोत्साह उनके साथ चला।

झुटपटे का वक़्त था। 109, लूकरगंज में उसी अमरूद के पेड़ के नीचे निखर हरी खटिया पर भैरव जी बैठे थे। शेखर कुर्सी पर बैठे। मैं खटिया पर ही। आधा घंटा बीत गया, न पानी न चाय। मैं समझ ही न पाऊँ कि माजरा क्या है? शेखर धीरे-से बोले—''भैरव जी, विश्वनाथ जी इतने दिनों के बाद आये हैं, कुछ खिलाइए-पिलाइए इन्हें।''

''ये तुम्हारे यहाँ से आ रहे हैं। तुमने इनको खिला-पिला दिया होगा।''

अब मेरे कान खड़े हुए। फिर भी स्थिति की गम्भीरता नहीं ताड़ पाया। चुप रहा। भैरव जी शेखर बात करते रहे।

आख़िर में मैंने कहा—''अच्छा भैरव जी चलता हूँ। आप कुछ नाराज़ हैं।''

''मैं तुम पर क्यों नाराज़ हूँगा। तुम कौन बड़ी हस्ती हो कि मैं तुम्हारे ऊपर नाराज़ हूँगा।''

''नहीं, आप नाराज़ हैं।''

''सोचो मैं क्यों नाराज़ हूँ।''

''मेरा समझ में कुछ नहीं आ रहा है भैरव जी।''

''दिमाग़ पर ज़ोर डालो।''

मैं अवाक्।

''मैंने तुम्हें बब्बू की शादी में बारात में चलने को कहा था। मैंने रिजर्वेशन करा लिया था। गाड़ी छूटने के 2 मिनट पहले तक मैं तुम्हारा गेट पर इन्तज़ार करता रहा। तुम नहीं आये। अपने को क्या समझते हो तुम।''

मैं 'भैरव जी, भैरव जी' कहने और हकलाने लगा।

लेकिन होता क्या। चाय नहीं मिली। पानी भी नहीं। शेखर ने चाय कहीं पिलायी

या नहीं याद नहीं। मुझे लगा जो कुछ हुआ उससे प्रिय कथाकार शेखर जोशी प्रमन हुए। खींच-खींच कर बोलने वाली, जम्हाई लेते हुए बोलने वाली शैली में कहा—

''अरे भैरव जी हैं कुछ दिन में ठीक हो जाएँगे।''

भैरव जी ठीक शायद हो जाते, अगर इमरजेंसी न आ गई होती। पता नहीं कैसे वे कुछ घंटों के लिए हवालात में बन्द न कर दिए गए होते। और मैं इस घटना से इतना अनजान न रहता कि इलाहाबाद गया, प्रगतिशील लेखक संघ की शाखा खोली और भैरव जी से मिलने तक नहीं गया, क्योंकि एक तो मुझे भय था कि उनका गुस्सा अभी ठंडा नहीं हुआ होगा। दूसरे मैं जानता था कि वे भारतीय कम्युनिस्ट पार्टी की नीतियों से घोर असन्तुष्ट हैं। उन्हें इसी बीच पकड़ लिया गया। किस कारण यह आज तक नहीं खुला। मुझे यह बात मार्कण्डेय जी ने बहुत दिनों बाद बतायी—भैरव जी की मृत्यु के बाद। शेखर ने भी भैरव जी के हवालात में रहने की पुष्टि की। कारण क्या था—यह नहीं खुलता। आपातकाल था कुछ भी हो सकता था। यह बात भी बताई गयी कि बाहर आने में बहुगुणा ने मदद की थी। मैं इस पूरे प्रकरण से अनजान था।

आपातकाल के बाद यानी जनता पार्टी के शासनकाल के प्रारम्भिक दौर में भारतीय कम्युनिस्ट पार्टी गरीब की जोरू हो गयी थी। भैरव जी ने सार्वजनिक रूप से कहा—''तुमको मेरे घर आने की ज़रूरत नहीं है। मैं आर.एस.एस. को तुम्हारी पार्टी से बेहतर मानता हूँ।''

आपातकाल में उनके साथ जो हुआ, उसका क्षोभ तो उनके मन में था ही। मुझसे अक्षम्य अपराध यह हो गया कि मैं नवगठित राष्ट्रीय प्रगतिशील लेखक महासंघ के प्रतिनिधि की हैसियत से इलाहाबाद आया; डॉ. अजमल अजमली के साथ अमरकान्त, रवीन्द्र कालिया, अजित पुष्कल आदि के सहयोग से इलाहाबाद लेखक संघ बन गया। इलाहाबाद में लेखक संघ बने और भैरव जी से बात न की जाए। भैरव जी ने कहा—

''तुम लोग तो इन्दिरा गाँधी के 'स्टार्म टुपर्स' (कुचलने वाले दस्ते) बन गये थे। यहाँ आये और ख़बर तक नहीं की।''

भैरव जी से यह कहने की हिम्मत नहीं हुई कि—भैरव जी मीटिंगों में मैं आपकी तारीफ़ करता था। लेकिन जैसे सिगरेट पीते हुए पकड़ा जानेवाला बच्चा बाप के सामने जाने से घबड़ाता है वैसे ही मैं आपसे मिलने में घबड़ाता था।

मैं दुखी-चुप रहा। फिर कई बार इलाहाबाद गया और भैरव जी से नहीं मिला।

एक बार सुना कि भाभी जी को साँप ने काट लिया है। दौड़ा हुआ अस्पताल गया। पता चला कि ख़तरे से बाहर हैं। भैरव जी शान्त-प्रकृतिस्थ थे।

उन्होंने बेनीगंज में छोटा-सा मकान बनवा लिया था। शेखर जोशी ने समझाया—आप नाहक डरते हैं। भैरव जी आपको बहुत मानते हैं। शेखर के साथ बेनीगंज वाले

मकान में गया। भैरव जी कमज़ोर दिख रहे थे। मुस्कराकर स्वागत किया—"मकान बना लिया है, तुमने तो सुना ही होगा कि मेरे पास बहुत सोना है। हर महीने एक तोला सोना खरीदता हूँ।" यह अफ़वाह उनके बारे में मैंने सुनी थी। वे अफ़वाह उड़ानेवालों पर व्यंग्य कर रहे थे। बहुत सोनेवालों का मकान इतना छोटा-कामचलाऊ नहीं होता।

ऊपर छत पर गये। भैरव जी उसी डपटभरी आवाज़ में शेखर की बात का प्रतिवाद करते रहे। शेखर ने मार्निंग वॉक शुरू की थी। उसकी वकालत कर रहे थे।

भैरव जी कह रहे थे—"सुबह उठकर झाड़ू लगाना, पानी भरना, छोटे-मोटे कपड़े धो लेना—इतने में काफी श्रम हो जाता है—अलग से मार्निंग वॉक या कसरत की कोई ज़रूरत नहीं।" उस दिन रूह अफ्जा शरबत मिली।

सीढ़ी पर चढ़ते समय उनका पोता उनका हाथ पकड़कर चल रहा था। भैरव जी ने उसे झटककर परे कर दिया—"मुझे पकड़ कर मत चलो जी। कह दिया है न!"

भैरव जी को चक्कर खाकर गिर जाने का डर लग रहा था। वे गिरें तो बच्चा भी उनके साथ न गिर पड़े। इसीलिए उसे झटक कर डाँट रहे थे। मुझे लगा कि हम लोगों को इसी तरह सँभले रहने के लिए भैरव जी डाँटते-फटकते रहे हैं।

उनके जाने के बाद इलाहाबाद इलाहाबाद नहीं रह गया। लगता है—अमरकान्त, मार्कण्डेय, शेखर जोशी का भी बहुत कुछ भैरव जी के साथ चला गया—इलाहाबाद का ही बहुत इलाहाबाद कहीं चला गया।

वे स्वातन्त्र्योत्तर हिन्दी साहित्य के सर्वाधिक प्रभावशाली एवं निर्णायक सम्पादक थे। हिन्दी साहित्य की किसी एक विधा को कभी किसी सम्पादक ने ऐसा प्रभावित नहीं किया। यह अलग से विचार करने की बात है।

भारत-चीन लड़ाई के दौरान मैंने एक देशभक्तिपूर्ण रपट-स्केचनुमा कोई चीज़ लिखी। भैरव जी किसी कहानी पत्रिका 'युग-कथा' का सम्पादन करने वाले थे। कई पात्र अपनी-अपनी बोलियों में देश पर कुरबान होने की प्रतिज्ञा करते हैं। रचना में बोलियों की छटा-बहार थी। भैरव जी ने कहा था—"तुम भी लिखकर कुछ भेजना जी।" मैं उत्साह अतिरेक में था। भैरव जी के पास प्रकाशनार्थ भेजा। कई हफ़्ते बीत गये, कोई जवाब नहीं आया। कुछ महीनों के बाद इलाहाबाद गया और उसके बारे में पूछा तो बोले—"क्या वाहियात चीज़ भेजी थी तुमने।" दिल्ली में नयी कहानियाँ के आफ़िस में भैरव जी पूरी पोशाक—शेरवानी, खुली मोहड़ी का पाजामा, शेरवानी के ही कपड़े की टोपी और चश्मा लगाकर बैठते थे। एक नये कहानीकार आये। बड़ी देर तक लल्लो-चप्पो करते रहे। जाते समय भैरव जी से बोले—"मैंने वो कहानी भेजी थी।" "वह तो मैंने दूसरे ही दिन वापस कर दी थी"—भैरव जी ने छूटते ही कहा। नये कहानीकार का मुख-कमल मुरझाया था और भैरव जी निर्विकार। इलाहाबाद में

शाम को मंडली सिविल लाइन्स में घूम रही थी। पान की दुकान पर प्रसिद्ध कवि नरेश मेहता मिले। भैरव जी ने दुआ-सलाम होते ही कहा—"देखो, नरेश के गले में कुर्ते के नीचे रुद्राक्ष की माला पड़ी होगी। देखो-देखो।" नरेश मेहता ने कुछ जवाब दिया कि भैरव जी ने कहा—"मैंने तुम्हारी पहली ही कहानी देखकर तुमसे कह दिया था कि तुम कहानी नहीं लिख सकते। कविता लिखो, ठीक है, चलो उपन्यास भी लिखो। कोई बात नहीं। कहानी! ना! तुम्हारे बस की बात नहीं।" हम सब ही-ही करते एक तरफ़ चल दिये।

शमशेरबहादुर सिंह भैरव जी के साथ एक कहानी-पत्रिका शायद 'माया' में उपसम्पादक थे। पहले कहानियों को छाँटने का काम शमशेर जी करते थे। भैरव जी बताते थे—"जिन कहानियों को यह छपने लायक समझते थे, मैंने उन्हें कभी नहीं छापा। जैसे ही शमशेर किसी कहानी की सिफ़ारिश करते मैं उसे टोकरी में डालकर वापस कर देता।" भैरव जी ने कई बार घोषित किया है कि डॉ. रामविलास शर्मा को कहानी की समझ नहीं है। "तुम्हें यह जानकर आश्चर्य होगा कि मैंने आज तक अज्ञेय की कोई कहानी कभी नहीं छापी। एक बार श्रीपत ने ज़ोर दिया। मैंने कहानी के हाशिये पर नोट दिया—कहानी छपने लायक़ बिल्कुल नहीं है।"

भैरव जी के लिए साहित्य विशेषत: कहानी कला-कृति नहीं जीवन-कृति थी। सोवियत संघ के बाद 1949 ई. में चीन में कम्युनिस्ट सत्ता स्थापित हुई थी—संसार के सबसे बड़े देश में। वियतनाम में संघर्ष चल रहा था। भारत का स्वर्ण-युग हमारे पूर्वजों ने नहीं देखा किन्तु हमारे बच्चे उसे देखेंगे। इसके सामने सब कुछ सुखकर लगता था। जैसे स्वतन्त्रता-आन्दोलन में लोग स्वार्थ छोड़ते थे, नौकरी, पद, प्रेमिका, सुखमय घर का जीवन आदि बहुत कुछ वैसा ही एक नशा था। जवाहरलाल नेहरू कम्युनिस्ट-विरोधी नहीं थे। केरल की वामपन्थी सरकार गिराने के बावजूद उन्हें वामपन्थी अपनापे की भावना से देखते थे। इस वातावरण में भैरव जी इलाहाबाद से दिल्ली 'नयी कहानियाँ' का सम्पादन करने आये। मेरा ख़्याल है कि तब अरुणा आसफ़ अली द्वारा संचालित लिंक ग्रुप का राजकमल में आर्थिक वर्चस्व था। पैट्रियट के सम्पादक एदत नारायण थे जिन्होंने नेहरू की लेखमाला 'मार्क्सिज्म इज़ आउट आफ डेट' के खंडन में लेखमाला लिखी थी।

'नयी कहानियाँ' इलाहाबाद से निकलती थी। जानकारों का कहना है कि उसे दिल्ली लाने का एक मक़सद भैरव जी को उससे अलग करना भी था कि भैरव जी दिल्ली जाने को तैयार नहीं होंगे और अपने अक्खड़ स्वभाव के अनुसार वे डाँट-डपट कर 'नयी कहानियाँ' से अलग हो जाएँगे। लेकिन वे दिल्ली आने को तैयार हो गये। सपरिवार। 109, लूकरगंज शेखर जोशी के हवाले कर दिया। दिल्ली में

राजकमल के संचालक ओमप्रकाश ने माडल टाउन के सी ब्लॉक में उनके लिए किराये के मकान की व्यवस्था करा दी। शुरू में भैरव जी अकेले आये।

इसी बीच शेखर जोशी दिल्ली आये। हम दोनों भैरव जी से मिलने उनके मॉडल टाउन स्थित मकान को ढूँढ़ने निकले। पता न उन्हें मालूम न मुझे। इतना मालूम कि वे आज़ादपुर से लगे सी ब्लाक में हैं। बड़ी देर तक ढूँढ़ते-ढूँढ़ते हलकान हो गये। सहसा एक मकान के सामने रुककर शेखर जोशी बोले—इसी में भैरव जी रहते हैं। मकान में ताला लगा था। ताला पुराने ज़माने का जिसमें कलछुल जैसी लम्बी चाभी ऐंठ कर ताला खोला जाता था—शेखर अपनी सहज शैली में धीमे से बोले—"भैरव जी ने ऐसा ताला लगाया है जो नेम प्लेट का भी काम करे।" शेखर भैरव जी का वह ताला इलाहाबाद से ही पहचानते रहे होंगे।

भैरवप्रसाद गुप्त ने 1959-1962 के तीन वर्षों में 'नयी कहानियाँ' का ऐतिहासिक सम्पादन किया। अमरकान्त, भीष्म साहनी, शेखर जोशी, निर्मल वर्मा, कृष्णा सोबती, उषा प्रियवंदा, मोहन राकेश, कमलेश्वर, राजेन्द्र यादव, मार्कण्डेय, शिवप्रसाद सिंह, विद्यासागर नौटियाल आदि उसके लेखक थे। परसाई उसमें नियमित लिखते थे। शायद रवीन्द्र कालिया की कहानी, 'नौ साल छोटी पत्नी' उसी में छपी। कहानी को हिन्दी साहित्य में पहली बार केन्द्रीय विधा का स्थान मिला। एक बात और हुई। भैरव जी के सम्पादन में 'नयी कहानियाँ' ने एक अभूतपूर्व कहानी-आलोचक का निर्माण किया यानी नामवर सिंह का। 'कहानी : नयी कहानी' में उन्होंने एकाधिक बार कहा है—मैं कविता का पाठक रहा हूँ। कविता के क्षेत्र से घसीट कर उन्हें कहानी का पाठक-आलोचक बना देना—भैरव जी द्वारा सम्पादित 'नयी कहानियाँ' का ही काम था। भैरवप्रसाद गुप्त ने कहानी सम्पादक के रूप में लगभग एक दर्जन श्रेष्ठ कहानीकार ही हिन्दी को नहीं दिये। 'हिन्दी कहानी का एक अभूतपूर्व आलोचक भी दिया।' 'दिया' शब्द कुछ लोगों की दृष्टि में आपत्तिजनक या अतिरंजित हो सकता है। इसलिए अपना आशय स्पष्ट कर रहा हूँ। भैरव जी ने सम्पादक के रूप में अपनी जेब में से निकालकर कहानीकार या आलोचक हिन्दी साहित्य को नहीं दिये। कहानीकारों और आलोचक डॉ. नामवर सिंह की क्षमता-सम्भावनाओं को पहचाना। उनसे लिखवाया, उन्हें सलाह-मशविरा दिया और उचित रूप में उन्हें 'नयी कहानियाँ' के पृष्ठों पर प्रस्तुत किया। यदि इन रचनाकारों और डॉ. नामवर सिंह से उनका सम्पादन के दौरान जो पत्र-व्यवहार हुआ है, वह प्रकाशित हो जाये तो कुछ प्रकाश पड़ सकता है। मैं अपने व्यक्तिगत अनुभव से जानता हूँ कि जिनसे लिखवाना होता था उसे वे अतीव प्रोत्साहन के पत्र लिखते थे। वे पत्र निहायत आत्मीयता की शैली में लिखे जाते थे। वे सलाह भी देते थे। विषय भी सुझाते थे, पारिश्रमिक की भी बात

कर देते थे। रचनाओं को काटते-छाँटते-सुधारते थे। और आज तो बहुत आश्चर्यजनक लगता है कि 'नयी कहानियाँ' में मुद्रण-त्रुटियाँ नहीं होती थीं। 'नयी कहानियाँ' में नामवर जी के स्तम्भ का नाम था 'हाशिये पर'। 'हाशिये पर' आलोचक की विनम्रता का द्योतक था तो सम्पादक के आत्मविश्वास का। 'हाशिये पर' की टिप्पणियों की व्यापक प्रतिक्रिया हुई जिसमें अश्क, शिवप्रसाद सिंह आदि ने तीखी प्रतिक्रिया की। भैरव जी नामवर जी के विरुद्ध प्रतिक्रियाओं को भी समुचित महत्त्व देकर छापते। उस व्यापक वाद-विवाद से कहानी और नयी कहानी का रूप और अन्तर काफी स्पष्ट हुआ। नामवर जी की पुस्तक 'कहानी : नयी कहानी' का आधार 'हाशिये पर' लिखे गये लेख ही हैं।

कविता के पाठक और आलोचक, 'पृथ्वीराजरासो' की भाषा पर शोध-प्रबन्ध प्रस्तुत करनेवाले, 'छायावाद', 'इतिहास और आलोचना', आधुनिक साहित्य की प्रवृत्तियाँ' के लेखक कहानी की ओर कैसे उन्मुख हुए इस पर नामवर जी ने कोई प्रकाश नहीं डाला है। कमलेश्वर ने लिखित रूप से और मार्कण्डेय ने वाचिक रूप से प्रकाश डाला है। खुद भैरव जी ने एक बार मुझसे इस बारे में कुछ बताया है। कमलेश्वर का कहना है कि हमें एक आलोचक की ज़रूरत थी और नामवर जी को हम कहानीकारों ने कहानी-आलोचक बनाया। मार्कण्डेय इसका श्रेय तत्कालीन इलाहाबादी शुभचिन्तकों को देते हैं। जिन्होंने नामवर जी को सूत्र दिये, किताबें मुहैया कीं और कहानी पर गम्भीर विचार-विनिमय किया। भैरव जी भी कुछ इसी प्रकार की बात करते थे। भैरव जी ने कहानी-आलोचक के रूप में श्री धनंजय वर्मा की भी प्रशंसा की है।

जो तय है वह यह कि कहानी मित्रों के सत्परामर्शों का लाभ उठाते हुए नामवर जी ने कहानी पर लिखा। इन समर्थ कहानी-मित्रों के सत्परामर्शों का लाभ उठाकर किसी और ने 'कहानी : नयी कहानी' जैसी किताब नहीं लिखी। लेखक मानते हैं कि सत्यपरामर्श बहुत मूल्यवान होते हैं, प्रेरणा बहुत बड़ी चीज़ है किन्तु लेखन-प्रक्रिया में लेखक की अपनी निजता लथ-पथ होती है। उस्ताद दाँव बताते हैं लेकिन अखाड़े में हड्डी-पसली कुश्ती लड़ने वाले की टूटती है। इसके बावजूद भैरव जी ने जिस तरह उस ऐतिहासिक विवाद की योजना को क्रियान्वित किया उसके लिए उन्हें श्रेय न देना कृतघ्नता होगी। 'कहानी : नयी कहानी' भैरव जी को समर्पित है।

'कहानी : नयी कहानी' में कहानी आलोचना की प्रविधि बदल दी गयी है, अलग-अलग तत्त्वों में व्याप्त कहानीपन को रेखांकित किया गया है यानी कहानी का आदि-मध्य-अन्त सिर्फ आदि-मध्य-अन्त में नहीं रहता वह सर्वत्र होता है। एक जैविक संरचना की तरह। कहानी छोटे मुँह बड़ी बात करती है। सीमा में असीम, खंड में अखंड की बात करती है। ''हमारे सन्त कवियों ने इसी तरह पिंड में ब्रह्मांड

का दर्शन कराया था और भक्त कवियों ने मानव-चरित्र के भीतर विराट की लीला को उद्‌भासित किया था।" "एक समर्थ कहानीकार किस प्रकार जीवन की छोटी-सी छोटी घटना में अर्थ के स्तर-स्तर उद्‌घाटित करता हुआ उसकी व्याप्ति को मानवीय सत्य की सीमा तक पहुँचा देता है। ऐसे अर्थगर्भत्व को मैं सार्थकता कहता हूँ।" (पृ. 26, 'कहानी : नयी कहानी', 1994 संस्करण)। हिन्दी आलोचना में कहानी की ऐसी गम्भीर विश्लेषण पद्धति पहली बार प्रस्तावित की गयी जो सार्थकता को परिभाषित करती है और उसकी तलाश करती है। इस किताब में कहानियों की व्याख्या इस विश्लेषण पद्धति का व्यावहारिक रूप है। इस किताब के बाद कहानी-आलोचना की एक अन्य गम्भीर पुस्तक डॉ. सुरेन्द्र चौधरी की आयी। धनंजय वर्मा की कहानी-आलोचना को भी भैरवप्रसाद गुप्त के सम्पादक व्यक्तित्व से जोड़ा जा सकता है।

मैं नहीं जानता कि भैरव जी 'कहानी : नयी कहानी' से कितना सहमत थे कितना असहमत। बाद में उन्होंने निर्मल वर्मा के साम्यवाद विरोधी विचारों के विरुद्ध काफी कड़ा लिखा।

भैरव जी 'नयी कहानियाँ' का सम्पादन केवल तीन वर्षों तक (1959-62) ही कर पाये। इसके बाद पत्रिका और नयी कहानी आन्दोलन दोनों लड़खड़ा गये।

भैरव जी का 'नयी कहानियाँ' के सम्पादक रूप में दिल्ली आना महत्त्वपूर्ण था। 'नयी कहानियाँ' का सम्पादन त्याग कर दिल्ली से जाना कम महत्त्वपूर्ण नहीं था।

कैसे?

पहले 'सरस्वती' सम्पादक आचार्य महावीर प्रसाद द्विवेदी से सम्बन्धित एक छोटी-सी घटना। द्विवेदी जी की ट्रेन किसी स्टेशन पर रुकी तो एक सज्जन ने उन्हें पान खिलाया। द्विवेदी जी ने पान मुँह में रख लिया। गाड़ी उस स्टेशन पर बहुत थोड़ी देर रुकती थी। गाड़ी चलने लगी तो उन सज्जन ने कहा—"आचार्य जी मेरा नाम अमुक है। मैंने 'सरस्वती' की सेवा में एक कविता भेजी है।" द्विवेदी जी के मुँह में पान का कूचा बचा हुआ था। उसे निकाल हाथ से बाहर फेंकते हुए कहा—"तो आपने इसलिए मुझे पान खिलाया था? लीजिए मैं उसे बाहर फेंके देता हूँ।"

राजकमल के सर्वेसर्वा ओमप्रकाशजी थे। ओमप्रकाश कल्पना-प्रवण, पढ़े-लिखे समझदार प्रकाशक थे। राजकमल प्रकाशन की जो प्रतिष्ठा है उसमें सर्वाधिक योगदान उनका है। वे एक महिला की कहानी 'नयी कहानियाँ' में छापने का आग्रह कर रहे थे। महिला किसी आयकर अधिकारी की पत्नी थीं। भैरव जी ने छापने से मना कर दिया। ओमप्रकाश ने समझाया—"भैरव जी! मुझे काम-काज के सिलसिले में इन अधिकारी से काम पड़ता है। छाप दीजिए। एक खराब कहानी छप गयी तो भी पत्रिका का क्या बिगड़ जाएगा।" भैरव जी ने इस दृश्य का वर्णन अपने उपन्यास

'अन्तिम अध्याय' में किया है। कल्पित नाम से। मुझे इस समय वह उपलब्ध होता तो यहाँ उद्धृत करता। ख़ैर, भैरव जी ने कहा, "तुम अपनी सीमा में रहो। तुम सम्पादक नहीं हो और मैं इस कहानी को नहीं छापूँगा।" ओमप्रकाश ने पैट्रियट के यशस्वी एवं सम्मानित सम्पादक एदत नारायन से भैरव जी की मुलाकात करायी। एदत नारायन ने कहा, "छाप दीजिए।" भैरव जी ने कहा—"आप पैट्रियट में गोलवलकर का बयान प्रमुख शीर्षक देकर छाप दीजिए।" पैट्रियट सम्पादक ने कहा—"मैं यह कैसे कर सकता हूँ?"

"तो मैं यह कैसे कर सकता हूँ?"

"भैरव जी, आख़िर आपका मामला साहित्य का है, कोई राजनीतिक तो है नहीं।"

"एदत जी, आप लोग साहित्य की महत्ता नहीं जानते तो उसमें टाँग क्यों अड़ाते हैं। मैं अपनी पत्रिका के पाठकों के प्रति जवाबदेह हूँ। मैं उन्हें धोख़ा नहीं दे सकता।"

नतीजा वही हुआ जो होना था। भैरव जी को 'नयी कहानियाँ' का सम्पादन छोड़ना पड़ा।

भैरव जी के लिए कहानी जीवन-कृति, जीवन-आचरण थी। वे साहित्यिक मूल्यों के लिए त्याग कर सकते थे। इसके बिना आप कोई आन्दोलन नहीं खड़ा कर सकते।

यारों ने उन्हें एक झटका और दिया। 'नयी कहानियाँ' से हटने के बाद भैरव जी फ़ौरन इलाहाबाद नहीं गये। दिल्ली रुके रहे। 'युग-कथा' नाम से कहानियों की एक और पत्रिका का सम्पादन करने की बात तय हुई। मालिक थापर थे। नहीं कह सकता कि ये थापर वही प्रसिद्ध उद्योगपति थापर थे या कोई और। तय यह हुआ कि भैरव जी 'युग-कथा' इलाहाबाद से निकालेंगे। सब कुछ तय करके भैरव जी इलाहाबाद के लिए रवाना हुए। उन्हें छोड़ने स्टेशन तक मैं गया। जाते समय मकान-मालकिन से किच-किच हुई। किच-किच होने पर केवल अजित कुमार थे। वे स्टेशन नहीं गये। रास्ते में भैरव जी ने मुझे बताया कि "युग-कथा की बात हो गयी है। प्रवेशांक की सामग्री जुटा ली है। उसमें पहली कहानी कृष्णा सोबती की है 'मित्रो मरजानी।' लम्बी कहानी है। बहुत अच्छी है।" कृष्णा जी के बारे में, उनकी पोशाक, रहन-सहन के बारे में भैरव जी बहुत देर तक बात करते रहे। प्रशंसा के स्वर में। मेरे मन में उन्होंने इस कहानी और कृष्णा जी के बारे में उत्सुकता पैदा कर दी। स्टेशन पर एक अधेड़ आदमी झोला लिये हुए आया। उसने भैरव जी को एक काग़ज़ थमाया। भैरव जी ने बताया कि ड्राफ्ट है।

लेकिन 'युग-कथा' नहीं निकली। ओमप्रकाश जी अच्छे मित्र और बुरे शत्रु थे। उन्होंने मोहन राकेश के साथ मिलकर 'युग-कथा' के मालिक थापर को ऐसा भरा

कि पत्रिका नहीं निकल पायी। 'युग-कथा—का प्रवेशांक छपकर तैयार हो गया था। वह पत्रिका के रूप में नहीं पुस्तक के रूप में धारा प्रकाशन, इलाहाबाद से प्रकाशित हुआ। धारा प्रकाशन भैरव जी का ही था। पुस्तक का नाम—'मित्रो-मरजानी तथा अन्य कहानियाँ' सम्पादक भैरवप्रसाद गुप्त। 'मित्रो मरजानी' के अलावा उसमें अमरकान्त की 'छिपकली' भी थी। कृष्णा सोबती की उत्कृष्ट कहानी मैंने उसी में पढ़ी। बहुत दिनों तक वह मेरे मन पर छाई रही। 'मित्रो' जैसा चरित्र हिन्दी में कोई दूसरा नहीं। एकाध-वर्षों के बाद मैंने उस पर एक लेख लिखा। मेरी पत्नी को भी वह कहानी बहुत पसन्द आयी थी। उनकी रुचि मेरे लेखन में नहीं के बराबर है। लेकिन जब मैं मित्रो मरजानी पर लिख रहा था तो झाड़ू लगाते हुए उन्होंने देख लिया। झाड़ू लगाते-लगाते ही मुझसे बोली—"मित्रो मरजानी पर लिख रहे हो, अच्छा लिखना।"

'युग-कथा' का प्रकाशन जिस तरह से रोका गया, भैरव जी बहुत निराश हुए। कहते थे—"अब जो करना होगा स्वयं करूँगा। किसी और के सहारे, उसकी नौकरी करके नहीं।" भैरव जी मर-खपकर प्रतिबद्धता के साथ काम करते थे। पत्रिका यशस्वी होती थी। पाठक तैयार करते थे। पत्रिका के अध्ययन से नये प्रतिभाशाली कहानीकार उदित होते थे। लेकिन पैसेवाला मालिक कुछ भी मन-माफ़िक न होने पर उन्हें दूध की मक्खी जैसा निकाल कर बाहर फेंक देता था। जिस पौधे को भैरव जी ख़ून-पसीने से सींचते थे, पुष्पित, फलित करते थे वह उन्हीं के सामने काटकर फेंक दिया जाता था। और हिन्दी के ही कहानीकार उसमें सहयोग करते थे। पैसा विजयी होता था, मेहनत, लगन, प्रतिबद्धता, युगप्रवर्तक सम्पादन अपमानित, दलित होता था। भैरव जी की हार उन्हें अपनी व्यक्तिगत हार ही नहीं लगती थी। उन्हें लगता जैसे समाजवाद हार रहा है। समाजवाद को पूँजीवाद ने हरा दिया हो। वे विक्षुब्ध, निराश होते थे। वैयक्तिक सफलता-असफलता भी उन्हें विक्षुब्ध करती होगी। किन्तु थोड़ी देर के लिए। उससे वे अपने मन को जल्दी समझा लेते थे। कहानी का सम्पादन उनका मिशन था जिसे वे समाजवादी आन्दोलन से जोड़ते थे।

एक पत्रिका 1970-71 के आसपास उन्होंने और निकाली—'समारम्भ'। 'समारम्भ' की चर्चा मैं इसलिए भी कर रहा हूँ क्योंकि उससे थोड़ा मेरा भी सम्बन्ध है नौसिखुआ लेखक के रूप में और भैरव जी द्वारा सम्पादित वही एक पत्रिका है जिसमें मेरा लेख छपा है। जिन दिनों वे पत्रिका निकालने की योजना बना रहे थे उन्हीं दिनों बच्चन की आत्मकथा का प्रथम खंड 'क्या भूलूँ क्या याद करूँ' प्रकाशित हुआ था। उसे पढ़कर मुझे बहुत क्षोभ हुआ था। उसका गद्य अच्छा था। किन्तु बच्चन ने अपनी सभी

प्रेमिकाओं के सम्बन्धों की चर्चा बहुत रस लेकर और परपीड़क पद्धति से की थी। उनमें से अधिकांश माँ, पत्नी आदि के रूप में जीवित थीं/हैं। अपने प्राय: सभी मित्रों के किसी-न-किसी दोष का वर्णन-चित्रण किया था। प्रचंड आत्मौचित्य के साथ। बच्चन परिवार की नेहरू परिवार से निकटता प्रसिद्ध थी। इन्दिरा जी प्रधानमन्त्री थीं। जले पर नमक यह कि हिन्दी के महास्तम्भों—यहाँ तक कि गुरुवर आचार्य हजारी प्रसाद द्विवेदी ने भी उसकी प्रशंसा की। मैं बहुत जला-भुना। भैरव जी से मैंने अपना क्षोभ व्यक्त किया। उन्होंने कहा—''तुम इस किताब की समीक्षा करो 'सम्मारम्भ' के लिए।'' बहुत प्रोत्साहन देते हुए उन्होंने कहा—''तुम 'समारम्भ' के अंकों में नियमित लिखो। मैं जानता हूँ तुम्हारी हर रचना हिट होगी। तुम्हारे पान का खर्चा हमारे ज़िम्मे।'' मैंने कहा—''भैरव जी! मैं बहुत तेज़ लिखना चाहता हूँ। आप छापेंगे न!'' भैरव जी ने कहा—''तुम क्या कहते हो! तुम चाहे जितना तेज़ लिखोगे शिकायत यही रहेगी कि और तेज़ क्यों नहीं लिखा।''

ख़ैर लेख मैंने लिखा—'पातक पुराण का हीरो' भैरव जी ने उसे संशोधित किया। मैंने लेख में बच्चन का उल्लेख 'बच्चन जी कहते हैं', 'बच्चन जी गये' लिखा उन्होंने संशोधन किया 'बच्चन कहता है', 'बच्चन गया'। मैंने तेजी जी के बारे में कुछ नहीं लिखा था, नेहरू परिवार से उनकी निकटता का केवल भद्र उल्लेख किया था, भैरव जी ने जोड़ दिया—जो कुछ ज़्यादा ही स्पष्ट था। अब क्या कहूँ। लेख काफ़ी पढ़ा गया। उस लेख को लोगों ने सराहा। सिर्फ़ द्विवेदी जी ने कहा—''तुम्हीं रह गये हो सफाई करने के लिए।'' नामवर जी ने सावधान किया—''बस अब और ऐसे लेख मत लिखिएगा।''

भैरव जी मगन। बोले, ''हाँ जी तुम्हारा लेख लोग कॉफी हाउस में चुभला रहे हैं। और अब व्यंग्य का ज़माना गया। अब सालों को सीधे डंडा मारो। सालों की... में बाँस कर दो।'' मैंने कहा, ''भैरव जी! बच्चन जी मुकदमा न कर दें।'' भैरव जी ने कहा—''मैं पलट कर एक सौ एक मुकदमे न ठोकवा दूँ तो नाम नहीं।''

कुछ दिनों बाद श्रीमती प्रकाशवती पाल (आदरणीय यशपाल जी की पत्नी) ने कॉफी हाउस में श्री प्रदीप पन्त के मार्फत बुलवाया। वे एक पुलिन्दा लायी थीं। ''इसे ले लीजिए, पढ़कर बच्चन के बारे में एक किताब लिख दीजिए। यशपाल जी ने आशीर्वाद भेजा है।'' प्रकाश जी की बातचीत का लहजा मुझे अच्छा नहीं लगा। मैं बच्चन जी का सदैव आदर करता रहा हूँ। जो शिकायत मुझे थी मैंने लिखकर प्रकट की। बस। ''यह सब मुझसे नहीं होगा।'' मैंने कहा और प्रणाम करके विदा ली।

उस लेख के कारण ओमप्रकाश जी के मैं बहुत निकट हो गया। वे बहुत खुश हो गये। बोले—''आप जो भी लिखेंगे मैं छापूँगा।'' मैं पुलकित। तब तक

ओमप्रकाश जी भैरव जी में बातचीत होने लगी थी। भैरव जी ने मुझे समझाया—"यह आदमी अपनी पसन्द के लेखक पर पैसा खर्च कर सकता है लेकिन बच के रहना, यह उन्हें जगह-बेजगह उलझा भी देता है।"

ख़ैर, ओमप्रकाश जी ने मुझे अविस्मरणीय स्नेह अपनापा दिया। 'लोकवादी तुलसीदास' छापी। और भी कई पुस्तकों की योजना बनी। वे बहुत जल्दी चले गये।

'समारम्भ' किसी तरह दो अंक निकला। जहाँ तक मेरी जानकारी है इसके बाद भैरव जी ने सम्पादन में हाथ नहीं लगाया। अब ज़माना बदल गया था। पैसे वालों को पत्रिकाओं के लिए ईमानदार सम्पादकों की ज़रूरत नहीं रह गयी थी। अब उन्हें सम्पादकों के रूप में सम्पर्क-सूत्रों की जरूरत थी। खाली जगह लघु पत्रिकाओं ने भरना शुरू कर दिया था अपनी कमियों-ख़ामियों के बावजूद।

वामपन्थी बुद्धिजीवियों के बीच भैरव जी का क्या सम्मान था, यह इसी बात से प्रकट हो जाता है कि ये नवगठित लेखक-संगठन जनवादी लेखक संघ के महासचिव चुने गये। उन्होंने विनम्रतापूर्वक यह पद-भार स्वीकार किया। उनका महासचिव बनना संगठन के लिए वरदान सिद्ध हुआ। संगठन ने प्रारम्भिक दिनों में उन्हें पाकर अपनी जड़ें जमा लीं। उसका अप्रत्याशित गति से विकास हुआ। भैरव जी मार्क्सवाद से प्रतिबद्ध थे। लेकिन लेखकीय स्वतन्त्रता एवं स्वायत्तता के प्रबल पक्षधर थे। बाहर पार्टी के सदैव समर्थक बने रहे किन्तु लेखक के रूप में वे अन्दरूनी तौर पर पार्टी नेताओं का कई मुद्दों पर सख़्त विरोध करते थे। वे कहते थे कि पार्टी लेखकों पर उचित ध्यान नहीं देती है। सुना है कि कामरेड हरकिशन सुरजीत से एक बार उनकी खासी झड़प हो गयी थी।

सोवियत-संघ के विघटन ने अन्दर से कहीं काफी हताश कर दिया था। कामरेड स्तालिन क्रूर थे, यह उन्हें स्वीकार्य नहीं हो सकता था। छठे दशक में भैरव जी सोवियत-संघ, चीन, खमेर रुज, कोरिया, कामरेड स्तालिन, कामरेड माओ त्से तुंग के बारे में बातें करते हुए विभोर हो जाते—कामरेड माओ जब कामरेड स्तालिन से मिले तो चीन की क्रान्तिकारी रणनीति के विषय में मतभेद था। कामरेड माओ कहते—कामरेड स्तालिन! चीन में रूस की नीति नहीं चलेगी। हमारे यहाँ परिस्थिति भिन्न है। आख़िर में कामरेड स्तालिन ने उनकी बात मान ली। कहा—'आल राइट कामरेड, गो आन आई ब्लेस यू, आई ब्लेस यू।' ऐसे रोब से बोलते मानो वे भैरवप्रसाद गुप्त न हों कामरेड स्तालिन हों। उन्हें सोवियत-संघ चीन का फसाद समझ में नहीं आता था। कहते—सोवियत-संघ और चीन मिल गये तो अमरीका फूँ से उड़ जाएगा।

बातचीत में उनकी तन्मयता कभी-कभी ज़्यादा हो जाती। देशकाल का अन्तर मिट जाता, मुहावरे भी अन्तर्राष्ट्रीय से ठेठ इलाहाबादी हो जाते। खुश्चोफ (हम

ख्रुश्चेव कहेंगे) संयुक्त राष्ट्र संघ की महासभा में भाग लेने सीधे न्यूयार्क गये। बीच में बेजिंग नहीं उतरे। कामरेड माओ से नहीं मिले। भैरव जी ख्रुश्चेव से ख़ासतौर पर नाराज़ रहते थे। बोले—''साला पेकिंग नहीं उतरा। क्यों नहीं उतरा जानते हैं?''

हम चुप।

—''उतरता तो कामरेड माओ साले को लगाते पचास जूते।''

भैरव जी लिन पिआओ के भी विरोधी हो गये थे। अमरकान्त ने दबी ज़बान से कहा—''अब बताइए भैरव जी रातोंरात लिन पिआओ देशद्रोही हो गया। उड़ा दिया उसे।''

''तुम क्या जानते हो जी। मैं लिन पिआओ को शुरू से जानता हूँ।''

हमने साँस रोककर हँसी रोकी। भैरव जी से लिन पिआओ की भेंट कहाँ हुई? हँसी न रुकती तो गज़ब हो जाता।

शेखर बता रहे थे कि कहीं कामरेड स्तालिन की प्रशंसा में कुछ छपता भैरव जी ग़ौर से पढ़ते, बातें करते। गोर्वाचेब के अन्तिम दिनों में उसके विरुद्ध एकाध दिनों के लिए विद्रोह या विद्रोह का नाटक हुआ तो भैरव जी ने शेखर से कहा—अब सब ठीक हो जाएगा।

भैरव जी जैसे प्रतिबद्ध वामपन्थियों के आख़िरी दीन ऐतिहासिक यातना में गुज़रे या गुजर रहे हैं। समाजवाद ने सुखद व्यवस्था का स्वप्न दिखाया था। स्वप्न वास्तविक हो गया था—कम से कम ऐसा समझा जाता था। सोवियत-संघ में दुर्व्यवस्था है, लोग असन्तुष्ट हैं—यह सब सी.आई.ए. का प्रचार माना जाता था। चीन और सोवियत-संघ के झगड़े को कभी गम्भीरता से नहीं लिया गया—यही कि भाइयों का झगड़ा है, ख़त्म हो जाएगा। यद्यपि जो लोग सोवियत-संघ जाते थे या जो सोवियत दूतावासों में आते-जाते थे वे कानाफूसी करने लगे थे। 1946 में जब मैं मास्को गया तो वहाँ हालात काफी बिगड़े लगते थे। लेकिन यह किसी ने नहीं सोचा था कि सोवियत कम्युनिस्ट पार्टी के महासचिव गोर्वाचेब ही कम्युनिस्ट पार्टी भंग कर देंगे।

भैरव जी जैसे लोगों को इसने तोड़ दिया होगा। इस सबका जो प्रभाव भारतीय राजनीति और समाज पर पड़ा वह और विषम था—

जीवन मैं गया हार!

भैरव जी की पहली जैसी हँसी, पहला आत्म-विश्वास ग़ायब हो गया। वे जरूर मन को समझाते रहे होंगे—राज्य-सत्ता का चले जाना, विचारधारा की हार नहीं है लेकिन इतिहास की प्रथम समाजवादी सत्ता का ध्वंस होना कोई ऐसी घटना नहीं थी जिसे हजम किया जा सके।

भैरव जी ने स्वाधीनता आन्दोलन में भी भाग लिया था। जेल गये थे, पढ़ाई

छोड़ी थी। जीवन में कोई स्थायी नौकरी नहीं की। कैरियर नहीं बनाया। कुआँ खोद कर पानी पिया। किसके सहारे। इस आशा पर कि मानवता का स्वर्ण युग अतीत में नहीं भविष्य में है। हमारे पूर्वजों ने उसे नहीं देखा हमारे बच्चे उसे देखेंगे। भैरव जी अपने साहित्य के विषय में बातें नहीं करते। यद्यपि उनके उपन्यासों बहुत अच्छे हैं। उनकी कला उनके उपन्यासों में अधिक निखरी है। उनके पात्र अपनी ज़मीन पर खड़े होकर आजीवन उसके लिए संघर्ष करते हैं। 'गंगा मैया' जैसा उपन्यास भैरव जी ही लिख सकते थे। 'धरती' में अपनी जमीन के छूटने की भयावह स्थिति की आशंका व्यक्त हुई है। पूँजीवाद किस तरह मनुष्य की मनुष्यता छीन रहा है—इसका संकेत। जो कुछ घटित हो रहा था वह आशा के विपरीत था। समाजवाद के स्वप्न के चूर-चूर होने के साथ स्वाधीनता आन्दोलन के दौरान देखा गया स्वप्न भी भंग हुआ।

अपने साहित्य की बात उठने पर भैरव जी कहते—"हम लोगों के साहित्य का उचित मूल्यांकन समाजवाद की स्थापना के बाद होगा।"

यही बात वे अपने परिवार, सन्तान के बारे में भी सोचते रहे होंगे। कोई बेकार, नहीं रहेगा। सबके पास काम होगा, अपना मकान होगा! लड़की की क्या चिन्ता! समाजवाद तो आएगा ही, उसे मास्को, पेकिंग, कलकत्ता के रास्ते लन्दन पहुँचना है, पेकिंग आ गया है अब कलकत्ता पहुँचना है—

वह सुर्ख सवेरा आता है।

फिर लड़की की शादी वगैरह की समस्या हल हो जाएगी। बब्बू को नौकरी मिल जाएगी। बुढ़ापे की क्या चिन्ता समाजवाद में। जीवनभर ईमानदारी से संघर्ष करनेवाले साहित्यकार का उचित सम्मान होगा।

लेकिन समाजवाद नहीं आया। जहाँ आया था वहाँ से ही चला गया। भैरव जी किस लाड़-प्यार से अपनी बिटिया को आवाज़ देते थे। वह सब मुझे दिखाई-सुनाई पड़ रहा है।

भैरव जी की मृत्यु अपनी बेटी के घर पर अलीगढ़ में हुई। फेफड़ा अन्दर ही अन्दर चलनी हो गया था। बाहर से पता नहीं चलता था। बहुत दिनों तक रोग-शय्या पर नहीं पड़े। सेवा नहीं करायी। जो कुछ अन्दर से सहा, झेला। बाहर लोगों के दिखने में रोग-शोक नहीं था।

समाजवाद का न आना कितना यातनामय है।

हक़ अदा न हुआ

नामवर जी अभी युवक लगते हैं। तब तो लगता था मानो अभी खेत में कुदाल चला के आये हैं—पसीना पोंछकर। सफेद खादी का कुर्ता, धोती, चप्पल पहनकर क्लास लेने। चौड़ा, सीना, लमछर शरीर, नातिगौर वर्ण, कसके भाँजी हुई रस्सी की तरह तनी खुरदरी खाल, व्यवहार में गँवई आत्मीयता।

आचार्य हजारी प्रसाद द्विवेदी कहते-'कमुन्नों से घिरा रहता है बेकार की बातों में।' मैं आज तक नहीं समझ पाया उनके शब्द-कोश में 'कमुन्ना' का क्या अर्थ था। एक कविता भी लिखी थी उन्होंने—'मैं बच्चों का बाप कमुन्ने।''

यह 1953 के आसपास का जमाना था। नामवर जी हमें एम.ए. (हिन्दी में) अपभ्रंश पढ़ाते थे। बेहद विद्यार्थी-प्रिय अध्यापक थे वे। उनकी क्लास खचाखच भरी रहती। जिधर से निकलते—'नामवर जी आ रहे हैं, नामवर जी आ रहे हैं' की फुसफुसाहट होती। तब नामवर जी काशी में आचार्य हजारी प्रसाद द्विवेदी के अन्यतम प्रिय शिष्य थे और हमारे अध्यापक।

मुझे याद है कि मुझ पर उनकी शीघ्र ही कृपा हो गयी थी। शायद मेरी साधनहीनता के कारण। मैं साधनहीन तो था ही तब, एकान्तप्रिय भी था। बनारस नया-नया पहुँचा था। किसी से बात करने का मन ही नहीं करता। नामवर जी से ख़ूब चहकता शायद हँसता बहुत था क्योंकि उन्होंने मेरा पहला नामकरण किया था—बालखिल्य मुनि।

एम.ए. प्रीवियस की परीक्षा में पहला पर्चा पूरा नहीं कर पाया। बहुत चिन्तित हुआ। एक और विद्यार्थी हनुमान सिंह बघेल का भी पर्चा छूट गया था। दोनों ने निश्चित किया, इम्तहान छोड़ दें। इम्तहान छोड़ दिया। बघेल ने राय दी—''प्याज काँख में दबाकर लेट जाओ, बुखार आ जाएगा।'' साधा, लेकिन बुखार नहीं आया। रोता हुआ द्विवेदी जी के पास पहुँचा! तार आया है—माँ जल गयी है। अब इम्तहान कैसे दूँ। हाय-हाय! अब क्या होगा!

द्विवेदी जी ऐसे चिन्तित हो गये मानो मेरी बात पर विश्वास ही कर लिया हो—यह तो बड़ा बुरा हुआ। ख़ैर, चिन्ता मत करो। अगले वर्ष परीक्षा देना। मैं तो आशा

कर रहा था कि तुम्हारी प्रथम श्रेणी ज़रूर आएगी। माताजी (आचार्य द्विवेदी की पत्नी) आयीं। उनके बच्चे आये। सबने सान्त्वना दी। मेरे आँसू पोंछे। घर जाने का किराया दिया।

नामवर जी शाम को बोले—इम्तहान छोड़ दिया आपने! प्रतिभा के बल पर परीक्षा देने से यही होता है। ख़ैर, जो हुआ सो हुआ। जब अगले वर्ष होस्टल में रहिए खर्चे की चिन्ता मत करिए। कहीं-न-कहीं से इन्तज़ाम हो जाएगा।

द्विवेदी जी छोटे अपराधों पर डाँटते थे, बड़े अपराध क्षमा करते थे। वे अपराधी की मन:स्थिति समझकर उपचार करते थे। लोग विद्वान् होंगे, तेजस्वी होंगे, मार्क्सवाद के विश्वस्तरीय सिद्धान्तकार होंगे, किन्तु उस देवतुल्य गुरु के समान मनुष्य नहीं हैं। बहुत दिनों बाद, लगभग 20 वर्ष बाद पता चला कि मेरे आँसू पोंछकर 15 रुपये देकर विदा करने के बाद अन्दर जाकर आचार्य अट्टहास करके हँसे थे—"बच्चा है और मुझे भी बच्चा समझ रहा है।" जब यह सुना तब मैं फिर रोया। पहले की तरह बनकर नहीं, असल में। ऐसे थे हमारे और हमारे सतीर्थों के गुरु!

नामवर जी भी शिष्यों, मित्रों के लिए बहुत वत्सल थे। लोग उन्हें चतुर, बुद्धिमान, प्रतिभाशाली मात्र समझते थे। वे शिष्य-वत्सल और मित्र-वत्सल भी हैं। मेरा अनुभव और पर्यवेक्षण यही कहता है। उन दिनों काशी विश्वविद्यालय के हिन्दी विभाग में लोकप्रिय अध्यापक होना आसान नहीं था। पं. विश्वनाथ प्रसाद मिश्र जैसे अध्यापक वहाँ पढ़ाते थे। नामवर जी में एक गुण आज तक ज्यों-का-त्यों मौजूद है। वे विशिष्ट बन ही नहीं सकते। सब उनसे बराबरी के स्तर पर मिलते हैं। अब शायद स्वास्थ्य के कारण उन्हें सावधानी बरतनी पड़ती है।

सो हम भी उनके 'संगी' हो गये। केदारनाथ सिंह उनके मित्र-शिष्य तब भी थे। मैं उनके घर बहुत जाता। वे न रहते तो काशीनाथ सिंह से बतियाता। मैंने उन दिनों काशीनाथ सिंह को अनेक फिल्मी गाने सुनाए होंगे। काशीनाथ सिंह ने मुझे यह भी बताया—भइया एक बार नौटंकी देर तक देखते रहे थे। मिडिल की परीक्षा में देर से पहुँचे।

नामवर जी की पत्नी ऊपरी हिस्से में रहतीं। नामवर जी चाय पीते। उसके साथ नाश्ते में कुछ खाते तो काशी को उसमें से कुछ निकालकर पहले दे देते—"जाओ, देवता को दे आओ।" बहुत दिनों तक मैं देवता का मतलब नहीं समझा। बाद में पता चला कि वे अपनी पत्नी को देवता कहते हैं।

नामवर जी की आदत थी जो पढ़ते लोगों को सुनाते, उस पर बातें करते। पता नहीं कितने साहित्यकारों की कृतियों के अंश नामवर जी ने पढ़कर सुनाए होंगे। उन पर बातचीत, बहस की होगी। इससे हमारे साहित्य-संस्कार बने! कुछ दिनों तक वे

अगरबत्ती जलाकर हम लोगों को निराला पढ़कर सुनाते। मेरा ख़्याल है कि उन दिनों वे छायावाद लिखने की योजना बना रहे थे।

एक बार वे गंगा के घाट पर घूम रहे थे—पन्त की पंक्ति 'निराकर तम सहसा मानो।...' की व्याख्या बड़ी देर तक करते रहे। वह प्रकाश जिसके कारण विश्व आलोकित हो उठा है। काव्य-दृष्टि छायावादी की है। यह संसार छायावादी कवि को नयी तरह से दिखलाई पड़ रहा है। 'तम' गतकालिक काव्य संसार है आदि। बाद में यह सब उनकी प्रसिद्ध पुस्तक 'छायावाद' में आया।

एक दिन अलस्सुबह उनके घर पहुँचा। मुझे होस्टल की फीस देनी थी। मैं इस अधिकार से उनके यहाँ पहुँचा कि उन्होंने ही मुझे होस्टल में रहने के लिए कहा था। वे सो रहे थे। आँखें मींचते हुए उठे। मैंने कहा, मुझे फीस देनी है, मेरे पास पैसे नहीं हैं। उन्होंने बक्सा खोला। 60 रुपए निकाले, मुझे दिये, ले जाइए और फिर सो गये।

वे नये-नये लेक्चरार लगे थे, टेम्परेरी। उनकी पारिवारिक ज़िम्मेदारियाँ थीं। कितनी तनख़्वाह उनकी रही होगी उस वक़्त—1954 में। वातावरण में नामवर जी के विरोध की भी गूँज थी। लोग तरह-तरह की बातें करते। टुच्ची और ओछी बातें। लेकिन नामवर जी हमारे हीरो थे। हम वही ठीक समझते थे जो वे बताते। यह तो कोई नहीं कह सकता था कि वे प्रतिभाशाली नहीं हैं। और उनके भाषण तब आज से भी ज़्यादा कारगर होते थे।

नामवर जी को आप अपने बारे में अपने लेख, अपनी किताब के बारे में बातचीत करते हुए कम पाएँगे। सिर्फ़ अपने भाषण के बारे में कुछ लोगों से ज़रूर अकेले में पूछते हैं—ठीक-ठाक रहा न! कुछ अनुचित तो नहीं कहा न! उनके भाषण कैसे होते हैं यह लिखने की ज़रूरत नहीं। वे हिन्दी के श्रेष्ठ वक्ता हैं इस समय। मेरा ख़्याल है शायद किसी भारतीय भाषा में इस समय उनके टक्कर का कोई वक्ता नहीं है। यह बात अपनी सीमित जानकारी के आधार पर कह रहा हूँ। नामवर जी के भाषण की प्रशंसा स्वयं इन्दिरा गाँधी ने 'बच्चन अभिनन्दन' पर की थी—यह पूरे हाल के श्रोताओं ने देखा था। इस तरह इन्दिरा जी किसी के भाषण की तारीफ़ कम करती थीं। उन्होंने नामवर जी का भाषण पहली बार सुना था।

उनकी वक्तृता-क्षमता की चर्चा जानबूझकर सबसे पहले की है। समकालीन हिन्दी आलोचकों में नामवर जी के पहले केवल डॉ. रामविलास शर्मा का नाम लिया जाता है। डॉ. शर्मा की तुलना में नामवर जी ने बहुत कम लिखा है, उनके अल्प लेखन के साथ उनकी वक्तृता-प्रचुरता को जोड़ दीजिए। न जोड़ेंगे तो उनकी व्यापक ख्याति का आधार ढूँढ़ने में बहुत निराश होंगे।

उनकी ख्याति के बारे में एक बात को ध्यान में रखना चाहिए। अगर आप उन्हें सफल व्यक्ति मानते हैं तो भी उसी बात पर ध्यान देना होगा। नामवर जी किसी

महापुरुष या नेता या प्रोफेसर या सम्पादक के सहारे सफल या प्रसिद्ध नहीं हुए हैं। उनकी पीठ पर हाथ रखने की कोशिश किसी ने की भी हो तो पीठ ज़्यादा चिकनी थी। फ़ितरत यह थी कि जहाँ जिस शहर में होते वहाँ उस शहर के सबसे प्रसिद्ध एवं समर्थ शुभचिन्तक से ठान लेते। काशी में तत्कालीन समर्थ गुरु पं. रामव्यास ज्योतिषी, पं. रामअवध द्विवेदी, अक्षयबरलाल, गोपाल त्रिपाठी के गुट के पास नहीं हुए। त्रिलोचन शास्त्री के सहचर, अनुचर, प्रशंसक थे। नौकरी छूटी, सागर गये तो पं. नन्ददुलारे वाजपेयी से ठन गयी। आपकी उम्र सिर्फ़ 27–28 साल की। वाजपेयी जी अध्यक्ष, पं. रामचन्द्र शुक्ल, प्रेमचन्द से भिड़नेवाले, बैसवाड़े के कुलीन कान्यकुब्ज। उन्हीं के सहारे आप टेम्परेरी लेक्चरर बने थे। उन्हीं से ठान ली। कहीं ऐसा भी होता है कि वाजपेयी जी जिस सभा की अध्यक्षता करें आप उसी का उद्घाटन करने जाएँ। तब अशोक वाजपेयी वहाँ बी.ए. के विद्यार्थी थे। सुनते हैं नामवर जी से काफी सत्संग था। शायद पढ़ाया भी है। बी.ए., एम.ए. में प्रथम श्रेणी। नतीजा यह हुआ कि साल भर में वह नौकरी भी छूट गयी। काशी हिन्दू विश्वविद्यालय हिन्दी विभाग के टॉपर, आचार्य हजारी प्रसाद द्विवेदी के अन्यतम प्रिय शिष्य, दो जगहों से—ख़ुद काशी विश्वविद्यालय से और सागर विश्वविद्यालय से नौकरी छूट गयी। नामवर जी उस समय तक 'हिन्दी के विकास में अपभ्रंश का योग', 'छायावाद, 'इतिहास और आलोचना' पुस्तकें लिख चुके थे। 'हिन्दी के विकास में अपभ्रंश का योग' की भूमिका प्रो. पी.एल. वैद्य ने लिखी थी।

कोई न हो, आचार्य हजारी प्रसाद द्विवेदी तो थे। द्विवेदी जी उस समय हिन्दी साहित्य के सर्वाधिक यशस्वी प्रोफेसर थे। वे काशी हिन्दू विश्वविद्यालय में हिन्दी विभाग के अध्यक्ष थे। काशी नागरी प्रचारिणी सभा के अध्यक्ष थे। साहित्य अकादमी में हिन्दी के कनवीनर थे। विश्वभारती, शान्ति निकेतन के कोर्ट के सदस्य थे। सरकारी भाषा आयोग के सदस्य थे। वे यशस्वी बहुत थे, शक्तिशाली बहुत कम। समिति-पुरुष (कमेटी मैन) बिल्कुल नहीं थे। विश्वविद्यालयों में जो राजनीति प्रवेश कर गयी थी, शिक्षकों में जो काइयाँपन आ गया था, उससे वे बेहद घबराते थे। वे ज्ञान एवं मानवता के साधक थे। उन्होंने अपने शिष्यों को जो कुछ दिया वह कोई दूसरा दे नहीं सकता था। लेकिन पूरी ताक़त लगाने के बावजूद वे नामवर जी को काशी विश्वविद्यालय में नौकरी नहीं दिलवा सके। द्विवेदी जी विभागाध्यक्ष थे, लेकिन उन्हीं के विश्वविद्यालय की चयन-समिति में वाजपेयी जी की चलती थी। वे इस क्षेत्र में डॉ. श्यामसुन्दर दास, डॉ. धीरेन्द्र वर्मा, पं. नन्ददुलारे वाजपेयी और डॉ. नगेन्द्र से भिन्न-भिन्न नहीं विपरीत थे। निम्न मध्यवर्गीय छोटे ब्राह्मण किसान परिवार के थे। व्यवस्थित शिक्षा नहीं मिली थी। बचपन घोर अभावग्रस्त था। जो कुछ किया-धरा था, स्वयं अपने आप! समाज

की सदाशयता पर बहुत आस्था थी। अपनी सन्तानों और शिष्यों से बेहद लगाव था। अपने शिष्यों के लिए तो वे समय निकाल लेते थे, अपने बच्चों की पढ़ाई-लिखाई की चिन्ता करते थे उसकी उचित व्यवस्था नहीं कर पाते थे। शिष्यों की तरक्की की भी चिन्ता बहुत करते थे। लेकिन उन्हें वह दाँव-पेंच नहीं आता था कि हर जगह सबको फिट कर सकें। नामवर जी ने उनके अध्यक्षता-काल में अनेक इंटरव्यू दिये। सब कहते थे कि नामवर जी को चुना जाना निश्चित है। द्विवेदी जी उन्हें इतना मानते हैं। लेकिन भाई लोग ऐसी गोटी बिठाते थे कि निराशा ही हाथ लगती थी। मुझे याद है एक बार तो नामवर जी आदरणीय विजयशंकर मल्ल जी जैसा लम्बा कोट—(ऐसा लम्बा कोट डॉ. राधाकृष्णन धोती के साथ पहनते थे) पहनकर इंटरव्यू देने गये। हम लोग आश्वस्त थे। केदारनाथ सिंह का विचार था कि जब ऐसा लम्बा कोट पहनकर गये हैं तब चयन होना निश्चित है। पर चयन श्री भोलाशंकर व्यास का हुआ। वहाँ तो द्विवेदी जी कुछ कर-धर नहीं पाये। मिलने पर नामवर जी को काफी डाँटा—अपनी किताबें क्यों नहीं ले गये। वहाँ पूछा गया, कौन-सी किताबें लिखी हैं तो दिखाने को एक भी नहीं। ऐसे इंटरव्यू दिया जाता जाता है?

ख़ैर, सागर से नामवर जी की नौकरी छूटी तो सोचा कि पंडित जी तो हैं ही। कुछ न कुछ इन्तज़ाम कर देंगे। नामवर जी इलाहाबाद में श्री कृष्णदास के घर मार्कण्डेय के साथ ठहरते थे। श्री कृष्णदास की पत्नी सरोज जी नामवर जी को राखी बाँधती हैं। सरोज जी के पिता और नामवर जी के पिता मित्र थे। सरोज जी के पिता क्रान्तिकारी थे। वहाँ नामवर जी की बहुत देखरेख होती थी। सभी लोग उनका बहुत ध्यान रखते थे। सो, नामवर जी सागर से नौकरी छूटने के बाद द्विवेदी जी का सहारा ले पाने के लिए बनारस चले। रास्ते में इलाहाबाद पड़ा। सोचा—अब कौन जल्दी है। कुछ दिन इलाहाबाद हो लें। इलाहाबाद उतरने पर शायद प्लेटफार्म पर ही पता चला कि पं. हजारी प्रसाद द्विवेदी को भी काशी विश्वविद्यालय से सेवानिवृत्त कर दिया गया है।

वे दिन बहुत ख़राब थे। लगभग 7 वर्षों तक एम.ए., पीएच.डी., 'छायावाद', 'हिन्दी के विकास में अपभ्रंश का योग', 'इतिहास और आलोचना', 'आधुनिक साहित्य की प्रवृत्तियाँ' के लेखक डॉ. नामवर सिंह बेकार रहे। पत्नी थी, बेटा था, काशीनाथ सिंह की बहुत दिनों तक नौकरी नहीं लगी थी। चुनाव में भारतीय कम्युनिस्ट पार्टी की टिकट से लोकसभा का चुनाव हार चुके थे। मैं नैनीताल चला गया था। मेरी नौकरी डी.एस.बी. गवर्नमेंट कॉलेज में लग गयी थी। वहाँ से छुट्टी में बनारस आया।

नामवर जी सादा खाना खाते हैं। लेकिन खाने की रुचि परिष्कृत है। जल्दी-जल्दी कभी नहीं खाते। सत्तू भी खाएँगे तो ऐसे मानो हलुआ खा रहे हैं। खाने की शिकायत सिर्फ़ अपने घर में करते हैं। मांसाहार लगभग नहीं करते हैं। व्यायाम करके

भिगोए चने खाने के बाद दूध पीने का शौक था। नैनीताल से आया तो ताड़ा कि नामवर जी ने दूध छोड़ दिया है। पान जर्दा विशिष्ट अवसरों पर ही खाया जाता है। खैनी-चूना चलने लगा है। नामवर जी की माँ मुझे जानती थीं। वे खाना बहुत अच्छा बनाती थीं। जैसे बैंगन का भरवाँ बनाया जाता है वैसे वे तोरी का भरवाँ बनाती थीं। अपने ज्येष्ठ पुत्र को बहुत प्यार करती थीं। मुझसे धीरे से पूछा—'का बबुआ! अब हमरे बचवा की नौकरी न लगी?'

भदैनी पर केदार चाय वाले की दुकान है। शाम को हम सब वहीं एकत्र होते थे—आनन्द भैरव शाही, मेरे हरनाम पं. विश्वनाथ त्रिपाठी, आनन्द बहादुर सिंह, श्याम तिवारी, कभी-कभी विष्णुचन्द्र शर्मा, त्रिलोचन आदि। उस चाय की दुकान का काशी के साहित्यिक जीवन में ऐतिहासिक महत्त्व है। केदारनाथ सिंह और मैं वहाँ नामवर जी के साथ जाते थे। नामवर जी सबकी चाय का पैसा नहीं देते थे लेकिन केदारनाथ सिंह और मेरी चाय का पैसा बिना कहे चुपचाप वही देते थे। जब हम लोग अकेले होते और मूड में होते तो चाय के साथ मूँग की दाल भी मिलती। एक बार तो जलेबी भी मिली। बोले-बुटबल के घी की है। कुछ ख़ास बात रही होगी उस दिन।

लेकिन अब मेरी नौकरी थी और नामवर जी का भिगोया चना। दूध ही नहीं, पान जर्दा भी छूट गया था। मैं नैनीताल से आया। शाम को हस्बमामूल नामवर जी चाय की उसी दुकान पर गये। चाय पी। मेरी हिम्मत नहीं पड़ रही थी चाय के पैसे देने की। नामवर जी ने कहा—पैसे आप ही दे दीजिए। एक रुपया देना था, मैंने राहत की साँस ली। पैसा दे दिया। एक-दो दिन के बाद जब मैं चलने लगा तो नामवर जी छोड़ने गली से सड़क तक आये। प्रणाम करने लगा तो उन्होंने एक रुपये का नोट मेरी ओर बढ़ा दिया। मैंने रुपया ले लिया। नामवर जी को मैं देख नहीं सका। एक रुपये का नोट काफी भींचा-भींचा था। ऐसा नोट उनका नहीं हो सकता था।

उन्हीं दिनों नामवर जी ने ज्ञानोदय में नयी कविता पर लेखमाला लिखी थी। उस लेखमाला के लेख सिद्धान्त के रूप में अंकित हैं। 'प्रत्येक कविता कविता होने के पूर्व सार्थक वक्तव्य होती है', यह उसी लेखमाला की एक पंक्ति है।

यह अभावग्रस्त जीवन लम्बा था। लेकिन नामवर जी इसमें बहुत संयत और तेजस्वी थे। नयी कहानियाँ में 'हाशिये पर' की उत्कृष्ट लेखमाला उन्हीं दिनों की है। यह बात लोगों को ठीक लगे चाहे न लगे लेकिन सच है कि भैरव जी और नामवर जी का योग न होता तो 'कहानी : नयी कहानी' जैसी किताब न लिखी जाती। 'कहानी नयी कहानी' अनेक कारणों से मुझे नामवर जी का आलोचना में सबसे महत्त्वपूर्ण योगदान लगता है। इसके पहले कहानी की गम्भीर आलोचना की हिन्दी में कोई

परम्परा ही नहीं थी।

नैनीताल में मेरी नौकरी कच्ची थी। मैं किरोड़ीमल कॉलेज में लेक्चरर हो गया। डॉ. नगेन्द्र ने मुझे बेकार नहीं होने दिया। नैनीताल की नौकरी छूटने के पहले ही मुझे किरोड़ीमल कॉलेज में जगह दे दी। मैं दिल्ली में चौंधियाया था। अध्यापकों को इतना सम्पन्न मैंने कभी नहीं देखा था। नामवर जी को पत्र लिखा 1960 में—

मौज में देवी सुरसती हैं अब
लच्छमी पीछे धावती हैं अब
देर ही थी नहीं था वाँ अन्धेर
सारे विद्वान लखपती हैं अब।

नीचे 'सारे' को तारांकित करके रलयोरभेद यानी 'र' 'ल' में भेद नहीं लिखा। तख़ल्लुस रखा 'काहिल'। नामवर जी का जवाब मिला तीन-चार दिन बाद—

जब सारे विद्वान ही भए लखपती लाल
जय जय जय कालिकाल
खुल गये भाग्य हमारे
क्यों न प्रेम से बोलिए जय जय जय कलिकाल
रामराज्य हो गया चमकने लगे सितारे
कह 'जाहिल' कबिराय सुनो हे 'काहिल' प्यारे
रल अभेद को देख रहे सारे के सारे।

इसी आलम में 1962 में नामवर जी ने दिल्ली की ओर ताका। भैरव प्रसाद गुप्त 'नयी कहानियाँ' के सम्पादक थे। हिन्दी के परम कल्पना-प्रवण लेखक-बन्धु और तेजस्वी प्रकाशक ओमप्रकाश जी राजकमल में थे। 'लिंक हाउस' में गोष्ठी हुई। श्रीकान्त वर्मा और डॉ. नामवर सिंह ने पर्चा पढ़ा। इस गोष्ठी का आयोजन ओमप्रकाश ने किया था। उसमें कृष्ण मेनन, वी.के.आर.वी. राव, हबीब तनवीर ने भी भाषण दिया। नामवर जी का दिल्ली आना शुरू हुआ। नामवर जी दुबारा 1964 ई. में डॉ. देवीशंकर अवस्थी के यहाँ रुके। अवस्थी जी ग्रीष्मावकाश में सपरिवार कानपुर चले गये। तब उन्हें मैं अपने यहाँ ले आया। यह 1964 ई. की बात है। उन दिनों कमलेश जी कवि, सम्पादक, बड़ौदा डाय-नामाइट केस के अभियुक्त भी मेरे यहाँ थे!

नामवर जी रहने-सहने में बिल्कुल नखरेबाज़ नहीं हैं। बच्चों के लिए तो लकड़सुँघवा हैं। जिस घर में जाएँगे, बच्चे उनके परम प्रशंसक मित्र हो जाएँगे। नामवर जी ने मुझे दो-तीन बार ही डाँटा है। एक बार उसी प्रवास में मैंने अपने पाँच-छः साल का जो लड़का रखा था, को पीट दिया। नामवर जी ने गुस्से में लाल होते हुए

गम्भीरतापूर्वक कहा—विश्वनाथ जी! यह काम मेरे रहते दुबारा किया तो मैं आपके घर से चला जाऊँगा।

मेरा जीवन-स्तर स्टैंडर्ड का नहीं है। यह बात मैं तब भी महसूस करता था कि नामवर जी को मेरे यहाँ उचित सुख-सुविधा नहीं मिल रही है। मेरे पास दो कमरे थे। एक में फर्श पर गद्दा बिछाकर वे सोते थे। एक बार मैंने उनसे पूछा—आपको रात में दूध पीने की आदत है। नामवर जी बोले-बाबू विश्वनाथ प्रसाद जी, अब नींद ही मेरी टॉनिक है। उन दिनों वे देर से और देर तक सोते थे। बीच में कुछ दिनों के लिए मेरी पत्नी मायके चली गयी। सवेरे दो स्लाईस और एक अंडा मैं खाता था और वही नामवर जी। मैं जल्दी-जल्दी खा लेता। नामवर जी आराम से खाते मानो नाश्ता पर्याप्त है और बहुत सुस्वादु है। मैं कॉलेज चला जाता चाबी लेकर। नामवर जी दिल्ली शहर में। दिन-भर खाते भी कहीं या नहीं, वही जानते।

जाहिर है कि मुझे जितना ध्यान उन पर देना चाहिए था, नहीं दे रहा था। लेकिन वे इतने सहज, संयत थे कि आज याद करके अपराधबोध का अनुभव होता है। पोशाक का ध्यान उन दिनों भी नामवर जी पूरा रखते थे। खद्दर का कुर्ता, धोती, चप्पल ही उनकी छवि है। किन्तु कपड़े पहनने में पर्याप्त समय लगाते हैं। उतना समय तैयार होने में दो लोग और लगाते हैं। भैरव प्रसाद गुप्त और मैनेजर पांडे। कपड़े ठीक धुले होने चाहिए इस्त्री टनाटन्न। ठीक धुले का मतलब सफेद। लेकिन कपड़े पर नील बिल्कुल नहीं लगाना चाहिए। एक बार मेरे यहाँ कुर्ते पर नील लग गया था। नामवर जी ने दृढ़तापूर्वक कहा—यह नहीं चलेगा। गोष्ठी में भाषण देना छूट जाये तो छूट जाए, नील लगा कुर्ता नहीं चलेगा।

पोशाक की नफ़ासत का यह हाल है कि सोफिया में कमरे की चाभी मुझे दे देते-काउंटर पर जमा करते समय। मैंने एक बार ज़रा तेज़ी से कहा, आप अपनी चाभी लेकर क्यों नहीं चलते। चन्द्रजीत यादव, दिनेश गोस्वामी, अब्दुल गफूर, पेरीन, रमेशचन्द्र सब अपनी चाभी लेकर चल रहे हैं। आप इसे अपनी जेब में रख लीजिए। नामवर जी ने शर्माते हुए कहा—चाभी वजनी है, क्रीज बिगड़ जाती है, आपके कपड़ों में क्रीज होती ही नहीं। रख लीजिए। आपका क्या बिगड़ेगा?

बेरोज़गार नामवर जी आज से कम नहीं ज़्यादा तेजस्वी थे। मैंने शुरू में कहा था कि नामवर जी जहाँ होते थे वहाँ के सर्वाधिक समर्थ साहित्यिक व्यक्तित्व से उनकी ठन जाती थी। सो डॉ. नगेन्द्र से भी अन्ततः उनकी नहीं पटी और यह कलह अपेक्षाकृत दीर्घकालीन थी। लेकिन नामवर जी जब दिल्ली में आये तो शुरू-शुरू में डॉ. नगेन्द्र ने उनकी सहायता करने का प्रयास किया। कुछ दिनों तक ऐसा भी रहा है कि गोष्ठियों में डॉ. नगेन्द्र और डॉ. नामवर सिंह एक-दूसरे की प्रशंसा करते थे।

नयी पीढ़ी के आलोचकों में डॉ. नगेन्द्र ने उन्हें ही प्राणवान आलोचक कहा था।

डॉ. नगेन्द्र उस समय शक्ति के शिखर पर थे। प्रो. उदयभानु सिंह का कहना है कि भारत के किसी विश्वविद्यालय के किसी विभाग का अध्यक्ष डॉ. नगेन्द्र जैसा प्रतापी एवं शक्तिशाली नहीं हुआ। विभाग के वरिष्ठ अध्यापक भी उन्हें बैठ कर फोन नहीं करते थे। खड़े हो जाते थे और खड़े रहते थे। हिन्दी विभाग में वे जब रीडर अध्यक्ष बनकर आये थे तब कुल चार अध्यापक थे। उनके रिटायर होते समय 700 अध्यापक थे। इनमें से 90 प्रतिशत को उन्होंने नियुक्त किया था। डॉ. साहब नामवर जी की सहायता सचमुच करना चाहते थे।

एक दिन मुझे और नामवर जी को साथ-साथ डॉ. साहब के यहाँ बुलाया गया। डॉ. साहब ने करीब आधे घंटे तक विविध विषयों पर बातें कीं। वे बहुत प्रसन्न और सहज लग रहे थे। वे उन दिनों किसी अध्यापक से प्रसन्न हों तो वह उड़ने लगता था। फिर उन्होंने मुझसे यू.जी.सी. में डॉ. आर.सी. गुप्त को फोन मिलाने को कहा। मैंने फोन मिलाया। डॉ. नगेन्द्र ने उनसे कहा कि नामवर सिंह और विश्वनाथ त्रिपाठी आ रहे हैं इन्हें पोस्ट डाक्टोरल फैलोशिप का फार्म दे दो। मुझसे कहा कि नामवर सिंह को यू.जी.सी. ले जाओ। तुम डॉ. गुप्त को जानते होगे। वे किराड़ीमल कॉलेज में अंग्रेज़ी के अध्यापक थे। मैं बहुत खुश हुआ कि चलो नामवर जी की कुछ आर्थिक व्यवस्था हुई। मेरा अनुमान है डॉ. नगेन्द्र ने नेशनल पब्लिशिंग हाउस से किसी काम के लिए कुछ एडवांस भी दिला दिया था।

नामवर जी मेरे साथ यू.जी.सी. के लिए डॉ. नगेन्द्र के घर से निकले तो चेहरा गम्भीर था और चाल धीमी। दस-पाँच मिनट की चुप्पी के बाद बोले— मैं यू.जी.सी. न जाऊँगा। दिल्ली विश्वविद्यालय के किसी प्रोफ़ेसर के तहत काम करूँ-यही बाकी बचा है अब। जिसका शिष्य होना था हो चुका।

'65-66' में नामवर जी 'जनयुग' के सम्पादक होकर दिल्ली आ गये थे। वे आते ही दिल्ली के साहित्यिक वातावरण पर छा गये और अब तक छाए हुए हैं। 'जनयुग' में जितनी तनख़्वाह, सोचा था, नहीं मिली। वहाँ वेज यानी दिहाड़ी मिलती थी। बताया—इतने दिन के कुछ 100 रुपये मिले थे। अमुक को दे आया हूँ। 'जनयुग' से राजकमल प्रकाशन जाने का कारण यह था।

सातवें दशक में मॉडल टाउन, दिल्ली की साहित्यिक हलचल का प्रमुख अड्डा था। यह कॉलोनी विश्वविद्यालय के निकट है, खुली भी, सस्ती थी। विश्वविद्यालय के कम-से-कम सौ अध्यापक वहाँ रहते थे। मकान-मालिक अध्यापक बहुत कम थे, किरायेदार ज़्यादा। ज़्यादातर लोग उत्तर प्रदेश या बिहार के कॉलेजों से यहाँ आकर नौकरी करने लगे थे, अधिकांश युवक थे। कई साहित्य में उल्लेखनीय हो चुके थे

या उल्लेखनीय हो चले थे। उल्लेखनीय होने को आतुर तो बहुत थे। डॉ. देवीशंकर अवस्थी, सर्वेश्वरदयाल सक्सेना, अजित कुमार, रामदरश मिश्र, बालस्वरूप राही, रमेश गौड़, उदयभान मिश्र, प्रयाग शुक्ल, डॉ. भोलानाथ तिवारी, रवीन्द्रनाथ श्रीवास्तव, मुरली मनोहर प्रसाद सिंह, कर्णसिंह चौहान, सुधीश पचौरी, चंचल चौहान, डॉ. मुहम्मद हसन, डॉ. कमर रईस, शहाब जाफ़री, शारिब रुदौलवी आदि। रवीन्द्र कालिया मेरे घर के पास ही रहते थे। उनकी कहानी 'नौ साल छोटी पत्नी' छपी तो परिचय हुआ। डॉ. भरतसिंह उपाध्याय और अर्श मलसियानी पड़ोसी थे। प्रो. सावित्री सिन्हा और डॉ. सत्यदेव चौधरी भी पड़ोसी थे। कमलेश जी कुछ दिनों मेरे साथ, फिर एक कमरे में अलग पास ही रहने लगे थे। शमशेर बहादुर सिंह, मलयज, प्रेमलता वर्मा, पेरू देशीय, डॉ. तोला एक साथ रहते थे। इसी माहौल में मेरे यहाँ से नामवर जी.डी.-1/16 में गये। दो कमरे के किरायेदार। साथ में बधिर भृत्य शिवमूरत। शिवमूरत जी की विशेषता थी नामवर जी के अटूट फरमाबरदार और श, स नहीं बोलते थे। श, स को च बोलते थे। लोग उन्हें 'चिवमूरत' कहते थे। वे भरसक नामवर जी की रखवाली करते थे। भोजन बनाते और मालिश करते थे। नामवर जी पढ़ते-लिखते तो भरसक आनेवालों को भगा देते। नामवर जी के साथ आग्नेय और रामधार सिंह थे। आग्नेय 'जनयुग' में काम करते थे। वे सब नामवर जी के यहाँ खाते-पीते रहते थे। चिवमूरत जी 'चमचेर जी' के यहाँ ज़्यादा बैठते थे, चर्वेचर जी के यहाँ कम। ची.पी.आई. के समर्थक थे। 'जनयुग' के नियमित पाठक थे। ज़रूरत से ज़्यादा ही सीधे या चतुर रहे होंगे। एक बार कमर में दर्द उठा। कोई था नहीं दबाने वाला। कहते हैं कि उन्होंने जमादारिन से कमर को पैर से दाब देने के लिए कहा। हल्ला मचा। पिटाई नहीं हुई। सीधे थे, बच गये।

नामवर जी के यहाँ भीड़ लगी रहती। दिल्ली शहर के और बाहर के भी साहित्यकारों का जमघट लगा रहता। कई लोग-जिनमें मुरली बाबू, रमेश गौड़ और मैं ज़रूर रहे होंगे, सबेरे का चाय-नाश्ता वहीं करते। दातुन या ब्रश करते पहुँच जाते। जलपान करते। आग्नेय, रामधार, चिवमूरत वहाँ होते ही। एकाध साहित्यकार भी रहता। इसमें कोई हर्ज नहीं था, गड़बड़ सिर्फ़ यह थी कि ब्रश करते हुए पहुँचनेवाले निम्य कर्म भी वहीं करते। बाथरूम एक ही था। यह काबिले-बर्दाश्त नहीं था। एक दिन नामवर जी बोले—क्या बताऊँ, मेरा टायलेट तो बम-पोलिस बन गया है। सन्तों के चरण-रज तो ठीक लेकिन इस समस्या का क्या हो? यह यातना दीर्घकालीन नहीं हुई क्योंकि इसी बीच कुछ ऐसा घटित हुआ कि नामवर जी ने मॉडल टाउन छोड़ दिया।

मैंने नामवर जी का किसी से झगड़ा होते हुए नहीं देखा। मार-पीट के कार्यक्रम

की अध्यक्षता करते हुए देखा है लेकिन ख़ुद उलझते नहीं। कठिन-से-कठिन स्थिति में वह बहुत संयत एवं सन्तुलित रह सकते हैं। भाषण के बीच उन्हें हूट करने के प्रयास असफल होते ही देखे हैं। विकटतम घटना उन्हीं दिनों मॉडल टाउन की ही है। एक बार स्व. सर्वेश्वरदयाल सक्सेना नामवर जी से उलझ गये।

होली का दिन था। सर्वेश्वर जी की पत्नी होली में नाना प्रकार के पकवान उत्साह से बनाती थीं। आग्नेय, रमेश गौड़ आदि की एक टोली थी। सर्वेश्वर जी के यहाँ पहुँचे तो वे सफेद बुर्राक वात्स्यायनी पोशाक में गम्भीरतापूर्वक गेट के पास खड़े थे। हम लोगों की ओर उन्होंने देखा ही नहीं। जिस निश्चिन्तता और गम्भीरता से वे खड़े थे, उसमें किसी का उन पर रंग छोड़ने का साहस नहीं हुआ। धीरे से बोले—अन्दर अपनी भाभी से खा-पी आओ। तभी—

अजित कुमार के घर धमा-चौकड़ी की आवाज़ आयी। अजित कुमार सर्वेश्वर जी के साथवाले मकान में ऊपर रहते थे। वहाँ से नामवर जी, अजित कुमार और डॉ. निर्मला जैन के ज्येष्ठ पुत्र रंग से सरोबार नीचे दौड़ते हुए आये। मैं डरा कि आज कुछ ज़रूर होगा। नामवर जी ने सर्वेश्वर पर रंग डाला। सर्वेश्वर जी ने डॉ. जैन के पुत्र की पिचकारी छीनकर फेंकी—वह सड़क के पार गिरी। और वे नामवर जी से गुँथ गये। अपना सर नामवर जी के पेट में धँसा दिया और पीछे की ओर धक्का देने लगे। नामवर जी उनके दोनों हाथ पकड़े रहे और कहते रहे—सर्वेश्वर जी मैंने किया क्या है? आप पर रंग ही तो डाला है। सर्वेश्वर जी उन्हें धकियाते रहे—थककर छोड़ दिया—बोले, हो गयी न होली। हम सब अवाक् दर्शक चुपचाप होली खेलना मुल्तवी करके नामवर जी के साथ उनके घर लौट आये।

उस दिन पता नहीं कैसे नित्यानन्द तिवारी भी साथ थे। डी.-1/16 पहुँच नामवर जी पलटकर बोले—नित्यानन्द तिवारी और विश्वनाथ त्रिपाठी के अलावा सब लोग चले जाएँ।

नामवर जी की सहनशीलता से हमलोग अभिभूत हो गये। उनकी शारीरिक शक्ति से भी। बनारस में सुना था नामवर जी त्रिलोचन शास्त्री के साथ गंगा सीधे तैर जाते हैं। सर्वेश्वर जी को जिस तरह वे सँभाले रहे और विनम्र करते रहे, उससे लगता था कि इस विनम्रता और उनकी शारीरिक मज़बूती में अन्योन्याश्रित सम्बन्ध है।

सर्वेश्वर जी के आक्रोश का कारण था। उसी वर्ष जनवरी में डॉ. देवीशंकर अवस्थी की मृत्यु। वे आशा करते थे कि इस वर्ष कम-से-कम उनके मित्र होली नहीं खेलेंगे।

II

काशी हिन्दू विश्वविद्यालय और सागर से हटने के बाद नामवर जी को जैसे रहना

पड़ा उसका असर उनके बाहरी तौर-तरीके पर नहीं दिखाई पड़ता है। लेकिन 'गमे दौराँ' और 'गमे जानाँ' की जो काकटेलिंग हुई उसने अन्दरूनी तौर पर उन्हें काफी तोड़ा-मरोड़ा या पुनर्निर्मित किया होगा। नामवर जी ने ही बताया है कि वे राहुल जी से मिले थे कि अब क्या करें। उनका इरादा सोलहों आना राजनीति में चले आने का था। राहुल जी ने उन्हें उत्साहित नहीं किया। नामवर जी ने निष्कर्ष निकाला, 'नहीं सकूँगा।'

आदमी में शक्ति हो, क्षमता हो और उसकी योग्यता के कारण ही उसके वास्ते विश्वविद्यालयों के दरवाजे बन्द कर दिये जाएँ। लेखन पर नामवर जी को बहुत भरोसा था। लेखन के लिए जीने भर की सुविधाओं की तलाश वे लगभग सात वर्षों तक करते रहे। उनका नाम था, उनके पीछे नवयुवक थे, उनके लेखन और भाषण में तेज़ी थी, बस सामान्य जीवन बसर करने की सुविधा नहीं थी। ऐसी सुविधा जिसमें स्वाभिमान बना रहे।

ऐसी स्थिति में उनका मूल्य श्रीमती शीला सन्धू ने पहचाना। नामवर जी ने 'आलोचना' सँभाली। वे सांसारिक सफलता भी प्राप्त करते गये। जोधपुर से क.मा. विद्यापीठ आगरा गये, वहाँ से जवाहरलाल नेहरू विश्वविद्यालय आये, साहित्य अकादेमी में अपने गुरु आचार्य हजारी प्रसाद द्विवेदी के उत्तराधिकारी बने। अनेक बार विदेश की यात्रा की। इस समय वे हिन्दी के सर्वाधिक यशस्वी और प्रतापी प्रोफेसर हैं। लेकिन कहीं कुछ टूट-छूट गया। इस अभावग्रस्त जीवन में स्वाभिमान तो बना रहा। क्या कलम पर विश्वास भी अक्षुण्ण रहा? वैसा ही—

सारी परेशानियों का मुकाबला करने के लिए नामवर जी के पास एक ही अचूक साधन था—तेजस्वी, अप्रतिम वाग्मिता। लेखन भी था। लेकिन लेखन का प्रभाव स्थायी ज़्यादा होता है तात्कालिक कम। गोष्ठियों में, सभाओं में जिस तेज से नामवर जी विपक्षियों को 'हनते' हैं, लगभग मुशायरों जैसी वाहवाही और करतल ध्वनि प्राप्त करते हैं—वह लेखन से सम्भव नहीं। लेकिन नामवर जी की जो स्थिति थी उसमें उन्हें तात्कालिक प्रभावशाली शस्त्र की ज़रूरत थी। अभी समय है, इसलिए कह रहा हूँ कि यह कुल मिलाकर अच्छा नहीं हुआ।

आस्कर वाइल्ड अमरीका पहुँचा तो चुंगी-थाने पर बोला-मेरे पास प्रतिभा के अलावा और कुछ नहीं है। नामवर जी अपने विरुद्ध सारी विपरीत परिस्थितियों का मुकाबला सिर्फ़ अपनी प्रतिभा से करते रहे हैं। उनके विरुद्ध आप चाहे जितनी बातें कहिए, चाहे जितने तर्क दीजिए—यह नहीं कह सकते कि वे विभागाध्यक्ष, प्रोफेसर बनने के लायक नहीं, या कि 'छायावाद', 'कहानी : नयी कहानी' उत्कृष्ट पुस्तकें नहीं हैं या वे अच्छे अध्यापक नहीं हैं। लेकिन साहित्य जगत में उनकी आज जो प्रतिष्ठा है वह अद्‌भुत वाग्मिता के कारण है। ठीक वक़्त पर ठीक सूत्र याद आना,

व्युत्पन्नमति, सूत्र को उपयुक्ततम शब्दों, स्वर के उचित आरोह-अवरोह, स्वर-भंगिमा के साथ प्रस्तुत कर पाना। समर्थ तर्क पाश जो यथोचित विक्षोभ भी उद्‌बुद्ध कर सके-ऐसी वाग्धारा। बोलने में भी वाक्य-गठन चुस्त एवं व्याकरण-सम्मत। भाषण में आदि, मध्य, अन्त का अनुपात।

इस वाग्मिता से उनका लेखन भी धीरे-धीरे प्रभावित होता गया है। साहित्य में किसी मूल्य या सिद्धान्त की खोज-यात्रा करने की जगह अपना विपक्षी पहले से ही निश्चित करके फिर उसके विरोध में सारी क्षमता-वाग्मिता बिछा दी जाती है। इसलिए 'छायावाद' या 'कहानी : नयी कहानी' के बाद आलोचक नामवर सिंह को लेखन-प्रेरणा के लिए कोई-न-कोई ऐसा आलोचक या रचनाकार चाहिए जिसे वे खलनायक बना सकें। मूल्य का स्थान बेध्य ने ले लिया है। 'कविता के नये प्रतिमान' में खलनायक डॉ. नगेन्द्र थे। 'दूसरी परम्परा की खोज' में रामचन्द्र शुक्ल। आसार हैं आगामी पुस्तक के डॉ. रामविलास शर्मा होंगे।

ज़रा-सा ध्यान देने पर साफ़ हो जाता है कि यह प्रवृत्ति डॉ. नामवर सिंह ने जिस आलोचक से ग्रहण की है वह डॉ. रामविलास शर्मा हैं। विपक्षी तय हो जाये फिर बुद्धि क्या नहीं कर सकती। यहाँ तो बुद्धि नहीं प्रतिभा है। विपक्षी भिन्न हों लेकिन पद्धति डॉ. शर्मा और डॉ. नामवर सिंह की एक है—पोलेमिक्स की पद्धति। 'दूसरी परम्परा की खोज' पढ़कर मुझे लग गया था कि अब डॉ. रामविलास शर्मा, आचार्य हजारी प्रसाद द्विवेदी पर ज़रूर लिखेंगे। डॉ. रामविलास शर्मा उत्तेजित होने का कोई मौका नहीं चूकते—पं. बिशनाथ परशाद 'काहिल' ने 'दूसरी परम्परा की खोज' पढ़कर कविता लिखी—

मैं धौला कुआँ से 511 नं. की बस पकड़कर
सीधे जे. एन यू. पहुँचा।
बहुत उत्तेजित था
उत्तराखंड मकान नं. 109 में
पहुँचते-पहुँचते हाँफ रहा था।
नामवर जी सोफे पर लेटे
चश्मा लगाए कुछ पढ़ रहे थे।
मैंने कहा—
कुछ सुना आपने? अब क्या होगा?
पान घुलाते हुए बोले—
क्या हुआ?
मैंने कहा—

'दूसरी परम्परा की खोज' की प्रति किसी
नामाकूल ने रामचन्द्र शुक्ल को दे दी।
वे पढ़ रहे हैं—
अब क्या होगा!
नामवर जी ने कहा—
पं. रामचन्द्र शुक्ल की मृत्यु 1940 में हो गयी थी।

कुछ दिनों बाद डॉ. रामविलास शर्मा की पुस्तक 'आचार्य रामचन्द्र शुक्ल—लोक-जागरण और हिन्दी साहित्य' प्रकाशित हुई। उस पर यह कविता लिखी—

मैं पुनः उत्तेजित था
यों भी डॉ. नामवर सिंह से मिलने वाले की अनिवार्यता है
कि वह डॉ. रामविलास शर्मा से मिले
धौला कुआँ से 628 नं. बस पकड़कर विकासपुरी पहुँचा—
डॉ. साहब
'प्रगतिशील साहित्यकारों का सत्यानाश और मार्क्सवाद'
लिखने में तन्मय थे।
डॉ. साहब से कौन नहीं डरता—
मैंने धीरे से कहा—आचार्य शुक्ल ने यह
क्या ग़ज़ब किया
महान् अक्तूबर क्रान्ति के वर्षों बाद
प्रेमचन्द के समकालीन होकर लिखा।
'लेनिन नीचों का महात्मा बन बैठा'
सुनकर डॉ. शर्मा ने
गहरी साँस खींचते हुए कहा—
काश! यह बात
उस कथा-वाचक द्विवेदी ने लिखी होती
तब देखते मेरी आलोचना का सूर्य कितना प्रखर होता!

लेकिन सौभाग्यवश यह पक्ष न तो डॉ. शर्मा की आलोचना का वास्तविक रूप है और न डॉ. नामवर सिंह की आलोचना का। नामवर जी की आलोचना का समर्थतम रूप यह है कि वे समकालीन रचनाओं की मार्मिकता पहचानने में अचूक हैं। समकालीन रचनाधार्मिता का ऐसा विश्वासपरायण आलोचक और कोई नहीं। चीनी आक्रमण के समय कैलाश वाजपेयी की एक कविता की बहुत धूम थी। कविता में कैलाश ने मिथकों की लम्बी माला गूँथी। उसकी तारीफ़ करनेवालों की संख्या बहुत बड़ी

थी। उन्हीं दिनों नामवर जी ने या तो कोई टिप्पणी लिखी या भाषण दिया जिसमें कलकत्ते की एक अज्ञातप्राय लघुपत्रिका में प्रकाशित एक कविता का उल्लेख किया। कविता की एक पंक्ति कुछ इस प्रकार थी—'मुझमें भय चीख़ता है दिग्विजय, दिग्विजय।' कविता धूमिल की थी। उसके बाद धूमिल प्रसिद्ध हो गये। इसी प्रकार नयी कहानियों के एक लेख से 'वापसी' की लेखिका उषा प्रियंवदा प्रसिद्ध हुई। शेखर जोशी की कहानी 'बदबू', अमरकान्त की कहानी 'हत्यारे', निर्मल वर्मा की कहानी 'परिन्दे' की उत्कृष्टता सबसे पहले नामवर जी ने पहचानी। मुक्तिबोध की कविता 'अँधेरे में' को सबसे पहले नामवर जी ने केन्द्रस्थ किया। उनकी आलोचना की सबसे बड़ी शक्ति उनकी आस्वाद-क्षमता है। उनके तत्त्वाभिनिवेश का सुदृढ़ आधार उनकी अचूक 'कृति' है।

यह उनके वाग्मी रूप की अपेक्षा अधिक सार्थक है। इस रूप से समकालीन हिन्दी-भाषी जाति के सांस्कृतिक नेताओं में गणनीय हैं क्योंकि उनके लेखन से हिन्दी पाठकों की साहित्यिक-सांस्कृतिक रुचि विकसित हुई और हो रही है। नामवर जी की आस्वाद-क्षमता हिन्दी पाठकों की आस्वाद-क्षमता में रूपान्तरित हुई है और हो रही है-माध्यम है उनकी आलोचना। इस रूप में उनका कृति आलोचक सार्थक है।

हम किसी रचनाकार या आलोचक का महत्त्व उसकी विशिष्टता से निर्धारित करते हैं। विशिष्टता से ही उसकी पहचान बनती है। नागार्जुन में कुछ ऐसा है जो निराला में नहीं है। इसी से नागार्जुन की पहचान होती है। ज़्यादातर रचनाकार तो ऐसे ही होते हैं जो किसी बड़े रचनाकार में समाए रहते हैं। ऐसे ही आलोचक भी होते हैं। नामवर जी ने अपेक्षाकृत कम लिखा है किन्तु उनके आलोचनात्मक लेखन की समाई रामचन्द्र शुक्ल, नन्ददुलारे वाजपेयी, हजारी प्रसाद द्विवेदी, नगेन्द्र, रामविलास शर्मा—किसी में नहीं हो सकती। डॉ. नामवर सिंह ने काफी कुछ ऐसा लिखा है जो इनमें से किसी ने नहीं लिखा है। यही आलोचक नामवर सिंह की पहचान, सार्थकता है—यही हिन्दी आलोचना का विकास भी है।

आलोचक डॉ. नामवर सिंह की पूर्ववर्ती आलोचना मुझे बेहद महत्त्वपूर्ण एवं सन्दर्भवान लगती है—उसकी पद्धति भी और भाषा भी। 'हिन्दी के विकास में अपभ्रंश का योग' शोध-परक पुस्तक है। किन्तु उसमें अपभ्रंश-साहित्य का जो विवेचन है विशेषतः स्वयंभू और सरहपा का, वह अन्यत्र नहीं मिलेगा। स्वयंभू या सरहपा पर कोई पुस्तक नामवर जी लिखते। लिखें तो बेजोड़ होगी। स्वयंभू रचित 'पउम-चरिउ' की सीता के चरित्र का जो विश्लेषण उन्होंने किया वह आज भी प्रामाणिक है। हिन्दी में अपभ्रंश-साहित्य के शोधकर्ता और विद्वान् ही हुए हैं, आलोचक नहीं। नामवर जी अकेले आलोचक हैं जो यह काम कर सकते हैं लेकिन अपभ्रंश की कुंडली ही ठीक नहीं है। राहुल जी ने भी लिखा था—बेचारी अपभ्रंश मारी गयी।

'छायावाद' में आपको आलोचना का कोई खल-पुरुष नहीं मिलेगा। रामचन्द्र शुक्ल, वाजपेयी, नगेन्द्र के मतों की अपर्याप्तता बनाई गयी है लेकिन उनकी व्याख्या भी की गयी है ऐसी कि उनका आशय प्रकट हो जाए। छायावाद विभिन्न प्रवृत्तियों का समुच्चय है। कल्पना और जिज्ञासा अन्योन्याश्रित हैं। विभिन्न प्रवृत्तियाँ परस्पर सम्बद्ध हैं। इन सबका ऐसा स्पष्ट कथन छायावाद के किसी आलोचक ने नहीं किया था। 'दूसरी परम्परा की खोज' में भी जिन अध्यायों में द्विवेदी जी की फक्कड़मस्ती का विश्लेषण किया गया है, रीतिकाल सम्बन्धी उनकी मान्यताओं का विवेचन किया है—रहस्य-भावना की सामाजिक विद्रोही भूमिका को पहचाना गया है, वह नामवर जी के आलोचक के सामर्थ्य का सूचक है।

उनकी आलोचना के बारे में जो कुछ कह रहा हूँ उसे मेरी सीमाओं को ध्यान में रखकर देखा जाए। ज़्यादा सम्भावना इसी बात की है कि चूँकि मेरा विकास रुक गया है इसलिए मैं नामवर जी के निरन्तर एवं बहुपठित आलोचक को नहीं समझ पा रहा हूँ। एवमस्तु!

यह बात छद्म विनम्रता में नहीं लिख रहा हूँ। हिन्दी-आलोचना को विश्व-सन्दर्भ से नामवर जी जोड़ रहे हैं—यह सब जानते और मानते हैं। 'आलोचना' का पाठक होने का मतलब है हिन्दी और विश्व-साहित्य के ऐतिहासिक विकास से बाख़बर होना। नामवर जी अक्सर मध्यकालीन सन्तों के जीवन से ईर्ष्या करते हुए रहते थे—जहाँ गये सन्त—समागम हुआ—कीर्तन, भजन, गुणगान, निर्मल जल जैसा जीवन। अब वे सन्तों के इस जीवन की बातचीत तो शायद कम करते हैं। यह जानते हैं कि वैसा जीवन नागार्जुन-त्रिलोचन का है। लेकिन उनकी गोष्ठीप्रियता के पीछे कहीं-न-कहीं वह आकांक्षा सक्रिय है। नामवर जी ने गोष्ठियों में भाषण दे-देकर अनेक साहित्यकार पैदा किए होंगे। गोष्ठियों के भाषण से ही नहीं उनके सत्संग से भी अनेक युवक, विद्यार्थी साहित्योन्मुख हुए हैं। आज की जो युवा पीढ़ी साहित्य-कर्म में रत है उनमें से सैकड़ों उनके प्रभाव से इस क्षेत्र में आये हैं।

सभी आलोचकों से इस बात की शिकायत नहीं होती कि उन्होंने कम लिखा है। और अभी तो नामवर जी सिर्फ़ साठ साल के हुए हैं।

फ़िराक़ वार्ता

फ़िराक़ साहब का नाम सबसे पहले मैंने तब सुना जब मैं कानपुर के विक्रमाजीत सिंह सनातन धर्म महाविद्यालय में पढ़ता था। वहाँ क्रान्तिकारी समाजवादी पार्टी के नेता थे कामरेड घनश्याम सिन्हा। उन्होंने सबसे पहले मुझे फ़िराक़ साहब के बारे में बताया था। का. घनश्याम सिन्हा ने बड़े नाटकीय ढंग से फ़िराक़ साहब के बारे में बहुत-सी बातें बतायीं जैसे वे कोई किंवदन्ती पुरुष हों। उन्होंने फ़िराक़ साहब की कविता और विद्वता के बारे में कम और उनके व्यक्तित्व के ऊटपटांगपन के बारे में ज़्यादा बताया। जब मैं बनारस गया तो मेरा परिचय फ़िराक़ साहब की कविता से हुआ। एक तरह से यह परिचय केदारनाथ सिंह के द्वारा हुआ। केदारनाथ सिंह के पास फ़िराक़ गोरखपुरी की किताब थी 'इन्द्रधनुष' जिसमें उनकी कविताएँ संकलित हैं। केदारनाथ सिंह बहुत उत्साह और मार्मिकता के साथ उसमें से काव्य पंक्तियाँ सुनाते थे। केदारनाथ सिंह कविताओं का रस इतनी अच्छी तरह से लेते थे कि उनके साथ रहकर कविता सुनना अच्छा लगता था। कविता का संस्कार उनमें है। इस तरह फ़िराक़ साहब की कविताएँ मैंने पढ़ीं। मुझे सुविधा ये थी कि मैं थोड़ी बहुत उर्दू जानता था। मेरे गाँव में एक हैं—मौलवी ज़ाकिर नदवी। वहाँ जाकर यदि आप ज़ाकिर नदवी नाम से पूछेंगे तो शायद कोई नहीं बताएगा। उनको मौलवी साहेब कहते हैं। मौलवी कहे जाते हैं, है नहीं। उम्र उनकी मेरी जितनी ही है। मेरे दोस्त हैं। हम एक साथ गुल्ली-डंडा खेलते थे। चूँकि वे मौलवी परिवार से हैं इसलिए उन्हें मौलवी कहा जाता है। तो उनसे मैं उर्दू पढ़ता था। उर्दू के जो संस्कार हैं या उर्दू की थोड़ी बहुत जानकारी मुझे है, उन्हीं के कारण है। ज़ाकिर नदवी शायरी भी करते हैं, फ़ारसी के विद्वान हैं, अरबी भी जानते हैं। उन्होंने फिरदौसी के शाहनामे की नक़ल पर ख़ुद एक शाहनामा लिखा है या फिरदौसीनामा लिखा है—नाम मुझे ठीक से याद नहीं है। तो मैं उर्दू पढ़ लेता था और फ़िराक़ साहब की कविताएँ मैंने बहुत पढ़ीं। हिन्दी में भी पढ़ी थीं। उनकी कविताओं को मैं जब-जब पढ़ता था उससे प्रभावित होता था और लोगों से बहस करता था। मुझमें पहले ये आदत बहुत थी और अब भी

है किसी न किसी रूप में कि जो चीज़ मुझे अच्छी लगती है, मैं इसका प्रचार करते घूमता हूँ और जो बुरी लगती है उसकी बुराई करते घूमता हूँ। बहुत दिनों तक मैं फ़िराक़ साहब की कविताओं से प्रभावित रहा। अभी भी उनकी कविताएँ मुझे अच्छी लगती हैं लेकिन शायद उस समय जितनी अच्छी लगती थीं उतनी अच्छी अब नहीं लगतीं या कुछ ही कविताएँ अब बहुत अच्छी लगती हैं। इस तरह से फ़िराक़ साहब से मेरा परिचय हुआ। तब तक फ़िराक़ साहब को मैंने देखा नहीं था।

मेरे एक दोस्त थे—सतीश बजाज जो कानपुर में मेरे साथ थे। बाद में इलाहाबाद विश्वविद्यालय चले गये। मैं इलाहाबाद सतीश से मिलने अक्सर जाता था। फिर मेरी शादी भी इलाहाबाद में हो गयी। फिर ये हुआ कि वहाँ के साहित्यकारों से मेरा परिचय और मित्रता हुई जैसे—भैरव जी, अमरकान्त, शेखर जोशी, मार्कण्डेय आदि। इन सब कारणों से मैं इलाहाबाद जाता रहता था। मेरे ससुर श्री अमरेन्द्र कृष्ण मिश्र, फ़िराक़ साहब के शिष्य थे और जहाँ मेरी ससुराल थी वहाँ से बैंक रोड—जहाँ फ़िराक़ साहब रहते थे—करीब था। एक दिन मैंने सतीश से कहा कि मैं फ़िराक़ साहब से मिलना चाहता हूँ। उस समय हम लोगों की उम्र उन्नीस-बीस साल की थी। तो सतीश मुझे देखकर मुस्कुराये और कहा कि जैसे ही तुम वहाँ जाकर किसी फ़िराक़ साहब का घर पूछोगे तो वह तुम्हें देखकर हँसेगा क्योंकि फ़िराक़ साहब की ख्याति कुछ इस तरह की है। मैं सबसे पहले तुम्हें युनिवर्सिटी में उनसे मिलवाता हूँ। तो मैं सतीश के साथ इलाहाबाद विश्वविद्यालय गया। हम लोग ऐसे कमरे को ढूँढ़ने लगे जिसमें फ़िराक़ साहब पढ़ा रहे हों। एक कमरे के सामने खड़े होकर सतीश ने कहा कि वो देखो पढ़ा रहे हैं फ़िराक़ साहब। मैंने देखा कि एक बहुत बड़ा कमरा था, जिसमें विद्यार्थी बहुत कम थे। फ़िराक़ साहब सिगरेट पी रहे थे और घूम-घूम कर पढ़ा रहे थे। मेरे ख़्याल से मिल्टन की कोई कविता थी।

कुछ दिन के बाद एक दिन सुबह मैं अकेले उनके घर गया। मैंने देखा कि एक आदमी लान पर सिगरेट पी रहा है और इस तरह से पी रहा है जैसे एक ही कश में सिगरेट को ख़त्म कर देगा। मैंने अनुमान लगाया कि यही होंगे फ़िराक़ साहब। उन्हें देख तो मैं पहले भी चुका था लेकिन ऐसा नहीं था कि दोबारा देख के पहचान लूँ। तो मैं उनके पास गया और पूछा कि फ़िराक़ साहब आप ही हैं? तो उन्होंने कहा हाँ जनाब रघुपति सहाय फ़िराक़ मैं ही हूँ; आइए बैठिए। लान में कुर्सी थी। मैं बैठ गया। थोड़ी देर बाद उन्होंने कहा कि धूप हो रही है, चलिए अन्दर चल कर बातें करते हैं। मैं अन्दर गया। अन्दर कोई नहीं था या कम-से-कम किसी के होने का अहसास नहीं था। सामने एक बहुत बड़ी पेंटिंग लगी थी। पेंटिंग ये थी कि सिद्धार्थ यशोधरा को छोड़कर जा रहे हैं। मैंने उनको अपना परिचय दिया तो जैसे उनका अन्दाज़ था उन्होंने छूटते ही कहा कि अच्छा हिन्दी में एम.ए. कर रहे

हो? यहाँ पर उल्लेखनीय है कि जिन लोगों ने कभी फ़िराक़ साहब से बात की होगी वे जानते हैं कि फ़िराक़ साहब का बातें करने का एक बड़ा ख़ास अन्दाज़ था जो बहुत नाटकीय था। फ़िराक़ साहब जब बात करते थे तो उनका पूरा शरीर नाटक करता था। आँखें, मुँह, हाथ, पाँव चलते थे। अब उसे मैं लिखने में तो ला नहीं सकता। तो फ़िराक़ साहब ने कहा कि साहब बात ये है कि हिन्दी में कुछ ऐसी कविताएँ आप सुनाइये जो सरल सुगम हों और अच्छी लगें। अब मैं इतने बड़े आदमी को क्या सुनाता। ख़ैर! मैंने उनको जयशंकर प्रसाद की 'कामायनी' की ये पंक्तियाँ सुनायीं जिनमें आता है कि....'वह अनंग पीड़ा अनुभव-सा अंग भंगियों का नर्तन, सुनकर उन्होंने कहा कि—साहब ये समझ में आया नहीं, अंगियों भंगियों, क्या मतलब है इसका? मेरा चेहरा उतर गया, मुझे बहुत बुरा भी लगा। इसके बाद उन्होंने हिन्दी कविता को, हिन्दीवालों को इतने हास्यास्पद ढंग से बुरा-भला कहा कि मेरी खोपड़ी झनझना गयी। फिर मैंने हिन्दी के बड़े-बड़े लेखकों का नाम लेना शुरू किया कि इतने बड़े-बड़े लेखक हैं हिन्दी में जैसे मैंने राहुल सांस्कृत्यापन का नाम लिया, उन दिनों और जितने बड़े लेखक थे उनका नाम लिया। लेकिन मैं जिस भी लेखक का नाम लूँ फ़िराक़ साहब एक-एक करके सबको गालियाँ दें और आख़िर में उन्होंने द्विवेदी जी को भी कुछ कहना शुरू किया। मैंने उससे कहा कि साहब द्विवेदी जी के बारे में कुछ मत कहिए, वे मेरे गुरु हैं। तो उन्होंने और ज़्यादा कहा, अँग्रेजी में कहा—जिसका मतलब था बीसवीं सदी में मूँछें रखने का क्या मतलब (द्विवेदी जी मूँछें रखते थे।) तो अजीब बात ये हुई कि मैंने उनसे कहा कि फ़िराक़ साहब मैं आपको ढेला मार के भागूँगा और आप मुझे पकड़ नहीं पाएँगे। मुझे बहुत गुस्सा आ रहा था, वैसे ही गुस्सा जो एक देहाती लड़के का गुस्सा होता है। मेरी बात सुनकर फ़िराक़ साहब बड़ी ज़ोर से हँसने लगे और कहा कि तुम तो असली हिन्दीवाले हो। बहस करना सीखो, मुझको हिन्दी का दुश्मन मत समझो। पहले मेरी बातें समझो। ख़ैर, मैं वहाँ से चला आया। फिर मैंने समझा कि फ़िराक़ साहब से क्या मिलना, बड़े अजीब आदमी हैं। लेकिन फ़िराक़ साहब केवल ऐसी ही बातें नहीं करते थे, दूसरी बातें भी करते थे जैसे एक बात पहले पहल उन्होंने ही मुझसे बतायी है। एक दिन वे कहने लगे कि पाणिनी के ज़माने में नब्बे संस्कृतियाँ चलती थीं और उसमें एक को स्टैंडर्डाइज किया था पाणिनी ने। फ़िराक़ साहब संस्कृत को संस्कृतियाँ कहते थे। उनके कहने का मतलब था संस्कृतें। तो फ़िराक़ ने जब ये बात मुझे बतायी तो मैं सुन रहा था लेकिन उनका चेहरा एकदम से बदल गया और बोले कि—"तुम तो बिल्कुल इंसेन्सेटिव आदमी हो। इतनी बड़ी बात मैं कह गया और तुम्हारे चेहरे पर कोई इमोशन ही नहीं आया था। जब मैंने पहले पहल ये बात डॉ. ताराचन्द के मुँह से सुनी थी तो मैं तो तीन दिन तक रक्स करता घूमा था।" अब मैं काशी

विश्वविद्यालय का विद्यार्थी। अपभ्रंश पढ़ता था, प्राकृत पढ़ता था। मेरे मुँह से निकल गया कि हाँ साहब जब मैंने ये बात पहली बार सुनी थी तो मैं भी बहुत प्रभावित हुआ था। यह सुनकर फ़िराक़ साहब थोड़े नरम हुए। मैंने ये बात उनसे कही ही उन्हें हतप्रभ करने के लिए थी। वैसे ये बात मैंने पहले नहीं सुनी थी। फिर वे काशी विश्वविद्यालय की बुराई करने लगे। मैं चला आया। तो मुझे बुरा तो लगा उनसे मिलकर लेकिन ये भी लगता था कि ये आदमी जो बातें कर रहा है वे सारी-की-सारी आधारहीन नहीं हैं। जिस तरीके से फ़िराक़ साहब की बातों से विकर्षण पैदा होता था उसी तरह से साथ-साथ एक आकर्षण भी पैदा होता था कि ये एक अजीब किस्म का आदमी है जो सबको गाली देता है और इतना बड़ा शायर कहा जाता है। ये अपनी पी.सी.एस. की या कुछ लोग तो कहते हैं कि आई.सी.एस. की नौकरी छोड़ कर स्वाधीनता आन्दोलन में जेल गया था। जवाहरलाल नेहरू के साथ रहा है। मोतीलाल नेहरू का सेक्रेटरी था।

जब फ़िराक़ साहब ने ये कहा कि तुम इतने मन्दबुद्धि के आदमी हो, इतनी बड़ी बात मैं कह गया और कोई इमोशन ही तुम्हारे चेहरे पर नहीं आया तो इसके बाद बोले कि देखो जो बुद्धि होती है, वह दो प्रकार की होती है—एक तो होती है बाँसबुद्धि और दूसरी कम्बलबुद्धि। कम्बलबुद्धि वह होती है जिसे चाहे जितना डंडे से पीटो, सुई गड़ाओ, कुछ असर नहीं होता उस पर। बाँसबुद्धि वह होती है कि उसका एक पोर तोड़ने पर सारे-के-सारे पोर खट-खट करके टूटते चले जाते हैं। तो तुम कम्बलबुद्धि के आदमी हो। तुम्हारी समझ में मेरी बात नहीं आ रही। तब मैंने ये कहा था कि साहब ये बात मैंने पहले सुन रखी है कि पाणिनी ने नब्बे संस्कृतियों में से एक को स्टैंडर्डाइज किया था।

इन सारी बातों के साथ ये बात याद रखने की है कि फ़िराक़ साहब से मिलने से पहले 'इन्द्रधनुष' की अनेक पंक्तियाँ मुझे याद हो गयी थीं, वे मुझे इतनी अच्छी लगती थीं। जैसे—हर साज़ से होती नहीं ये धुन पैदा, होता है किस्मतों से ये गुन पैदा। या, शाम भी थी धुआँ धुआँ, हुस्न भी था उदास-उदास; सर में सौदा भी नहीं, दिल में तमन्ना भी नहीं।

ऐसी बहुत-सी कविताएँ मुझे याद थीं और फ़िराक़ साहब के कवित्व की जो महत्ता है उसका मैं कायल था। इस उत्साह को लेकर मैं उनसे मिलने गया था। इसलिए विकर्षण तो बहुत हुआ लेकिन चूँकि उनकी शख़्सियत, उनके कृतित्व से मैं पहले ही प्रभावित हो चुका था इसलिए एक ख़ास तरह का आकर्षण भी उनके प्रति बना रहा। इसलिए मैंने उनसे मिलना कभी नहीं छोड़ा। मेरे ससुर जब सुनते थे कि मैं फ़िराक़ साहब से मिलने गया था तो वे बहुत हँसते थे।

इसी बीच एक घटना हुई। घटना ये कि नामवर जी ने डॉ. रामविलास शर्मा

का एक लेख हमें पढ़कर सुनाया। नामवर जी मेरे अध्यापक थे, जिसे आज के ज़माने में एडहाक अध्यापक कहा जाता है। तो वे एडहाक अध्यापक थे और एम.ए. की कक्षा पढ़ाते थे। मैं और केदारनाथ सिंह उनसे अपभ्रंश पढ़ते थे। लेकिन उन दिनों नामवर जी का साथ बड़ा सर्जनात्मक होता था। वे बहुत से कवियों, साहित्यकारों के बारे में हमें बहुत-सी बातें बताते थे, हमसे बातें करते थे। मेरे ऊपर उनके बहुत गहरे संस्कार थे। जब मैं फ़िराक़ साहब की बड़ी तारीफ़ करता तो नामवर जी हँसते थे और ये प्रकट करते थे कि फ़िराक़ गोरखपुरी उतने बड़े शायर नहीं हैं जितना आप समझ रहे हैं। मैं चिढ़ता था। उन दिनों हिन्दी को लेकर डॉ. रामविलास शर्मा और फ़िराक़ गोरखपुरी के बीच नोंकझोंक हुई थी। डॉ. रामविलास शर्मा ने एक लेख लिखा था—'फ़िराक़ और हिन्दी'। ये लेख नामवर जी ने मुझे पढ़कर सुनाया। वह लेख रामविलास शर्मा जी ने अपनी विध्वंसात्मक शैली में लिखा था। वह पहला ऐसा लेख मेरी नज़रों से गुज़रा जिसमें कोई आदमी फ़िराक़ की 'टिलटिली' उड़ाता है और यह समझता है, साबित भी करता है कि फ़िराक़ अपदार्थ हैं। मुझे यह बात बुरी लगी क्योंकि मैं फ़िराक़ गोरखपुरी को इतना अपदार्थ मानने को तैयार नहीं था। लेकिन यह ज़रूर था कि रामविलास जी का यह लेख पठनीय बहुत था। इस लेख की कई बातें मुझे याद हैं जैसे फ़िराक़ साहब ने एक लेख लिखा था जिसमें हिन्दी कविता से कोई पंक्ति उद्धृत की थी जिसमें 'लोचन विलोचन' आता है। फ़िराक़ साहब ने मज़ाक़ उड़ाते हुए पूछा कि ये लोचन क्या है? आगे लिखा कि जब मैं इस लफ़्ज़ को पढ़ता हूँ तो मुझे अपने गाँव के रामलोचन पांडे याद आते हैं, बेचारे बड़े शरीफ़ आदमी थे, मर गये। जवाब में रामविलास जी ने लिखा था कि आपको लोचन सुनकर रामलोचन पांडे याद आते हैं? तो 'उदित उदयगिरि मंच पर रघुवर बाल पतंग' सुनकर आपको पतंग उड़ाने का ज़माना याद आ जाएगा। फ़िराक़ ने हिन्दी लेखकों को धोती परसाद कहा था तो रामविलास जी ने लिखा कि—ऐ सुथनासहाय जी सुनिए। इस तरीके से बड़ा तुर्की बतुर्की चला था। ख़ासतौर पर रामचन्द्र शुक्ल और निराला पर जो आक्षेप फ़िराक़ साहब ने किये थे उनका बहुत ही सटीक उत्तर रामविलास जी ने दिया था। फिर भी मैं नहीं मान सकता था कि फ़िराक़ साहब इतने कौड़ी के तीन हैं जैसा कि रामविलास जी दिखाना चाहते थे। नामवर जी उसका मज़ा लेते थे। वे रामविलास जी से सहमत होते थे और कहते थे कि ठीक लिखा है। फ़िराक़ साहब ऐसे ही हैं। अंग्रेज़ी के लेक्चरर हैं इसलिए नाम हो गया वैसे इतने बड़े नहीं हैं। फ़ैज़ उनसे बड़े शायर है। नामवर जी मख्दूम को भी बहुत बड़ा शायर मानते थे—बड़ा शायर मतलब फ़िराक़ से बड़ा शायर। मैं फ़िराक़ के सामने किसी को मानता नहीं था। फ़िराक़ का जो भी लिखा मिलता उसे पढ़ता और जब कभी इलाहाबाद जाता तो उनसे मिलता भी।

फ़िराक़ साहब बहस करते वक़्त बहुत गाली-गलौज करते थे। जिन रूपों में मैंने फ़िराक़ साहब को देखा है उनमें से कुछ का ज़िक्र मैं ज़रूर करूँगा हालाँकि उनके उन रूपों को लेखन में उतार पाना आसान काम नहीं है। एक बार मैं उनके यहाँ शाम को गया तो वे बैठे शराब पी रहे थे। मेरे ख़्याल से वे ठर्रा पीते थे। हिसाबी किताबी बहुत थे और अपनी आमदनी के अनुसार खर्च करते थे। बहुत देर में एक पेग ख़त्म करते थे, मेरा ख़्याल है कि पीने में एक या डेढ़ घंटा लगा देते थे। और जब वे शाम को पीते थे तब अक्सर चाहे मज़ा लेने के लिए चाहे उनकी बातें सुनने के लिए काफी संख्या में लोग आ जाते थे। उनमें बड़े-बड़े लोग, कई उच्चाधिकारी होते थे। इलाहाबाद हाईकोर्ट के जज भी आते थे। फ़िराक़ साहब के यहाँ बनारस का एक मुस्लिम लड़का रहता था। नाम था फना। बाद में पता चला कि वह लड़का नजीर बनारसी का परिचित था और फ़िराक़ साहब की सेवा करने चला आया था। तो एक बार फ़िराक़ साहब ने पीकर एक दूसरे नौकर रामखेलावन को आवाज़ दी कि—ऐ ऽऽ मौलाना को भेजो। मौलाना मतलब फना। उसकी उम्र बीस-बाईस साल की रही होगी। तो 'मौलाना' आये और उसके बाद इतनी गालियाँ फ़िराक़ साहब ने उस लड़के को दीं कि मैं बता नहीं सकता। वह लड़का बेचारा हाथ जोड़े, सिर नीचा किए खड़ा रहा, जवाब न दे पाये। फ़िराक़ साहब ने उससे कहा कि तुमने खाना इसी वक़्त क्यों भिजवा दिया? लड़के ने कहा—हुज़ूर आपने कहा था खाना भिजवा दो। फ़िराक़ साहब बोले कि—"ना। मैंने ये नहीं कहा था, मैंने कहा था कि खाना तैयार रहे। खाना तैयार रहे और खाना भिजवा दो—इसमें फ़र्क़ आप नहीं समझते है? ये कोई अरबी नहीं है, सिम्पल खड़ी बोली है। मैं शाम को छह बजे कहूँगा कि खाना तैयार रहे और रात को साढ़े बारह बजे कहूँगा कि खाना आ जाए तो खाना जो है वह रात को साढ़े बारह तपाक से आ जाएगा। अगर सवा बारह बजे आ गया तो मैं आपको क़त्ल कर दूँगा। आपने जल्दी खाना भिजवा दिया। आप चाहते हैं कि मुझे खाना खिला के आप रामलेखावन के साथ ख़ुशगप्पियाँ करें?" मुझे बड़ा बुरा लगा। इसके बाद फ़िराक़ साहब पेशाब करने गये। पेशाब जब करने लगे तो वहीं उनका पायजामा नीचे उतर गया और वे उसी तरह नंग-धड़ंग आकर कुर्सी पर बैठ गये। उस समय वहाँ कुर्सी पर सात-आठ लोग बैठे थे। चूँकि उस दिन फ़िराक़ साहब फना पर नाराज़ थे इसलिए उन्होंने हजरत मुहम्मद और कुरान के बारे में जो कुछ कहना शुरू किया वो सब मैं नहीं कह सकता। बहुत सतर्क होकर ये कह सकता हूँ कि जैसे उन्होंने कुरान के बारे में कहा कि—"साहब पढ़ रहा हूँ, सारे राज़ खुले रहे हैं"—और भी कुछ इधर-उधर की ऐसी बातें कहीं जो सभ्य समाज में कहने लायक़ नहीं हैं। इसी बीच एक आदमी आया जो हिन्दू था। उसने फ़िराक़ साहब की इन बातों में मज़ा लेना शुरू कर दिया। तो फ़िराक़ साहब

ने हिन्दुओं के बारे में इसी तरह की बातें करना आरम्भ किया और बोले—''माफ़ कीजिएगा साहब, जैसे ही मुझसे कोई हिन्दू कहता है तो मुझे लगता है कि जैसे कोई खेत में हाजत रफा कर रहा है साला।'' ख़ैर, थोड़ी देर बाद महफ़िल तो रुख़सत हो गयी, सब अपने-अपने घर चले गये लेकिन दूसरे दिन जब मैं गया तो बोले कि—''क्या बताएँ कल कुछ ऐसी बातें हो गयीं।''

एक बार का वाकया ये है कि वही शाम वाली बैठक थी। तो डॉ. ईश्वरीप्रसाद आये। डॉ. ईश्वरीप्रसाद का नाम तो मैं दर्जा पाँच से ही सुनता आया था। इतिहास में उनकी किताबें हैं। बहुत बड़े प्रोफ़ेसर थे। वे क्या करने आये थे? एक ऐसा निर्वाचन क्षेत्र होता था विधान परिषद का जिसमें प्रोफ़ेसर लोग ही खड़े हो सकते थे, उसके उम्मीदवार थे और फ़िराक़ साहब से वोट माँगने आये थे। फ़िराक़ साहब ने उनसे कहा कि—अरे! पंडित जी आप बिल्कुल निश्चिन्त रहिए, जब आप खड़े हैं तो मैं आपको छोड़कर और किसे वोट दूँगा। मैं नहीं जानता था कि ईश्वरीप्रसाद ब्राह्मण हैं। जब फ़िराक़ साहब ने उनको पंडित जी कहकर सम्बोधित किया तब मुझे पता चला। अब डॉ. ईश्वरीप्रसाद ने क्या किया कि यह सोचकर कि फ़िराक़ साहब नशे में हैं, वे फ़िराक़ साहब की बातों में मज़ा लेने लगे। फ़िराक़ साहब को इस बात का पता चल गया, इस मामले में वे बहुत सतर्क आदमी थे। उन्होंने कहा कि—सुनिए पंडित जी वोट मैं आपको दे दूँगा वो सब तो ठीक है लेकिन एक बात आप मुझे बताइए कि आप शरीफ़ होना कब सीखेंगे? आप इलाहाबादी होना कब सीखेंगे? सर शफात ने ये काम कभी नहीं किया, अमरनाथ झाने ये काम कभी नहीं किया। डॉ. ताराचन्द ने कभी नहीं किया। आप जो हैं इस चिरकुट चीज़ के पीछे क्यों पड़े हुए हैं? तो आप अब इलाहाबादी बनना सीखिए, कुछ शराफ़त आपमें आनी चाहिए। आपको हम लोगों के नाम पर धब्बा नहीं लगाना चाहिए। इसके बाद प्रो. ईश्वरीप्रसाद चले गये।

एक दिन कोई साहब आये। बड़ी दूर से आवाज़ दी—मैं हूँ रामबाबू। वो शायद हाईकोर्ट में वकील थे। वकील ही थे क्योंकि मेरे ससुर के दोस्त थे। बाद में उनकी मेरी मुलाकात भी हुई। तो उन्होंने कहा कि मैं हूँ रामबाबू। फ़िराक़ साहब वहीं से बैठे बोले—आप चाहे रामबाबू हों, चाहे दशरथ बाबू, आपकी आवाज़ निहायत भोंडी और बदसूरत है। तो उन्होंने फ़िराक़ साहब से कहा कि—जब आप ऐसी बात कर रहे हैं, इतने नाराज़ हैं तो मैं जा रहा हूँ। फ़िराक़ साहब बोले—जाएँगे कहाँ? जब क़ुदरत ने आपको आवाज़ ही ऐसी दी है तो जहाँ भी जाएँगे उसी का सर फोड़ेंगे, यहीं चले आइए। ज़ाहिर है कि वे दोनों दोस्त थे।

फ़िराक़ साहब कभी-कभी बहुत निर्मम होकर अपने बारे में, अपनी एक पत्नी के बारे में, अपने उस बच्चे के बारे में जिसने आत्महत्या कर ली थी, अपनी

माँ के बारे में, अपने भाई यदुपति सहाय के बारे में बहुत-सी ऐसी बातें करते थे जो बातें कोई सामान्य और सभ्य आदमी नहीं कर सकता। अगर कोई फ़िराक़ साहब से वाई साहब यानी यदुपति सहाय की—जो उनके छोटे भाई थे, तारीफ़ करता था तो वे चिढ़ते थे। फ़िराक़ साहब जितने ज़्यादा बदनाम और ग़ैर ज़िम्मेदार माने जाते थे यदुपति सहाय उतने ही ज़िम्मेदार और महत्त्वपूर्ण प्रोफ़ेसर माने जाते थे। शिक्षक के रूप में भी उनकी बहुत प्रशंसा करते थे विद्यार्थी। इलाहाबाद विश्वविद्यालय में भी उनकी तारीफ़ होती थी। एक बार फ़िराक़ साहब के यहाँ एक लड़का आया जो बहुत ही अनौपचारिक ढंग से व्यवहार कर रहा था। आते ही उसने कोट उतार कर चारपाई पर फेंका और लेट गया। मुझे ताज्जुब हुआ कि ये कैसा विद्यार्थी है? हो सकता है उनका रिश्तेदार रहा हो। तो उसने कहा कि आपको वाई साहब याद कर रहे थे। वे फ़िराक़ साहब के मकान से सात-आठ मकानों की दूरी पर रहते थे। दोनों सगे भाई थे और दोनों इलाहाबाद विश्वविद्यालय में पढ़ाते थे। उस लड़के ने फिर कहा कि—साहब, वाई साहब को तो हार्ट अटैक हो गया है। फ़िराक़ साहब ने कहा कि—नहीं ऐसी तो कोई बात नहीं है। मुझे तो कोई ख़बर नहीं है कैसे हो गया हार्ट अटैक? उस लड़के ने कहा—उनको दस्त आ रहे थे। फ़िराक़ साहब बोले—तब तो हार्ट अटैक हो ही नहीं सकता क्योंकि लूज़ मोशन में हार्ट अटैक नहीं हो सकता। यहाँ तक तो सब ठीक था लेकिन आगे उस लड़के ने कहा कि—साहब चाहे जो हो वाई साहब पढ़ाते बहुत अच्छा हैं। तो फ़िराक़ साहब चुप रहे। उसने फिर कहा कि—साहब He is a wonderful teacher बहुत अच्छा पढ़ाते हैं। तो फ़िराक़ साहब ने कहा कि हाँ वो अच्छा पढ़ाता होगा। मैंने बी.ए. में जितने नोट्स बनाये थे, उन्हीं को पढ़कर उसके अच्छे नम्बर आ गये, उन्हीं से पढ़ता होगा वो। उस लड़के को पता नहीं क्या सूझा कि उसने फिर कहा कि—साहब जो कुछ कहिए, वाई साहब अच्छा पढ़ाते हैं। अब इसके बाद फ़िराक़ ने जो कुछ कहा, अब दुनिया में फ़िराक़ साहब भी नहीं हैं, बाई साहब भी नहीं हैं। मैं झूठ नहीं कह रहा हूँ और जो कुछ कह रहा हूँ उसमें अश्लीलता नहीं है इसलिए कह रहा हूँ। फ़िराक़ साहब ने कहा कि—दि मिसफारच्यून आफ अदर्स इज न्यूज टू हिम। जब वो खाना खाने के लिए बैठता है टेबल पर तो उनकी बीवी ऐसी, इसकी बीवी ऐसी—ये सब जो कुछ कहा, वो ये कि—ही हैज इनहर्टेड दिस मीननैस फ्राम अवर मदर, शी वाज ए परफैक्ट ललाइन। इसके बाद प्रो. यदुपति सहाय के साथ-साथ अपने परिवार के बारे में अजीब तरह की बातें कहनी शुरू कीं। अपनी बीवी के बारे में जो कुछ उन्होंने कहा उसे मैं नहीं कह सकता। उस दिन मेरे मन में फ़िराक़ साहब के प्रति घृणा का अंश पैदा हुआ। एक दूसरे मौके पर उन्होंने अपनी बीवी की इस चीज़ के लिए तारीफ़ भी

की है कि वे कबाब बहुत अच्छा बनाती थीं और ये कहा कि जिसे अँग्रेज़ी में Underdone कहते हैं, कबाब थोड़ा-सा कच्चा रह जाता था जो और अच्छा लगता था। एक बार मैंने उनसे पूछा कि फ़िराक़ साहब जब आप अपनी बीवी से इतने असन्तुष्ट थे तो आपने दूसरी शादी क्यों नहीं की? तो उन्होंने जो जवाब दिया वह बड़ा अजीब था। वो ये कि I thought that my distruction was complete. बल्कि उन्होंने बताया कि यह शादी उन्होंने अपनी इच्छा से की थी। एक ये मुंशी जगदम्बा प्रसाद—उन्होंने ये शादी तय करायी थी और फ़िराक़ साहब ने इसके लिए सहमति दी थी। फ़िराक़ साहब ने मुंशी जगदम्बा प्रसाद को गाली दी और कहा कि उसने मेरी ज़िन्दगी बरबाद कर दी। हालाँकि कुछ स्रोतों से मुझे दूसरी बातें भी पता चली हैं। एक हैं अहमद साहब जो यहाँ इंडियन एक्सप्रेस में काम करते हैं। हिन्दी में बहुत अच्छी कविताएँ लिखते हैं। उन्होंने मुझे बताया कि फ़िराक़ साहब की बीवी का नाम किशोरी देवी था और वे देखने में उतनी ख़ूबसूरत न रही हों लेकिन बदसूरत भी नहीं थीं। अच्छे परिवार की थीं। उन्होंने ख़ुद लिखा है 'उत्तर प्रदेश' के 'फ़िराक़ अंक' में कि वे मेरा ख़्याल रखते थे। तो हो सकता है कि फ़िराक़ साहब लोगों को दिखाने के लिए नाटक करते हों। इसमें कोई ताज्जुब नहीं होगा क्योंकि हमारी तरफ पूर्वी उत्तर प्रदेश के जो रईस होते हैं वो एक नाटक भी करते हैं जैसे उनका बीवी से कोई मतलब नहीं है और वे बीवी को नापसन्द करते हैं। आख़िरी दिनों में भी फ़िराक़ साहब अपनी पत्नी को पैसा भेजते थे और कभी-कभी वे आकर फ़िराक़ साहब के यहाँ रहती भी थीं। जब तक फ़िराक़ साहब नौकरी करते रहे तब तक वे साथ रहती थीं बाद में अपने मायके रहने लगीं।

फ़िराक़ साहब की समलैंगिक प्रवृत्तियों के बारे में बहुत बातें की गयी हैं। लोगों ने तो यह भी अनुमान लगाया कि उनकी इस प्रवृत्ति के चलते ही उनके पुत्र ने आत्महत्या कर ली? एक दिन मैंने उनसे पूछा कि आपका कोई पुत्र था, जो अब नहीं है, उसने आत्महत्या कर ली? तो फ़िराक़ साहब ने मुझसे जो कहा वो ये कि—साहब ख़ुदा का शुक्र है कि वो अब नहीं है क्योंकि वो तो अपना नाम भी ठीक से नहीं ले सकता था। उसका नाम था गोविन्द सहाय पर वो गोविन्द ठीक से नहीं बोल पाता था, बोलता था—गोविन्न। वह रेल से कट गया था शायद क्योंकि फ़िराक़ साहब ने बताया कि—रेल से उसके दोनों पैर कट गये थे। वो गया था आत्महत्या करने लेकिन कर नहीं पाया उसके पैर कट गये। कुछ लोग उसको उठाकर घर लाये भी थे। कुछ दिन ज़िन्दा रहा बाद में मर गया। फ़िराक़ साहब की दो लड़कियाँ थीं, दोनों की शादियाँ अच्छी हुईं। हालाँकि कुछ लोग तो कहते हैं कि उनके कन्यादान

के समय फ़िराक़ साहब पीकर कहीं बहोश पड़े थे। लेकिन मुझे लगता है कि ऐसा नहीं हुआ होगा क्योंकि फ़िराक़ साहब अपनी पारिवारिक ज़िम्मेदारियों में कोताही नहीं करते थे।

फ़िराक़ साहब पोशाक के मामले में बहुत लापरवाह थे। अक्सर कॉफी हाउस में मैंने उनको देखा है कि उनके पायजामे का नाड़ा नीचे लटक रहा है। पाजामा गन्दा भी होता था। लेकिन मैंने ऐसा भी देखा है कि खाना-वाना खाने के बाद वे धोती और कुर्ता पहनकर के उनके घर में एक आदमक़द शीशा था, उसके सामने खड़े होकर वे बड़ी देर तक अपने को देखते थे। एक बार इसी स्थिति में मुझसे बोले कि दुनिया की सबसे अच्छी पोशाक जो है वो धोती और कुर्ता है।

खाने का शौक फ़िराक़ साहब को बहुत ज़्यादा था। खिलाने का भी शौक था। उनके यहाँ एक दो बार मैंने खाया भी है। खाने में उनको बहुत चीज़ें पसन्द थीं। खाने के बारे में बहुत बातें करते थे। मुसलमानों के खाने की बड़ी तारीफ़ करते थे और कहते थे कि यहाँ पर तो खाना-वाना कुछ था ही नहीं। हिन्दुओं के खाने को क्या था—पुआ। तुलसीदास की यह पंक्ति उद्धृत करते थे कि 'जब माँगै तब पूव दिखावै।' और खीर। बताइए? दो साल के बच्चे का टेस्ट है खीर—ये भी कोई खाने की चीज़ है? यह भी कहते थे कि—क्या समझते हैं आप, मुसलमान सोलह किस्म की तो रोटियाँ बनाना जानता है। वो रोटी और दाल दे दे आपको तो हाथ चाटेंगे। लेकिन फ़िराक़ साहब जब हिन्दुओं के खाने की तारीफ़ करने पर आते थे तो अपनी इस बात को भूल जाते थे। उनका तारीफ़ करने का ढंग बड़ा अजीब था। मिर्च के अचार के बारे में उनका कहना था—कि मुझसे मिर्च का अचार मत कहो। जैसे ही कोई आदमी मुझसे कहेगा कि मिर्च का अचार तो फिर उस मिर्च में मुझे टेस्ट नहीं आएगा। मुझसे कहो मरिचा का अचार। गोरखपुर में मरिचा का अचार कहा जाता है। साठी के चावल का भात, अरहर की दाल और आलू का चोखा के बारे में कहते थे कि अगर ये कम बने हों तो मैं किसी को नहीं देता। साठी का चावल वे गोरखपुर से मँगवाया करते थे। साठी का चावल साठ दिन में ही पैदा हो जाता है। यह पूर्वी उत्तर प्रदेश में होता है जिसे Transplant नहीं किया जाता। बो दिया जाता है। फिर साठ दिन में अपने-आप हो जाता है। भादो में तैयार होता है और बहुत मीठा होता है। यह वही है जिसे संस्कृत में शालि कहा जाता है। फ़िराक़ साहब बैंगन के भुरते की बड़ी तारीफ़ करते थे और बताते थे कि कैसे बनाया जाता है।

मुझे फ़िराक़ साहब के बारे में बात करते, सोचते हमेशा ये लगा कि वे अन्दर से पारिवारिक जीवन बिताने के आकांक्षी थे। पारिवारिकता उनका एक ऐसा स्वप्न था जो उनके जीवन में कभी आया ही नहीं। इस पर वे खीझते और क्षुब्ध होते

थे। लोगों से कहते भी थे। ऐसा सम्भव ही नहीं है कि वे अपनी पत्नी की उपेक्षा करते। बुराई ये थी कि वे अपने परिवार में सिर्फ़ अपनी पत्नी की ही बुराई नहीं करते थे। अपने भाई, अपनी माँ सबकी बुराई करते थे। वैसे फ़िराक़ साहब बहुत कुलीन, सम्भ्रान्त और संस्कारी परिवार के थे। पिता गोरख प्रसाद इबरत अच्छे शायर थे। फ़िराक़ साहब उनका एक शेर बहुत गर्वपूर्वक सुनाते थे और उन्होंने लिखा भी है कि इस मफहूम पर ऐसे शेर बहुत कम कहे गए हैं। शेर ये है कि—

क्या ढूँढ़ती है बाग में मेरे तू ऐ खिजाँ,
तू जानती है सबके चमन में बहार है!

फ़िराक़ साहब कहते थे कि 'सबके' को ज़रा लचक के साथ कहिए—सबके चमन में बहार है। यहाँ दिल्ली विश्वविद्यालय के दक्षिणी परिसर के जो डायरेक्टर थे अभयमान सिंह, फ़िराक़ साहब उनके सगे मामा थे। फ़िराक़ साहब का परिवार अच्छा था, सम्भ्रान्त था। अच्छी क़द-काठी के थे फ़िराक़ साहब और शक्ल-सूरत अच्छी थी, साँवले थे।

फ़िराक़ साहब परस्पर विरोध के पुंज थे। मैंने तो उनकी पत्नी को नहीं देखा लेकिन फ़िराक़ साहब अपनी कई कविताओं में और बातचीत में भी अपनी पत्नी की बड़ी निन्दा करते थे। इस ढंग से करते थे जो उनको नहीं करना चाहिए था। ये सुनकर फ़िराक़ साहब के बारे में ख़राब राय बनती थी और उनकी पत्नी के बारे में अच्छी राय बनती थी। ऐसा लगता था फ़िराक़ साहब के बारे में कि मान लो एक आदमी है, जिसकी बड़ी आकांक्षाएँ हैं, जो बहुत सौन्दर्य प्रेमी है और उसका जीवन उसकी आकांक्षाओं के अनुरूप न हुआ हो। फ़िराक़ साहब इसका सारा दोष शायद अपनी पत्नी को देते थे। जैसे वही इन सब बातों के लिए ज़िम्मेदार हो। मुझे बड़ा ताज्जुब होता था, अब भी होता है कि इतना संवेदनशील कवि अपनी सारी बुराइयों, सारी विपत्तियों के लिए ज़िम्मेदार अपनी पत्नी को मानता था। एक बार भी ये नहीं सोचते थे कि इसमें उनकी पत्नी का क्या दोष है। वो कवि जो दूसरों की भावनाओं के बारे में न सोच सके, इस दुनिया के बारे में न सोच सके वह इनसान ही नहीं होगा, कवि तो क्या होगा! फ़िराक़ साहब के व्यक्तित्व के कई आयाम हैं जिनमें से कुछ के लिए उनका बचाव नहीं किया जा सकता। मैंने ऐसे कई लोगों को देखा है जो फ़िराक़ साहब के समान ही अच्छे थे, बल्कि उनसे ज़्यादा अच्छी शक्ल-सूरत के थे और जिनकी बीवियाँ फ़िराक़ साहब की पत्नी से, फ़िराक़ साहब के ही शब्दों में ज़्यादा बदसूरत थीं। लेकिन उन्होंने अपने जीवन में बड़े अच्छे ढंग से निर्वाह किया। इलाहाबाद में ही थे—दास बाबू। बहुत सुन्दर थे। बड़ी बड़ी आँखें, सलोने—जिनके बारे में फिर कभी लिखूँगा। लेकिन उनकी पत्नी उनकी तुलना

में कहीं नहीं थीं। फ़िराक़ साहब ने ख़ुद एक बार मुझे कहा कि—देखो दास को, उसकी ज़िन्दगी नरक नहीं बनी और मेरी ज़िन्दगी नरक बन गयी।

अहमद साहब फ़िराक़ साहब के बहुत नज़दीक थे। वे उनके व्यक्तित्व के इस आयाम के आलोचक भी हैं। उन्होंने बताया कि फ़िराक़ साहब की बीवी अच्छी थीं। देखने-सुनने में और वे कभी-कभी फ़िराक़ साहब को कोसती भी थीं। फ़िराक़ साहब उन पर कभी-कभी ज़ुल्म भी करते थे। जैसे, एक बार वे गोरखपुर से आयीं। आते ही जैसे ही सामान नीचे रखा तो फ़िराक़ साहब ने पूछा कि—मरिचा का अचार लायी हो? वे लाना भूल गयी थीं। तो फ़िराक़ साहब ने उसी वक़्त उनको लौटा दिया और कहा कि जाओ मरिचा का अचार लेकर तब आओ गोरखपुर से, भूल कैसे गयी तुम? और कभी-कभी जब वे गुस्से में आती थीं तो कहती थीं कि—तुम पहले अपना थोबड़ा तो देख लो कैसे हो? वे दबती नहीं थीं। कहने का मतलब ये है कि कल्पना में कोई रूपसी चाहते रहे होंगे फ़िराक़ साहब जो उनको नहीं मिली। एक बार सबके बीच में फ़िराक़ साहब ने बड़े ज़ोर से कहा कि—I am not a born homosexual, it is my wife, who has made me, homosexual. तो मुझे लगता है कि अपनी कमज़ोरियों को छिपाने के लिए वे अपनी पत्नी को बलि का बकरा बनाते थे। उनकी बीवी तो सबके सामने आकर बातें कह नहीं सकती थीं। इसलिए फ़िराक़ साहब अपने सारे दोषों के लिए अपनी बीवी को ज़िम्मेदार ठहराते थे।

पं. हजारीप्रसाद द्विवेदी कहा करते थे कि जो अभाव होता है वह विभाव बन जाता है। फ़िराक़ साहब की रुबाइयों का एक संकलन है 'रूप'। उसमें एक ऐसी घरेलू औरत या गृहिणी है, जो सुगृहिणी है, सुन्दर है, बच्चे हैं उसके, पति को सन्तुष्ट रखती है, घर को ठीक-ठाक रखती है। शायद ये सब फ़िराक़ साहब अपनी बीवी से चाहते थे। जिस रूप में पत्नी की वे कल्पना करते थे वह शायद कविता में ही उभर सकती थी। शायर जो ज़िन्दगी में नहीं पाता उसे कविता में पाने की कोशिश करता है। मुझे ऐसा लगता है कि इस तल्ख़ी और कमी से फ़िराक़ साहब आत्मविश्वास का भी काम लेते थे। कभी-कभी बहुत हास्यस्पद और अविश्वसनीय ढंग से वे अपने दुख को इतना बड़ा बना कर पेश करते थे जिसको मुक्तिबोध ने कहा है कि 'दुखों के दागों को तमगों-सा पहना' और जिसके लिए परसाई ने 'करुणा चुराना' लिखा है। फ़िराक़ साहब की इस प्रवृत्ति के बारे में उर्दू के नक्कादों ने भी कहा है कि वे अपने दुख को बहुत बढ़ा-चढ़ाके पेश करते थे। एक बार फ़िराक़ साहब ने कहा कि—साहब राम का जो बनवास था वो मेरे दुख के सामने, उन्होंने बहुत गन्दे शब्द का प्रयोग किया जिसका मतलब था कि, बहुत छोटा है। यह प्रवृत्ति उसी बात के मेल में ही है जिसे फ़िराक़ साहब कहते थे कि इस समय मैं एशिया का सबसे बड़ा शायर हूँ। या अगर मुझे नोबल पुरस्कार मिल जाए तो उसे मैं छूऊँगा

भी नहीं। तो उनका ऐसा व्यक्तित्व जिसके बारे में डॉ. रामविलास शर्मा ने मुक्तिबोध पर लिखते हुए लिखा है कि अपने को सबसे बुरा मानना और अपने को सबसे अच्छा ये वस्तुतः व्यक्तिवाद के सिक्के के ही दोनों पहलू हैं। तो मेरा उनके बारे में यह कहना है कि मूल रूप से उनका सम्बन्ध एक संस्कारी, कुलीन, पढ़े-लिखे, सम्भ्रान्त परिवार से था लेकिन उनकी महत्त्वाकांक्षाओं—असन्तुलित महत्त्वकांक्षाओं—ने उनको शायर लेकिन कमतर इनसान बना दिया।

फ़िराक़ साहब मिलनसार थे। उनमें वाग्विदग्धता थी, वे हाज़िरजवाब और विटी थे। अपने बारे में उल्टा-सीधा प्रचार वे ख़ुद करते थे। इन सबसे से वे आत्मविज्ञापन का काम लेते थे। नाम अभी मैं याद नहीं कर पा रहा हूँ लेकिन उर्दू के किसी आलोचक या शायर ने ये बात कही तो मुझे बड़ी अच्छी लगी। किसी ने कहा कि फ़िराक़ साहब ग़ालिब की कोटि के कवि हैं। तो जवाब देते हुए उर्दू के उस नक्काद ने कहा कि हाँ एक मतलब में ग़ालिब की कोटि के शख़्सियत हैं लेकिन फ़र्क़ ये है कि ग़ालिब और उनकी शायरी दोनों के बारे में बातें होती हैं। ग़ालिब के बारे में जो लतीफे हैं, किंवदन्तियाँ हैं, वे भी बड़े अच्छे हैं, उनसे मनोरंजन होता है लेकिन उनकी शायरी पर ज़्यादा बात होती है। लगता है कि उनकी शायरी, उनके बारे में प्रचलित किंवदन्तियों से बहुत बड़ी है। जबकि फ़िराक़ साहब के बारे में उल्टी बात है। यानी ग़ालिब के यहाँ शायरी प्रमुख है और लतीफे किंवदन्तियाँ हाशिये पर हैं और फ़िराक़ साहब के यहाँ उनके ही द्वारा प्रचारित चुटकुले-आत्मविज्ञापन प्रमुख हो गये हैं। मुझे लगता है कि यह स्थिति दुर्भाग्यपूर्ण है क्योंकि फ़िराक़ साहब भी बड़े शायर हैं।

फ़िराक़ साहब से मिलना, उनसे बात करना शिक्षाप्रद भी होता था। ज्ञानपूर्वक भी होता था। जब तक आप उनके साथ रहें, वे ही ज़्यादा बोलते थे। ऐसा होता था कि आप केवल उन्हें सुनें। यह पता नहीं होता था कि किस अवसर पर बहुत आला दर्जे की बात कह दें, एक दार्शनिक की तरह बात करें। आपको लगे कि ये आदमी तो सुकरात, अरस्तू और बुद्ध की तरह बोल रहा है और किसी अवसर पर एकदम से ये लगे कि ये आदमी तो बहुत अश्लील, कमीना और ओछा है। आप इसे सह नहीं सकते। वे किस्से बहुत सुनाते थे। अक्सर वे किस्से अश्लील होते थे। कभी-कभी तो बहुत भदेस किस्से होते थे। ऐसे भी होते थे कि सुनकर आप हँसते-हँसते लोटपोट हो जाएँ। उस समय आप उनकी शायरी को भूल जाएँ—एक शायर क्या बात कर रहा है—ये भी भूल जाएँ। मैं हिम्मत करके जो शायद सबसे कम अश्लील और ग्राम्य किस्सा है नमूने के तौर पर आपको सुनाऊँ। एक बार हम लोग बैठे थे। फ़िराक़ साहब खाना-वाना खाकर आये। बैठे। तो उनको वायुविकार हुआ, जिसको हम लोग बोलने में पादना कहते हैं। तो पादे फ़िराक़ साहब। हम

लोगों के चेहरे पर मुस्कान आ गयी। फ़िराक़ साहब ने इस पर एक किस्सा सुनाया। वो ऐसा किस्सा है कि खुशवन्त सिंह की पूरी किताब में ऐसा किस्सा नहीं होगा। उन्होंने बताया कि ये किस्सा हमारी तरफ चलता है। किस्सा ये है कि, एक आदमी था। वो चोर से बहुत डरता था। बनिया था, उसके पास पैसा था। इसलिए रात को सोते समय चोर से बहुत डरे। उसने सोचा कि मुझे नींद भी नहीं आती, मैं चोरों से इतना डरता हूँ। क्या करूँ? तो उसने गौरा पार्वती—गौरा पार्वती हमारे यहाँ किस्से में आती हैं जिसका मतलब है पार्वती—तो उस आदमी ने गौरा पार्वती और शंकर की तपस्या की और वरदान माँगा। वरदान में माँगा कि कुछ ऐसा कीजिए जिससे मुझे चोर से डर न लगे, मैं बिल्कुल निश्चिन्त होकर के सोऊँ। तो गौरा पार्वती ने उसे वरदान दिया कि जाओ अब तुम बेफ़िक्र होकर सोओ, तुम्हारा कुछ नहीं बिगड़ सकता। उसने पूछा कि क्या होगा? तो गौरा पार्वती ने कहा कि होगा ये कि जब तुम सोओगे तो तुम तो सोते रहोगे, तुमको पता नहीं चलेगा लेकिन तुम पादते रहोगे और उस पादने में ज़ोर से आवाज़ निकलेगी—कौन है? क्या है? ख़बरदार! फ़िराक़ साहब अपना जाम लेते हुए और सिगरेट पीते हुए ये किस्सा सुना रहे हैं और लगभग अवधी में सुना रहे हैं—अवधी ओर भोजपुरी मिश्रित जो गोरखपुर वाली भाषा है उसमें, जैसे उन्होंने कहा कि—जाओ तू बिल्कुल निहचिन्त होकर के सोवो और तुम पादोगे तो उसमें से निकलेगा कौन है? क्या है? खबरदार। आवाज जोर-जोर से आती रहेगी। और साहब ये बड़ा वो हो गया कि वो सोवै और पता चलै कि मोहल्ले भर की रक्षा। अब साहब बड़े जोर-जोर से आवाज आये चोर सब डरैं। तो उनमें जो बड़का चोर था, चोरों के दल का मुखिया, वो आया और उसने देखा और कहा कि अरे, ये साला तो सो रहा है। तो अब क्या किया जाए? तो बड़के चोर ने कहा कि मैं अभी इसका तरीका सोचता हूँ और उसने ये काम किया कि एक कागज की बड़ी भारी-सी कोई पुंगी बनायी और उसके गुदाविवर में लगा दिया। जाहिर है फ़िराक़ साहब ने गुदाविवर नहीं कहा था उसका तद्भव रूप कहा था। तो जब लगा दिया तो उसका बोलना बन्द हो गया। जब उसका बोलना बन्द हो गया तो चोरों का दल चोरी करके जाने लगा। तब तक उसके अन्दर इतनी ज्यादा हवा भर गयी कि वो पुंगी जोर से छूटी और बड़के चोरवा के सीने में लगी, वो वहीं मर गया। फ़िराक़ साहब ने इस तरह के किस्से लोगों को बहुत सुनाए होंगे, वे इसमें रस लेते थे और बड़े क्रियेटिव ढंग से सुनाते थे।

हिन्दी वालों के बारे में अक्सर गाली-गलौज के साथ बात करते थे। मैंने ये देखा कि निराला जी के बारे में ज़्यादातर गालीवाली से बात नहीं करते थे। ये कहते थे कि भई वो तो बड़ा कवि है और क्या है पागल है, And his 'juhi ki kali' is success and his poems on Badal are simply wonderful और कहा कि 'विजन

वन वल्लरी' ये क्या है वल्लरी उल्लरी। ख़ैर निराला तो वो निभा भी ले गया। पन्त जी की बड़ी निन्दा करते थे। रामकुमार वर्मा को बहुत ही हास्यास्पद ढंग से याद करते थे। महादेवी वर्मा के बारे में भी बहुत अच्छी राय नहीं थी। उनके यहाँ रमेशचन्द्र द्विवेदी रहते थे, वही रमेश जिन्होंने फ़िराक़ साहब की जीवनी लिखी है। मैं उनसे वहाँ कई बार मिला हूँ तो रमेशचन्द्र द्विवेदी का Viva था जिसमें द्विवेदी जी और रामकुमार वर्मा आये थे। द्विवेदी जी ने उनसे कहा कि कुछ कविताएँ सुनाओ किसी की। उन्होंने कहा कि साहब मुझे उर्दू के जो कवि हैं फ़िराक़ साहब, उनका एक शेर याद है। उन्होंने शेर सुनाया तो द्विवेदी जी ने कहा कि वाह भई! ये तो बहुत अच्छा शेर है फ़िराक़ साहब का। ये बातें रमेशचन्द्र द्विवेदी ने आकर के फ़िराक़ साहब को बतायी तो फ़िराक़ साहब द्विवेदी जी के प्रशंसक हो गये। वे द्विवेदी जी के लिए कहते थे कि He is singular figure in Hindi literature. बहुत अच्छा गद्य लिखते हैं। एक बार मैंने उनसे कहा कि द्विवेदी जी विश्वविद्यालय से निकाल दिए गये हैं तो उन्होंने वाइस चांसलर को बहुत गाली-वाली दी और कहा कि कहीं से ज़हर लाकर पान में मिलाकर वाइस चांसलर को दे दो, साला ख़त्म हो जाए। फिर जब मैंने एक महीने बाद उनसे कहा कि फ़िराक़ साहब द्विवेदी जी को Professorship offer की गयी और वे चंडीगढ़ में प्रोफ़ेसर हो गये तो उन्होंने कहा कि बड़ा इकबालमन्द आदमी है। द्विवेदी जी से फ़िराक़ साहब की भेंट एकाध जगह पर हुई है, ऐसा मुझे लगता है क्योंकि जब पंडित जी चंडीगढ़ विश्वविद्यालय में प्रोफ़ेसर थे तो फ़िराक़ साहब वहाँ के अंग्रेज़ी विभाग में भाषण देने गये थे। उस भाषण की अध्यक्षता शायद द्विवेदी जी से करायी गयी थी। उसके बाद पंडित जी से मेरी भेंट हुई तो उन्होंने कहा कि फ़िराक़ साहब तुम्हारे बारे में बात कर रहे थे और कह रहे थे कि तुमने कोई कविता पंक्ति उनको सुनायी थी? मैंने पंडित जी से कहा कि वो तो ठीक है पंडित जी लेकिन फ़िराक़ साहब ने भाषण में इधर-उधर की बातें तो नहीं कीं? तो उन्होंने बताया कि वे हिन्दीवालों का विरोध करते रहे। तब मैंने बाद में कहा कि फ़िराक़ साहब मैं कब से हिन्दीवाला हो गया और हिन्दी की कविता चाहे जैसी हो जब हिन्दी के कवि जैसी कविताएँ लिखेंगे वैसी ही तो होगी हिन्दी कविता। द्विवेदी जी इस तरीके से अक्सर बहुत टकराते नहीं थे। फ़िराक़ साहब की ख्याति से वे सुपरिचित थे और इस मामले में बहुत समझदार आदमी थे। इसलिए फ़िराक़ साहब से क्यों टकराते, सवाल ही पैदा नहीं होता।

फ़िराक़ साहब की आदत थी कि जो मिलता उससे कहते थे हिन्दी की कुछ सरल सुगम पंक्तियाँ सुनाइए। फ़िराक़ साहब ने मुझसे भी कहा। जो उन दिनों पन्त जी की ये काव्य पंक्तियाँ मुझे बहुत अच्छी लगती थीं, अब भी लगती हैं। वसन्त पर हैं पंक्तियाँ—

चंचल पग दीपशिखा के धर
गृह मगवन में आया वसन्त
सुलगा फागुन का सूनापन
सौन्दर्य शिखाओं में अनन्त।

ये मैंने फ़िराक़ साहब को सुनायीं। मुझे ऐसा लगता है इन छोटे-छोटे शब्दों के द्वारा कि जैसे खट्-खट् करके वसन्त आ रहा हो। तो मैंने कहा कि फ़िराक़ साहब, अब आप मुझे उर्दू का कोई शेर वसन्त पर, बहार पर बताइए। उन्होंने ग़ालिब का ये शेर सुनाया—

चमन जंगार है आईना ए वादे बहारी का

मैंने कहा कि फ़िराक़ साहब इसमें बहार और बसन्त कहाँ है? 'चमन जंगार है आईना ए बादे बहारी का' तो इसमें वसन्त तो है ही नहीं। इसमें तो एक बात कही गयी है कि दर्पण में निखार बिना मोर्चे के, मैल के नहीं आ सकता। तो जो बहार है वह पूरा दर्पण है और चमन उसका मोर्चा है जंगार है। फिर मैंने ये कहा कि इस पर सोचना चाहिए कि जो ऋतुएँ हैं, आकाश है, प्रकृति, इसका वर्णन संस्कृत साहित्य में बहुत हुआ है और चूँकि हिन्दी के पास संस्कृत की पूरी परम्परा और उत्तराधिकार है इसलिए उसके पास ऐसे बहुत से शब्द हैं जो उर्दू वालों के पास नहीं हैं। तो फ़िराक़ साहब ने वहाँ तो नहीं कहा लेकिन मुझे लगता है कि ये बात उनको याद रही होगी और उन्होंने द्विवेदी जी से कही होंगी।

इसमें कोई शक़ नहीं कि शुरू में वे काफी सन्तुलित थे, स्वाभिमानी तो वे अन्त तक थे ही। उनके द्वारा पी.सी.एस. की नौकरी छोड़कर जेल जाने के बारे में, नेहरू जी से उनकी जान-पहचान आदि के बारे में मैं पहले बता चुका हूँ। उनकी कोई बहुत ऊँची भौतिक इच्छाएँ नहीं थीं कि मकान हो जाए, ये हो जाए। वे मरे भी उनके पास अपना मकान नहीं था। उसी बैंक रोड वाले विश्वविद्यालय के मकान में रहे आख़िर तक। उसके बारे में भी एक किस्सा है। जब वे रिटायर हो गये तो क़ायदे से उनको विश्वविद्यालय का मकान छोड़ देना चाहिए था लेकिन जाएँ कहाँ? जब आर.के. नेहरू वाइस चांसलर हुए तो रिटायर्ड लोगों को कहा गया कि मकान खाली करें जिससे दूसरों को ये बंगले दिए जा सकें। बताते हैं कि एक दिन फ़िराक़ साहब वाइस चांसलर के पास गये और कहा कि देखिए साहब, ऐसा कीजिए कि कोई ऐसी जगह बता दीजिए जहाँ मैं अपना सारा सामान रख सकूँ। आप तो मुझे निकाल रहे हैं। ख़ैर, आर.के.नेहरू ने जब उनके बारे में सुना तो कहा कि नहीं फ़िराक़ साहब जब तक चाहिए तब तक रहिए, कोई नहीं निकालेगा आपको। तो एक तरह की व्यावहारिकता भी फ़िराक़ साहब में थी लेकिन वो व्यावहारिकता भी न होती

तो फ़िराक़ साहब ज़िन्दा कैसे रहते? इसी तरह प्रो. एजाज हुसैन ने अपनी आत्मकथा में फ़िराक़ साहब के बारे में एक बहुत अच्छा प्रसंग लिखा है जो उनके व्यक्तित्व की बहुत साफ़ तस्वीर पेश करता है। वह प्रसंग ये है कि एक ज़माने में फ़िराक़ साहब और अमरनाथ क्लासफैलो थे। अमरनाथ झा उस ज़माने के विख्यात प्रोफ़ेसर थे। उनका बहुत यश था। सर गंगानाथ झा के सुपुत्र थे जो कहते थे कि मेरी माँ ने मुझे तीन चार-साल की उम्र में ही अमरकोश याद करा दिया था। उनके सामने कोई बोलने की हिम्मत नहीं करता था। सिगार मुँह में दबा के बोलते थे। अमरनाथ झा के यहाँ दरबार लगता था। एजाज साहब ने लिखा है कि एक बार फ़िराक़ साहब अपने यहाँ यार-दोस्तों के बीच में बैठे हुए शराब पी रहे थे। तो उन्होंने नशे में आकर अमरनाथ को कुछ गाली-वाली दे दी। अमरनाथ झा वाइस चांसलर थे। दूसरे दिन जब फ़िराक़ साहब का नशा उतरा तो उनको ये लगा कि कल कुछ ऐसे लोग बैठे थे यहाँ जिन्होंने जाकर अमरनाथ झा से मेरी चुगली खा ली होगी। कहीं अमरू नाराज़ हो गये तो क्या होगा? तो बताते हैं कि दूसरे दिन फ़िराक़ साहब अमरनाथ झा के दरबार में पहुँचे। उनसे मिलने कई लोग आते थे, लाईन में इन्तज़ार करते थे और जिसका नम्बर आता था वह जाकर मिलता था। फ़िराक़ साहब चूड़ीदार और अचकन-वचकन पहनकर गये थे लेकिन जब उनका नम्बर आया कि फ़िराक़ साहब अन्दर चलिए तो उन्होंने अपने बटन-वटन खोल लिये और बाल इधर-उधर बेतरतीब कर लिये और पहुँचे। अमरनाथ झा ने कहा कि यार फ़िराक़ तुम कपड़े ठीक से पहना करो। बटन-वटन बन्द नहीं करके आये, कंघी भी नहीं की, ऐसे ही चले आये। ठीक से रहा करो। अब तुम युनिवर्सिटी में अध्यापक हो गये हो। तो फ़िराक़ साहब ने कहा कि भाई अमरनाथ बात ये है कि तुम तो सर गंगानाथ झा के सुपुत्र, तुम्हारी माँ ने तुमको सब सिखाया है और तुम इतने बड़े आदमी हो, तुमको सब तौर-तरीके, उठने-बैठने का सलीका रहन-सहन आता है। मेरे माँ बाप को कुछ आता-जाता नहीं था। दोनों एक नम्बर के बेवकूफ़ थे, तो मुझे कौन बतावै ये सब। अमरनाथ झा ने कहा कि फ़िराक़ साहब आप निहायत बेहूदे और बदतमीज़ आदमी हैं, अपने माँ-बाप को गाली दे रहे हैं यहाँ बैठकर? फ़िराक़ साहब बोले कि अब मैं किसे गाली दूँगा? अपने माँ-बाप को गाली दूँगा, अपनी बीवी को गाली दूँगा, अपने भाई को गाली दूँगा, अपने दोस्तों को गाली दूँगा, आपको गाली दूँगा! किसी ग़ैर को थोड़े ही गाली देने जाऊँगा। तो अमरनाथ झा ने कहा—All right Firaque, I know you are my friend और फ़िराक़ साहब बाहर आ गये, बटन-वटन ठीक किये, बाल बनाए और घर चले गये।

जवाहरलाल नेहरू के बारे में कहा कि देखो ये प्रधानमन्त्री है और इतना नहीं कि मैं शायर हूँ, इतना इन्तज़ाम नहीं कर सकता मेरे लिए कि रोटी पर रखकर लहसुन

की चटनी खा सकूँ। इज़्ज़त की ज़िन्दगी बसर कर सकूँ। उसको इतना भी ख़्याल नहीं है मेरा। और कहा कि लाला लाजपत राय की जैसी हँसी थी वैसी कहाँ है जवाहरलाल नेहरू की? इसके दो ढ़ाई साल बाद फ़िराक़ साहब को 'साहित्य अकादमी सम्मान' मिला तो पोशाक-वोशाक पहनकर गये फ़िराक़ साहब। जवाहरलाल नेहरू ने उनको सम्मान दिया और कहा कि अरे फ़िराक़ साहब आप इतने बड़े शायर हो गये? तो मैंने कहा कि फ़िराक़ साहब नेहरू जी ने आपको अवार्ड दिया, आपने तो कहा था कि नेहरू बड़े वैसे आदमी हैं? तो उन्होंने कहा कि अरे भाई मैंने वो थोड़ा-सा ड्रैमेटाइज़ कर दिया था बेमतलब का और जवाहरलाल नेहरू की क्या बात है!

जवाहरलाल नेहरू की मृत्यु पर जो लेख फ़िराक़ साहब ने लिखा वह अद्‌भुत है। जवाहरलाल नेहरू पर इतना अच्छा लेख बहुत कम लोगों ने लिखा है। उन्होंने लिखा कि नेहरू परिवार के लोग बहुत चरित्रवान लोग हैं। ये भी बताया कि जब नेहरू जी और जयप्रकाश नारायण के बीच कोई विवाद हुआ था तो उसमें फ़िराक़ साहब ने जवाहरलाल नेहरू को सपोर्ट किया था। नेहरू जी ने The stupidity of Hinduwalas या ऐसा ही कुछ कह दिया था जिसका जयप्रकाश ने विरोध किया तो फ़िराक़ साहब ने कहा कि चूँकि जयप्रकाश नारायण ने अंग्रेज़ी मिडिल से पढ़ी है इसलिए उनको Stupidity के अर्थ का ठीक से पता नहीं है। Stupidity का मतलब अंग्रेज़ी में इतना बुरा नहीं होता जितना वो समझ रहे हैं।

गाँधी जी, मालवीय जी, जवाहरलाल नेहरू, अमरनाथ झा इन सबका अन्दर से बहुत सम्मान करते थे फ़िराक़ साहब। ड्रामाबाज़ी भी करते थे ये आत्मविज्ञापन भी करते थे। एक बार फ़िराक़ साहब बातचीत कर रहे थे जिसमें बी.एच.यू. की बड़ी बुराई कर रहे थे और इलाहाबाद विश्वविद्यालय की बड़ी तारीफ़। इलाहाबाद विश्वविद्यालय के लिए कहा कि देखिए यहाँ से कौन लोग हुए—गंगानाथ झा, सर शफात, रामप्रसाद, मेघनाथ साहा, डॉ. ताराचन्द। मैंने थोड़ा-सा ह्यूमर करने के लिए कहा कि और आप फ़िराक़ साहब। तो बोले, ख़ामोश रहिए, इस वक़्त मैं अपने से पचास गुना ज़्यादा बड़े आदमियों की फ़ेहरिस्त बना रहा हूँ। तो कुल मिलाकर फ़िराक़ साहब का व्यक्तित्व बड़ा जीवन्त था जिसे आप कहेंगे अविस्मरणीय।

आप जानते हैं कि फ़िराक़ साहब अपनी कुछ हरकतों के लिए बहुत बदनाम थे। मैंने उनमें ऐसा कोई दोष नहीं देखा। एक बार मैं उनके यहाँ शाम को सात-आठ बजे गया। वे बैठे पी रहे थे। पीने के बाद पता नहीं वे किस मूड में आये और मुझसे कहा—बेटा अब तुम घर जाओ और मैं तो बहुत लुटा-पिटा इनसान हूँ, बहुत टूटा इनसान हूँ। उस दिन मैं सचमुच उनके पास देर तक रहना चाहता था क्योंकि ससुराल में बीवी से झगड़ा-वगड़ा करके गया था। तो मैंने कहा कि फ़िराक़

साहब आज मैं बीवी से झगड़ा करके आया हूँ और सोचता था कि देर तक यहाँ रुकूँगा। तो वे बोले—अरे तब क्या है लुंगी पहन लो और जाओ हगो, मूतो, बल्ब फोड़ो, कसरत करो और मैं सोने जा रहा हूँ। उस दिन वे लगभग रोने लगे और बड़े सभ्य ढंग से बोले कि मैं तो उस परिवार का हूँ जहाँ दूसरों की तकलीफ़ दूसरे की हँसी और दूसरे का ग़म सिखाया जाता था कि वह क्या होता है। मेरी ज़िन्दगी ऐसी हो गयी। ठीक है बेटा, तुम जाओ और जब तक चाहो तब तक रहो, मैं सोने जा रहा हूँ। उन्होंने रमेश को बुलाया और कहा कि देखो ये पंडित जी हैं इनको खाना खिला देना। जब मैं खाना खाने लगा तो आये झाँक कर देखा और बोले कि वो जो केरवा है, हमारे यहाँ केला को केरवा कहते हैं, वो भी खिला देना इनको। इसके बाद कहा कि और किसी दिन आना तुम तो हम तुम्हें और चीज़ें खिलाएँगे। इस तरह से फ़िराक़ साहब में कुलीनता और औदात्य का भाव भी था। उनका व्यक्तित्व बहुत जटिल था—अच्छाइयों-बुराइयों के संयोग से जटिल।

फ़िराक़ साहब जब कोई किस्सा सुनाते थे तो बहुत तन्मय हो जाते थे। बहुत ही क्रिएटिव ढंग से किस्सा सुनाते थे वे। बीच में अगर ज़रा भी खटका पैदा हो जाए या बीच में कोई दूसरी बात कर दे तो वे तुनक जाते थे फिर कहानी सुना ही नहीं पाते थे। वे हिन्दू और मुसलमान दोनों की हँसी उड़ाते थे। एक बार वे किसी मौलवी की नक़ल कर रहे थे कि वह कैसे बोलता है तो फ़िराक़ साहब के अनुसार मौलवी साहेब बोल रहे हैं कि—ये जौन जिबराइल रहे ये अल्लाह के चिट्ठी लावत रहे हजरत मोहम्मद के पास, मोहम्मद साहेब के पास। तो मोहम्मद साहेब पढ़ते कैसे? क्योंकि मोहम्मद साहेब तो थे उम्मी। वहाँ रमेश बैठे थे, उन्होंने बीच में कहा कि हाँ साहब वो उम्मी थे उम्मी माने जाहिल। अब इस पर फ़िराक़ साहब बिगड़े। बोले कि किसी मुसलमान के सामने कह मत दीजिएगा उम्मी माने जाहिल, नहीं तो आपका क़त्ल कर देगा और फिर आपकी ख़ैरियत नहीं है। जाहिल का मतलब सिर्फ अनपढ़ ही नहीं होता, जाहिल माने कमीना भी होता है। इसके बाद बहुत कोशिश की गयी लेकिन फ़िराक़ साहब ने वो किस्सा नहीं सुनाया। कहा कि अब मैं नहीं सुना सकता सब ख़त्म हो गया। बोले कि, मैं तो ऐसा आदमी हूँ कि जब शेरो-शायरी के मूड में होता हूँ तो बकरी से, कुत्ते से, गधे से, बेहूदा इनसानों से, बदसूरत लोगों से जिनकी आवाज़ ख़राब है उनसे—ऐसे लोगों से बहुत दूर रहता हूँ। क्योंकि मैंने शेर सोचना शुरू किया, कोई शेर मेरे दिमाग़ में आया और उधर से साला एक कुत्ता भौं से बोल दिया तो मेरा शेर तो गया, बकरी मेंऽऽऽ कर देगी तो मेरा शेर खा गयी। मैं शेर सोच रहा हूँ और मान लीजिए एक कोई ऐसा करीहतरमंज़र दिखलाई पड़ जाए तो मैं तो गुम हो जाऊँगा क्योंकि Beauty is good, beauty is deep, but uglyness is deeper. फ़िराक़ साहब के बोलने में क्रिएटिविटी

तो होती थी लेकिन कितना पोज होता था ख़तरनाक सीमा तक या कितना आत्मौचित्य का भाव होता था—इसका पता लगाना मुश्किल था।

खड़ी बोली हिन्दी से पहले की कविता—अवधी की, ब्रजभाषा की विशेष रूप से भक्ति कविता, ख़ासतौर पर तुलसीदास और कबीर की कविता के फ़िराक़ साहब बड़े प्रशंसक थे। फ़िराक़ साहब गोरखपुर के थे। उन्होंने तुलसीदास के बारे में बात करते हुए बताया कि जब मैं बहुत छोटा था तभी से गीता प्रेस, गोरखपुर से रामायण छपती थी, जिसकी कीमत दुअन्नी थी। तो मैं एक दिन 'रामचरितमानस' खरीद लाया। उसे मैंने पढ़ा तो लगा कि संसार में जितना भी भौतिक सौन्दर्य है उसे तुलसीदास ने देख लिया था। उसका अनुभव कर लिया था, तुलसीदास इतने ऊँचे और विशाल मेहराब हैं जिनके नीचे से सिर झुका कर ही जाना चाहिए यदि कोई कविता करना चाहता है तो। अगर वो तुलसीदास बनना चाहेगा तो वो पागल हो जाएगा, कविता कभी नहीं कर सकता। इसलिए तुलसीदास को प्रणाम करके ही कवि बनने की कामना करनी चाहिए। तुलसीदास के विषय में फ़िराक़ साहब के विचार निराला से मिलते थे। फ़िराक़ साहब तुलसीदास की इस अर्द्धाली को पढ़कर उसका अर्थ और महत्त्व बताते थे—

सियाराममय सब जग जानी। करउँ प्रनाम जोरि जुगपानी।

फ़िराक़ साहब कहते हैं कि ये एक पूरा वाक्य है सियाराममय सब जग जानी में 'जानी' पूर्वकालिक है यानी सारे जगत को सियाराममय जान करके दोनों हाथ जोड़ के मैं प्रणाम करता हूँ। यह एक जटिल वाक्य-विधान है जिसका निर्वाह इस अर्द्धाली में तुलसीदास ने किया है। इस तरह भक्त कवि वाक्य-विधान पर बहुत ध्यान देते थे। बातचीत में फ़िराक़ साहब भी यह ध्यान रखते थे। उन्होंने हिन्दी कवियों का मज़ाक उड़ाते हुए और उनको उपदेश देते हुए एक कविता लिखी थी। उसकी एक पंक्ति थी—

पूरी शुद्ध क्रियाएँ लिखिए शब्दों का क्रम रखिए ठीक

संस्कृत शब्दों का अनावश्यक प्रयोग नहीं करना चाहिए कहते हुए उन्होंने लिखा—

आप संस्कृत नहीं जानते मुझको तो इतना ही दिखाए।
सुना नहीं है आपने कवि जी अधजल गगरी छलकत जाए?

कबीर के बारे में बोलते हुए बताते थे कि जो कवि जनभाषा में कविता लिखता है वह ग़लत तो लिख ही नहीं सकता। अगर चाहे तब भी ग़लती नहीं कर सकता। जैसे कोई बच्चा बोलते समय चाहे तब भी भाषा के संगठन में ग़लती नहीं कर

सकता। भाषा सहज रूप से आती है उसकी। वे एक उदाहरण देते थे कि 'केकर मानों बात कोठरिया में दुइ जन बोलैं' इसमें ग़लती कहाँ होगी? ग़लती का कोई सवाल ही नहीं पैदा होता।

हिन्दी की खड़ी बोली के कवियों में वे पं.रामनरेश त्रिपाठी के प्रशंसक थे। अनुमानत: दोनों जेल में साथ थे। पं. रामनरेश त्रिपाठी और फ़िराक़ साहब। दिनकर की कविताओं के बारे में उनका कहना था कि इनका वाक्य ठीक रहता है। मैंने उनसे पं. रामचन्द्र शुक्ल की चर्चा की तो उन्होंने कहा कि—हाँ पं. रामचन्द्र शुक्ल का इतिहास बहुत अच्छा है और वे बहुत सावधानी से वाक्य लिखते थे। फ़िराक़ साहब भवानीप्रसाद मिश्र का भी नाम लेते थे। वे कहते थे कि कभी ऐसा कवि सम्मेलन किया जाए जिसमें हिन्दी और उर्दू के लोग हों, ऐसी कविताएँ पढ़ें जिनके वाक्य ठीक हों, समझ में आये लोगों के। ऐसे कवि सम्मेलन में भवानीप्रसाद मिश्र को भी होना चाहिए—यह उनका विचार था।

फ़िराक़ साहब के यहाँ बड़े लोगों से मेरी मुलाकात कम हुई है। लेकिन एक बार मैं उनके यहाँ गर्मियों के दिन, दोपहर को गया। तो थोड़ी देर में मजनू गोरखपुरी आये। वे एक पुराने ढंग की डब्बानुमा कार में आये थे। मुझे लगता है कि यह कार उन्हें इलाहाबाद के किसी मित्र ने दी होगी। मजनू गोरखपुरी तब हिन्दुस्तान में ही थे, पाकिस्तान नहीं गये थे। फ़िराक़ साहब उन्हें अन्दर लेकर गए, मुझसे कहा कि आइए पंडित जी आप भी आइए। मैं भी गया। फ़िराक़ साहब ने अपने लिए और मजनू गोरखपुरी के लिए शराब ढाली। वो कोई अच्छी शराब रही होगी, ठर्रा नहीं थी। उसका रंग बिल्कुल सुनहरा था जैसाकि फ़िराक़ साहब ने अपने एक शेर में कहा है कि जैसे अशर्फियाँ पिघला दी गयी हों ऐसा रंग था उसका। उन्होंने हाफ फ्राई आमलेट बनवायी और छोटी-छोटी पूरियाँ गोलगप्पे जैसी बनवायी। ज़ाहिर है उन्होंने मुझे न शराब दी और न ही आमलेट दिया। लेकिन पूरियाँ और उसके साथ आलू की सब्ज़ी दी. फ़िराक़ साहब ने मेरा परिचय मजनू साहब से कराया कि ये संस्कीरत का विद्यार्थी है। पढ़ने लिखनेवाला लड़का मालूम पड़ता है। मजनू साहब ने मुझसे पूछा कि तुम किस पर पी-एच.डी. कर रहे हो और किसके साथ कर रहे हो? तो मैंने बताया कि मैं द्विवेदी जी के साथ काम कर रहा हूँ और पुरानी अवधी पर काम कर रहा हूँ। मजनू गोरखपुरी ने बताया कि शेरिफ ने अवधी पर काम किया था उसे देख लेना, हिन्दी अदब की तारीख़ में उनका बहुत बड़ा काम है। फ़िराक़ साहब ने तारीख़ को तारीफ़ सुना और बोले कि भई ये यहाँ पर अदब की तारीफ़ से क्या मतलब है? मजनू साहब ने कहा कि नहीं मैंने तारीफ़ नहीं कहा है तारीख़ कहा है। तो फ़िराक़ साहब बोले कि हाँ ये जो हिन्दी के लोग हैं वो ये काम करते हैं कि जो पूरा साहित्य है उस साहित्य को एक व्यवस्थित चिन्तन का रूप देते हैं,

व्यवस्थाबद्ध करते हैं और इतिहास लिखते हैं। जैसे आ. रामचन्द्र शुक्ल ने इतिहास लिखा है। उर्दू वाले ये काम नहीं कर पाते, उर्दू में ये काम नहीं हुआ है। मैं थोड़ी देर बाद चला आया। वे लोग बैठकर खाते पीते रहे होंगे। इसके बाद मजनू साहब से मेरी भेंट नहीं हुई।

एक बार फ़िराक़ साहब के यहाँ मेरी भेंट पद्मकान्त मालवीय से हुई। तब तक पद्मकान्त मालवीय का मैंने सिर्फ़ नाम सुन रखा था। बूढ़े थे काफी। पान बहुत खाते थे। बहुत सुन्दर थे। दाँत उनके नहीं थे। पोपले मुँह से बहुत अच्छा पान खाते थे। उसकी ख़ुशबू आती थी। साफ सुथरा कुर्ता धोती, सदरी और तिलक टीका लगाए हुए। थोड़ी देर फ़िराक़ साहब से बहुत आत्मीयता से बात की उसके बाद चले गये। फ़िराक़ साहब ने मुझसे कहा कि—देखो ये आदमी कितना अच्छा गद्य बोलता है और ये इतना अच्छा गद्य लिखता है कि उतना अच्छा गद्य मैं नहीं लिख सकता, मैं तो इससे ईर्ष्या करता हूँ कि ये कितना अच्छा हिन्दी गद्य लिखता है।

निराला जी से फ़िराक़ साहब की मुठभेड़ के चर्चे बहुत थे। लेकिन फ़िराक़ साहब ने जो बताया वो ये कि—निराला जी उनके यहाँ जाते और अपने साथ बोतल लाते थे और फ़िराक़ साहब का कहना था कि मैं अपने यहाँ पूरी और गोश्त बनवाता था। अब मैंने पूरी और गोश्त न ख़ुद खाया है, न किसी को खाते देखा है और न सुना है; लेकिन मुझे याद है कि फ़िराक़ साहब ने यही कहा था कि पूरी और गोश्त मैं बनवाता था और हम दोनों लोग पीते थे, खाते थे, बातचीत करते थे। कभी-कभी झगड़ा भी हुआ था—ये भी फ़िराक़ साहब ने बताया लेकिन ज़ाहिर है कि पूरी बात फ़िराक़ साहब ने नहीं बतायी। कुछ बातें इधर-उधर सुनाई पड़ीं जैसे रामविलास जी ने बताया कि दोनों आपस में बातचीत करते थे, सवाल-जवाब करते थे—उसमें इतनी अश्लीलता होती थी जिसे बताया नहीं जा सकता। एक बात ज़रूर बतायी कि निराला जी और फ़िराक़ में झगड़ा होता था तो निराला जी ने एक बार चिढ़ कर कहा कि—साले बहुत शायरी छाँटोगे तो मुसरा खड़ा करेंगे। अब इस मुसरा का क्या मतलब है हम नहीं जानते। मेरा ख्याल है कि इसमें श्लेष है। एक तो मुसरे का अर्थ होता है, उल्टा खड़ा कर देना, सर के बल खड़ा कर देना और दूसरा कुछ और भी अर्थ हो सकता है जो व्यंजित है। हिन्दी-उर्दू पर निराला जी और फ़िराक़ साहब काफी बहस करते थे, झगड़ा करते थे। हमने सुना है कि एक बार मारपीट भी हुई है। वैसे ज़्यादातर निराला जी मारपीट नहीं करते थे। लेकिन काशी विश्वविद्यालय में मेरे हिन्दी के अध्याक्षक थे डॉ. श्रीकृष्णलाल। उन्होंने एक बार बताया कि एक गोष्ठी में, जिसमें निराला जी भी थे, फ़िराक़ साहब ने कहा कि—देखिए 'चाँद-सितारों की जाली बुनकर रख देते हैं' में पाँच क्रियाएँ हैं। तो पाँच क्रियाओं की ये संयुक्त क्रिया बनी है, ऐसा अगर चन्दबरदाई से लेकर निराला तक

किसी भी हिन्दी के कवि ने किया हो तो मैं उसकी टांग के नीचे से निकल जाऊँ। फ़िराक़ साहब बोलने में नाटक भी करते थे। तो जब उन्होंने कहा कि टांग में से निकल जाऊँ तो गोष्ठी में उठकर के खड़े हो गये और निकलने की मुद्रा में झुके। कहते हैं कि निराला जी ने उनके कटिपश्चात भाग पर ज़ोर से एक लात मारी और चले आये।

फ़िराक़ साहब का कहना था कि संयुक्त क्रियाएँ खड़ी बोली की बहुत बड़ी शक्ति हैं। खड़ी बोली, संयुक्त क्रियाओं में जितनी अर्थ-छायाएँ प्रकट करती है, संसार की किसी भी भाषा में उतनी संयुक्त क्रियाएँ Compound Wrords नहीं बना सकते। वे अक्सर उदाहरण देकर ये बात कहते थे जैसे—ये कलम मेरे हाथ से छूट गयी—छूट पड़ी—मैंने छोड़ दी—छूट गयी। मैंने उसको मारा—मैंने उसको मार डाला—मैंने उसको मार दिया। मैंने उसको मार के रख दिया। वे कहते थे इन सबकी छायाएँ अलग-अलग हैं। वे भाषा की अर्थ-छायाओं के बारे में बहुत तन्मय होकर बातें करते थे। एक बार पूछा कि—आप लोग हिन्दी वाले हैं, कान का जो निचला सिरा होता है उसको क्या कहते हैं, बताइए? तो वे बताते थे कि—देखिए इसको कान की लौ कहते हैं। कहा कि ओठों के जो किनारे होते हैं इनको क्या कहते हैं, बताइए? तो कहते थे कि इनको ओठों के कोर कहते हैं। वे कहते थे कि कमर के इधर से जो थोड़ी-सी खाली जगह होती है—पेट और कमर के बीच इसको क्या कहते है? तो कहते थे कि—कमर का कटाव कहते हैं। कहते थे कि एक ऐसी औरत है कि किशोरी अब नहीं रह गयी है और जवानी भी बस अब जाने जाने को है, तो उसे क्या कहेंगे आप? तो उसको कहेंगे कि ये औरत उतार पर है।

हिन्दी और उर्दू भाषा के बारे में, कवियों के बारे में फ़िराक़ साहब एकांगी हो सकते हैं, सही भी हो सकते हैं, और ग़लत भी हो सकते हैं—लेकिन वे बहुत निष्पक्ष ढंग से बातें करते थे। फ़िराक़ साहब हिन्दू थे लेकिन उर्दू वाले और मुसलमान उर्दू वाले कहते थे कि फ़िराक़ साहब को कैसे हिन्दू कहा जाए? उनको देखकर कहा ही नहीं जा सकता है कि वे हिन्दू हैं कि मुसलमान। आप चाहें तो उन्हें धर्मनिरपेक्ष कहिए या सचमुच भारतीय तथा हिन्दुस्तानी के रूप में देखें। उनमें किसी तरह की तंगनज़री या संकीर्णता नहीं थी। मैं सदाचार की बात नहीं कर रहा हूँ लेकिन जहाँ तक सब धर्मों को समान समझने की बात है वहाँ तक फ़िराक़ साहब, कबीरदास की परम्परा में आते थे। कबीरदास की परम्परा ये नहीं है कि आप हिन्दू होकर हिन्दू मुसलमान को बराबर समझें—बराबर से मतलब ये है कि आप हिन्दू को भी गाली दे सकते हैं और आप मुसलमान को भी गाली दे सकते हैं। जो सच्ची बात है उसे आप कह सकते हैं।

फ़िराक़ साहब संस्कृत भाषा तथा संस्कृत कविता के बारे में बहुत ऊँचा ख़्याल रखते थे। ये अहसास उनको हमेशा सताता था कि वे संस्कृत नहीं जानते। एक जगह तो उन्होंने लिखा भी है कि—जब मुझे ख़्याल आता है कि मैं संस्कृत नहीं जानता तो मैं आत्महत्या क्यों न कर लूँ? हालाँकि जब एक बार मैंने उनसे इस विषय पर पूछा तो उन्होंने कहा कि ऐसा मैंने नहीं लिखा। लेकिन उन्होंने ये लिखा है, मैंने पढ़ा है। संस्कृत की कविता के बारे में, उसकी ध्वनि-व्यंजना और नाद-योजना के बारे में वे बड़ी इज़्ज़त से बातें करते थे।

उर्दू कवियों में, मैंने उनके मुँह से ग़ालिब के अश्आर बहुत कम सुने हैं। ग़ालिब के बारे में बात करते हुए भी उनको कम पाया है। ये करीब वैसी ही बात है जैसे मुक्तिबोध, निराला के बारे में बहुत कम बात करते हैं, जैसे, उनको ऐसा धनुष समझते हों जिसको उठाना बहुत मुश्किल है। ग़ालिब का एक शेर फ़िराक़ साहब ने मुझे सुनाया जिसका उल्लेख मैं पीछे कर चुका हूँ। कभी-कभी ये कहते थे कि जैसे बोल्ड मेटाफर और इमेजिज मैंने दिये हैं वैसे ग़ालिब नहीं दे सकते थे। तो कहीं-न-कहीं वे ग़ालिब से टकराते थे। उनके मन में ग़ालिब को लेकर कोई-न-कोई छिपी हुई आकांक्षा थी। वे यह भी कहते थे कि शेर कहने का जैसा तरीका मोमिन के पास था वैसा ग़ालिब के पास नहीं था। वे मोमिन के बड़े प्रशंसक थे, ग़ालिब के प्रशंसक तो रहे ही होंगे। मुसहफी की भी बहुत तारीफ़ करते थे। यगाना चंगेजी पर उन्होंने लेख लिखा। अपनी किताब 'उर्दू कविता पर बातचीत' में आसी गाजीपुरी, रियाज़ खैराबादी, एक कोई थे गौहर गोरखपुरी—इन लोगों के शेर बहुत उद्धृत किये हैं। मेरे ख़्याल से ये पूर्वी उत्तर प्रदेश के अल्पज्ञात कवि हैं, एक ग़ज़ल में मख्दूम की तारीफ़ की और मख्दूम की ज़मीन पर ख़ुद एक ग़ज़ल भी उन्होंने कही—'केशों को और भी चमकाओ कि कुछ रात कटे।'

फ़ैज़ की 'रकीब' वाली नज़्म के बारे में तो उन्होंने लिखा है कि ये एक ऐसी नज़्म है जिसमें मेरे दिल का चोर निकलता है। दिल का चोर निकलने का मतलब है—ऐसा मैं कहता तो मुझे बहुत अच्छा लगता। इकबाल के वे प्रशंसक नहीं थे। दिक़्क़त ये है कि जो बातें मैं आपसे कर रहा हूँ उनमें से कई बातें ऐसी हैं जो उन्होंने अनौपचारिक बातचीत में, गप्पबाज़ी या बैठकबाज़ी में कही हैं। इन बातों को वे बाक़ायदा स्वीकार भी करते या नहीं, ये मैं नहीं कह सकता; लेकिन जो बातें मैंने उनसे सुनी हैं उन्हें कह रहा हूँ। वे दिल्ली के किरोड़ीमल कॉलेज में 'जश्ने फ़िराक़' में आये थे। जामा मस्जिद में जगत टाकीज के पास कोई होटल था जिसमें वो ठहराये गये। वहाँ मैं भी था, खलीक अन्जुम भी थे। वहाँ पर उन्होंने इकबाल के बारे में कहा कि—जब मैं इकबाल के शेर पढ़ता हूँ तो मुझे हमेशा ये लगता है जैसे कोई एवरेक्ट पर बैठा हुआ बोल रहा है। बड़े नाटकीय अन्दाज़ से दोनों हाथ उठाकर

और घोड़े की लगाम थामने की एक्टिंग करते हुए उन्होंने ये लाइन पढ़ी—'बहरे जुल्मात में दौड़ा दिये घोड़े हमने।' वे अकबर इलाहाबादी के बहुत प्रशंसक हैं।

एक बार फ़िराक़ साहब नशे में मजाज़ से कुछ गुफ़्तगू कर रहे थे—जिसको संस्कृत नाटकों में आकाशभाषित कहा जाता है। इस रूप में कि होगा साहब, तुम क्या बड़े शायर हो, ख़ुद मैंने 'आवारा' से बेहतर नज़्में कही हैं। इसका मतलब है कि उनके मन में मजाज़ को लेकर कोई ग्रन्थि थी। मजाज़ विटी बहुत थे। कहते हैं कि उन्होंने कई जगहों पर फ़िराक़ साहब का मज़ाक़ भी उड़ाया था। जोश के अथक प्रशंसक थे फ़िराक़ साहब। मैं ये बात नहीं कहूँगा तो ग़लती होगी मेरी कि फ़िराक़ साहब के मुँह से जोश की मैंने इतनी तारीफ़ सुनी है कि इस कारण से भी जोश से इतना प्रभावित हूँ और जोश को महान कवि मानता हूँ। यह शायद फ़िराक़ साहब से सुनी हुई बातों का असर है। 'धरती की करवट' में उन्होंने लिखा है कि—जोश इस समय भारत की सभी भाषाओं के महान कवियों में सबसे महान कवि है। कहते थे कि—साला Leader of man तो मालूम ही पड़ता है। अपनी रुबाई 'रूप' उन्होंने जोश को समर्पित की है। एक बार जोश से फ़िराक़ साहब का झगड़ा भी हुआ था। अपनी आत्मकथा में जोश ने इस झगड़े का उल्लेख किया है, ये भी लिखा है कि—अगर उस दिन मैं अपनी पठनौली पर आ जाता यानी पठानपने पर आ जाता तो पता नहीं क्या हो जाता। फ़िराक़ साहब ने भी 'रूप' समर्पित करते हुए इस झगड़े का उल्लेख किया है और एक रुबाई भी लिखी है। पूरी रुबाई मुझे याद नहीं है लेकिन शायद उसकी आख़िरी पंक्तियाँ हैं—

एक रात की बक बक झक झक सब कुछ,
आठ दस बरस की दोस्ती कुछ भी नहीं?

हमारे यहाँ बलरामपुर में एक शायर होते थे पयाम साहब, वे फ़िराक़ साहब के बहुत नज़दीक थे। हम लोग भी पयाम साहब के पास बहुत उठते-बैठते थे। उन दिनों मैं सातवीं-आठवीं क्लास में रहा रहूँगा। मुझे पयाम साहब की नज़्में याद हैं। वे बहुत मकबूल अध्यापक और कवि थे। तो उन्होंने बताया कि फ़िराक़ साहब और जोश के झगड़े की वजह ये थी कि फ़िराक़ साहब ने कोई रुबाई कही। तो जोश ने उनसे कहा कि देखो, तुम रुबाई मत कहा करो, तुम रुबाई नहीं कह सकते। रुबाई कहना तुम्हारा काम नहीं है, वह जोश का ही हिस्सा है। इस पर दोनों में कोई झगड़ा-वगड़ा हुआ। फ़िराक़ साहब ने शायद ये कह दिया कि साहब आप लोग क्या जानें कि हिन्दुस्तानी तहज़ीब और हिन्दुस्तानी शायरी क्या होती है और फिरदौसी जो है वो वाल्मीकि की....भी नहीं है—आगे कहा कि—तुम संस्कृत नहीं जानते तो शायरी नहीं कर सकते, तुम बड़े शायर कैसे हो सकते हो? तो जोश ने भी कहा कि—तुम्हीं कौन संस्कृत जानते हो? इस पर फ़िराक़ साहब ने जवाब दिया

कि—ठीक है, मैं संस्कृत नहीं जानता लेकिन संस्कृत को तो मैंने अपनी माँ के दूध में पाया है असलियत ये है कि जहाँ तक Secular होने का सवाल है, जोश, फ़िराक़ से कम Secular नहीं थे। इस्लाम के विरुद्ध, मुल्लाओं के विरुद्ध, काजियों के विरुद्ध जितनी कविताएँ जोश ने लिखी हैं उतनी कविताएँ किसी भी हिन्दू कवि ने अपने धर्म के विरुद्ध नहीं लिखी होंगी—लोग इस बात को नहीं जानते। लेकिन रह-रह कर के होता है कि हमारे अन्दर हमारे ही ख़िलाफ़ एक व्यक्तित्व बैठा रहता है जो पता नहीं किस वक़्त उभरकर सामने आ जाए। ऐसे कमज़ोर क्षणों को हमें प्रतिनिधि क्षण नहीं मानना चाहिए। जैसे ऋषि-मुनि औलिया जो होते हैं, उनके क़दम कभी-कभी लड़खड़ा भी जाते हैं। इस मौके पर यगाना साहब का एक शेर मुझे याद आ रहा है, जो मुझे बहुत पसन्द है—

बुलन्द हो तो खुलें तुझ पे राज़ पस्ती के
बड़ों बड़ों के क़दम डगमगाये हैं क्या-क्या।

तो हम लोग जब किसी की आलोचना करने बैठते हैं तो हमारे अन्दर एक Saddist बैठा होता है, एक खल सुख लेने का भाव होता है। इसमें शायद ये हीनता ग्रन्थि होती है कि हमीं कमीने नहीं हैं, जिनको बड़ा कहा जाता है वे भी कमीने हैं। हम बड़ों के बड़प्पन पर ध्यान नहीं देते, उनके जीवन के जो क्षुद्र अवसर होते हैं—हाशिये पर की चीज़ें हैं, हाशिये पर से भी कम उल्लेखनीय होती हैं—उनको हम लोग उभारते रहते हैं।

तो ये प्रवृत्ति सबमें होती है, फ़िराक़ में भी थी, जोश में भी रही होगी। जोश की आत्मकथा पढ़ने पर पता चलता है कि उन्होंने कितने लोगों के बारे में लिखा है। लेकिन उनकी आत्मकथा की एक बहुत बड़ी ख़ूबी यह है कि बख़्शा तो उन्होंने किसी को भी नहीं लेकिन ख़ुद की शरारतों का ज़िक्र ज़्यादा है। उसमें ये भाव है कि मैं कितना उजबक था, कितनी बेरहरवी पर चलता था, मुझमें कितने ऐब थे। आत्मौचित्य का भाव जोश में मैंने नहीं पाया। जोश जिस तरीके से लोगों का मज़ाक़ उड़ा सकते थे, जिस तरह से लोगों की तारीफ़ कर सकते थे, जिस तरह से अपने सामने वाले आदमी को एक चुटकी बजाते—एक फिकरे में—धूल चटा सकते थे—ऐसी क्षमता उर्दू में शायद किसी के पास नहीं है। जोश में निर्भीकता भी बहुत थी, उनके सामने कोई सर उठाकर नहीं चल सकता था। जोश की जान-पहचान बहुत बड़े-बड़े लोगों से थी। आख़िरी वक़्त में वे पाकिस्तान चले गये। क्यों चले गये—इस पर अच्छा-बुरा नहीं कह सकते। मैं नहीं मानता कि जोश ने कोई ग़लती की। हम लोग वो फ़िज़ा नहीं बना पाये कि जोश जैसा बड़ा शायर हमारे बीच रह सके। तो मैं कह रहा था कि फ़िराक़ साहब जोश की बहुत तारीफ़ करते थे।

फ़िराक़ साहब की कविता में कई ऐसी बातें हैं जिनसे पता चलता है कि उन्होंने

कविता करने की साधना की थी। यद्यपि उनकी कविता की विशेषता उनका गौरफ़िक्र है जिसे उनकी इल्मियत कहिए आप। उनमें जीवन और जगत् के वैज्ञानिक और ऐतिहासिक बोध की छाप बहुत ज़्यादा है लेकिन वे कविता में भाषा और भाव की सहजता पर बहुत ज़ोर देते थे। सहजता उनके कवि का एक स्वप्न था, जिसे आप उनकी महत्त्वाकांक्षा भी कह सकते हैं—कविता ऐसी होनी चाहिए कि वो कविता न मालूम पड़े बल्कि बातचीत मालूम पड़े। उन्होंने एक बार कहा कि—कविता क्या है Poetry is nothing, but brlliant illitracy. इसी आधार पर वे उर्दू कविता, अँग्रेज़ी कविता की तारीफ़ करते थे और खड़ी बोली हिन्दी कविता की आलोचना करते थे। मध्यकालीन सन्त कवियों—तुलसी, सूरदास, मीरा की कविता को संसार की कविता का प्रतिमान मानते थे। बोलचाल के लहजे में कोई मार्मिक बात निकल जाए और जिस कविता में लोक साहित्य जैसी ताज़गी और अछूतापन हो वह कविता उनकी कविताओं का आदर्श और प्रतिमान थी। जो कविताएँ वे बहुत उत्साह से सुनाया करते थे वे प्रायः ऐसी होती थीं जिनमें इल्मियत नहीं होती थी या बहुत कम होती थी। जहाँ पर जो भाषा है वह अपने आप ही अपने अन्दर के भाव या कथ्य को बोल उठे और ऐसा लगे कि कवि ने अपनी ओर से कोई उठा बैठक नहीं की है। इसी बात को पुष्ट करने के लिए वे कहा करते थे कि मोमिन को शेर कहने का सलीका ग़ालिब से ज्यादा आता था। ग़ालिब की कविताओं में भावबोध की जटिलता बहुत है, सहजता नहीं है। एक बार बहुत उत्साह में फ़िराक़ साहब ने ये शेर सुनाया—

जो उठे तो ठोकरें मारकर, जो चले तो सीना निकालकर
एक आप ही जग में जवान हैं, कोई दूसरा तो जवाँ नहीं।

वे कहते थे कि इसमें एक तो पुरबिया बोली है कि—तू ही बाट्यो जग में जवान साँवल गोरिया। तो जग में जवान होना। और दूसरा ये कि यह शेर उर्दू कविता को लोक साहित्य के करीब ले जाता है, जो उनका आदर्श था। उनके अनुसार कविता ऐसी होनी चाहिए जो लोगों की ज़बान पर आ जाए और लोगों की ज़बान से ही जिसका अवतार हुआ हो। शेक्सपीयर पर बातें करते समय वे अक्सर शायद प्रोफ़ेसर डन का नाम लेते थे जिन्होंने उनको इलाहाबाद विश्वविद्यालय में बी.ए. में अँग्रेज़ी पढ़ाई होगी, जिनके बारे में कहते थे कि पहले दिन ही शेक्सपीयर को पढ़ाते समय उन्होंने कहा था कि Shakespeare had no style of his own, all the styles of english language were his styles. फ़िराक़ साहब की काव्य-साधना इसी ओर उन्मुख थी। लेकिन फ़िराक़ साहब की जो कविताएँ हैं वे इस प्रतिमान से नहीं जाँची जा सकतीं क्योंकि उनकी कविताओं में इतिहास-बोध और इल्मियत बहुत ज़्यादा है। कैसे है, यह मैं यहाँ पर निवेदन करने की कोशिश करूँगा। उनकी प्रारम्भिक

कविताओं में से एक शेर है—

तर्के मुहब्बत करने वालो कौन ऐसा जग जीत लिया
इश्क के पहले के दिन सोचो कौन बड़ा सुख होता था।

इस शेर का लहज़ा लोक साहित्य के नज़दीक है। 'जग में जवान होना' की तरह इसमें भी 'जग जीत लिया' है। एक बात इसमें देखने की यह है कि इस छन्द की जमीन शायद सवैया है। वैसे है तो यह छन्द मीर वाला ही कि—'मीर के दीनो मजहब को क्या पूछो हो....।' इस शेर में एक बात आप ये देखें कि इसमें श तो है लेकिन ज ग क फ जैसी ध्वनियाँ, जिन ध्वनियों के कारण उर्दू बहुत कुछ हिन्दी से अलग की जाती है, इसमें बिल्कुल नहीं है। अभी पहला जो शेर मैंने सुनाया था कि—'जो उठे तो ठोकरें मारकर....' में भी ऐसी कोई ध्वनि नहीं है जो फ़ारसी की ध्वनि हो। तो ये फ़िराक़ साहब के भाव यन्त्र का उल्लेखनीय घटक था। मुझे वह असली हिन्दुस्तानियत लगती है।

फ़िराक़ साहब ने जब प्रगतिशील कविताएँ लिखनी शुरू कीं तो एक तरह से उनको लोक भाषा और सहजातीय लय में कविताएँ करने का पूरा अवकाश मिल गया क्योंकि फ़िराक़ साहब की प्रगतिशील कविताओं में हिन्दी की, ख़ासतौर पर पूर्वी उत्तर प्रदेश की जातीय धुनों, छन्दों और लय का प्रयोग बहुत मिलता है। जैसे—

बन्दूकों से संगीनों से तुमने किये हज़ारों वार
बारी है अब मजदूरों की एक कचलोहिया आड़ो हमार।

ये आल्हा छन्द है। या—'आग भभूका गोरा मुखड़ा कच्चा पानी कच्ची आग'—इस छन्द में उन्होंने बहुत लिखा है, जो 'धरती की करवट' में तथा और भी कई जगह पर हैं।

इसके दूसरी तरफ फ़िराक़ साहब की इल्मियत और उनके बोध की बात है। उनकी एक रुबाई है—

सहरा में जमाँ मकाँ के खो जाती हैं
सदियों बेदार रह के सो जाती हैं
अक्सर सोचा किया हूँ खलवत में फ़िराक़
तहज़ीबें क्यूँ गुरूब हो जाती हैं

ये बिल्कुल ठेठ Time और Space का आधुनिक विचार है कि ये जो संस्कृतियाँ हैं ये इतिहास में बहुत दिनों तक फलती फूलती रहती हैं जो इसके बाद समाप्त हो जाती हैं। रोमन संस्कृति, ग्रीक संस्कृति, यूनानी संस्कृति, अरब संस्कृति—ये सारी संकृतियाँ रहती हैं, फिर विलीन हो जाती हैं। कहाँ विलीन हो जाती हैं? तो फ़िराक़

साहब कहते हैं कि जमाँ और मकाँ के देश और काल के अरण्य में खो जाती हैं। अरण्य माने वो असीम और अनजान लोक जिसको कोई पार नहीं पा सकता, वहाँ चली जाती हैं। हमसे दूर चली जाती हैं। क्यों चली जाती हैं? क्या करने आती हैं? इसमें आप देखेंगे कि इतिहास का बोध और काल का बोध बहुत ज़्यादा मिलता है और कभी-कभी दार्शनिक अन्दाज़ में मिलता है। यह असीम, कालातीत जिसे आप कहें कि बोधातीत, जो हमारे बोध से बाहर जो काल हैं—उसमें हम सुख, आनन्द और अपने जीवन की सार्थकता ढूँढ़ते हैं। कितना कम समय है हमारे जीवन की सार्थकता का। लेकिन फिर भी यह असीम काल, अपनी असीमता में एक और मानव सौन्दर्य या मानव सार्थकता को व्यर्थ बनाता है दूसरी ओर उसी को सार्थकता भी अपने आप प्रदान कर देता है। एक रुबाई ये है—

एक लम्हा बका से भी यहाँ लम्बा है
कोनैन की ज़िन्दगी भी एक लम्हा है
कल फ़िराक़ मैंने वक़्त के चेहरे को
आईन ए हुस्ने दोस्त में देखा है।

इसका मतलब है कि सब कुछ बोधातीत है, असीम है। काल को आप पकड़ ही नहीं सकते लेकिन जो सौन्दर्य हैं, जो सौन्दर्य की अनुभूति है—वह चाहे जितनी कम देर के लिए हो, क्षण में ही सम्पूर्णता का आभास दे देती है और यों तो आप लम्बी से लम्बी उम्र ले के आएँ, बड़े से बड़ा कालखंड हो वह, असीम की तुलना में एक लम्हा ही है। फ़िराक़ साहब यह बहुत कहा करते थे। Every part of infinite is infinite. व्हाइट हेट का वाक्य है शायद जिसे फ़िराक़ साहब बहुत उद्धृत करते थे।

तो एक ओर तो फ़िराक़ साहब की सहजता की साधना है जिसे लोक से, तुलसीदास से, कबीरदास से प्रेरणा मिलती है। ऐसी भाषा लिखने की वे कोशिश भी करते हैं। लेकिन फ़िराक़ साहब की अपनी कविताएँ इस सहजता के लिए उल्लेखनीय नहीं हैं, बल्कि इल्मियत के कारण जो अपने ज़माने का बोध है, इतिहास का बोध है, मार्क्सवाद का बोध है, समाज का बोध है—जो उनकी कविताओं में रचा-बसा है, उसके कारण उनकी कविताएँ उल्लेखनीय हैं। फ़िराक़ साहब की कविताओं में उनका अभाव जैसे विभाव बन जाता है, इसका उल्लेख मैं कर चुका हूँ। सब जानते हैं कि फ़िराक़ साहब का पारिवारिक जीवन बहुत आदर्श नहीं था, गड़बड़ था, ऊबड़खाबड़ था। उनको हमेशा जैसे एक आदर्श सहचरी की तलाश रहती थी। ये जो आदर्श होता है वह एक स्तर पर तो कुछ नहीं है लेकिन एक स्तर पर बहुत काम की चीज़ है। कैसे? अगर लैला और मजनू की शादी हो जाती तो वो भी एक दूसरे को बोर करने लगते। इश्क की शिद्दत में, प्रेम की तीव्रता में जान

दे देना आसान है लेकिन आजीवन किसी से आकृष्ट ही बने रहना मुश्किल नहीं असम्भव है। ऐसे मौकों पर आदर्श बहुत काम आता है। आदर्श नहीं होता, कभी नहीं मिलता लेकिन वह आदमी को कहीं-न-कहीं लगाए रखता है। इसलिए चाहे मानव इतिहास हो चाहे आदमी का व्यक्तिगत जीवन, वह हमेशा एक आदर्श और प्रतिमान, एक दर्पण की तलाश में रहता है। फ़िराक़ साहब के यहाँ भी एक सहधार्मिणी की तलाश है। उसे हम प्रेमिका की तलाश या पत्नी की तलाश भी कह सकते हैं। उन्होंने 'रूप' में जो रुबाइयाँ लिखी हैं, उनको साथ रखकर देखें तो वस्तुतः वह एक आदर्श गृहिणी, पत्नी और प्रेमिका का रूप है।

आप जानते हैं कि फ़िराक़ साहब ने रुबाइयाँ सहज भाव से लिखना नहीं शुरू कीं। जोश मलीहाबादी से उनके झगड़े की चर्चा हो चुकी है। इसमें कोई शक़ नहीं है कि जहाँ तक उर्दू भाषा की आत्मा को समझने का और उस पर अधिकार का प्रश्न है, जोश मलीहाबादी और फ़िराक़ गोरखपुरी में कोई तुलना नहीं थी। इस लिहाज़ से जोश बहुत बड़े जानकार और शायर थे। फ़िराक़ साहब की रुबाइयाँ बहुत साफ़-सुथरी और साँचे में ढली हुई रुबाइयाँ नहीं हैं और उनकी बड़ी आलोचना की है असद लखनवी ने। लेकिन फ़िराक़ साहब के बड़बोलेपन में ही शायद उनकी मौलिकता है।

उनकी रुबाइयों में भारतीय नारी गृहिणी विविध रूपों में आती है। उसका सौन्दर्य अनेक रूपों और बहुत कुछ भारतीय मिथकों में अभियक्त हुआ है। एक ज़माने में ये रुबाइयाँ मुझे बहुत याद थीं, अब उतनी याद नहीं हैं। एक जगह आता है—

जहराब ए ग़म को हुस्न करता है कबूल
शंकर ने जैसे विष का प्याला हो लिया

या जो कुम्भ का मेला है उसके बहुत से रूपक खींचे गये हैं उसमें सूरदास की कविताओं का बहुत असर दिखलाई पड़ता है, जैसे—

जल से भरे भरे ये नयना रस के
सखि साजन कब थे अपने बस के
वह चाँदनी रात यह विरह की पीड़ा
उलट गयी हो नागिन जैसे डस के

और वो सूरदास की मशहूर उपमा कि—

दिवाली के मौके पर उस गृहिणी का रूप, बरसात में उस गृहिणी का रूप—जिसे आप कहें कि एक तरह से षड्ऋतु वर्णन भी किया गया है। भारतीय नारी का यह सौन्दर्य उर्दू कवितों में लगभग नहीं है क्योंकि उर्दू कविता का जो माशूक है वह इससे बहुत भिन्न है। अगर वह पुरुष है तो दूसरे ढंग का है लेकिन अगर

औरत है तो ज़्यादातर कोठेवाली है। एक समर्पित और निष्ठावान प्रेमिका का विचार उर्दू कविता में लगभग नहीं है। इसलिए फ़िराक़ साहब के यहाँ रूप का जो खाका मिलता है वो उर्दू कविता में बिल्कुल नया लगता है। जैसे—

है ब्याहता पर रूप अभी कुवाँरा है
माँ है पर जो भी अदा है वो दोशीज़ा है
वो माँग भरी मोद भरी गोद भरी
कन्या है सुहागिन है जगत माता है।
देवि माँ। सहचरी...

ये उस नारी की कल्पना है जिसकी शादी हुई है और वह नयी-नयी माँ बनी है। उसका बच्चा है उसकी गोद में—जो कन्या है, सुहागिन है, जगत माता है। नारी की ऐसी मंगलविधायिनी प्रतिमा उर्दू कविता में नहीं है। सामन्तवाद की एक ख़ास बात ये होती है कि सामन्तवादी मनोवृत्ति का या सामन्तवादी व्यवस्था का पुरुष सन्तानोत्पत्ति के लिए पत्नी रखता है और प्रेम करने के लिए प्रेमिकाएँ अलग रखता है। तो जहाँ ऐसा होता है कि सन्तान, पत्नी और प्रेमिका एक जगह हों तो वहाँ पारिवारिक संस्कृति का निर्माण होता है, परिवार की मंगलविधायिनी प्रतिमा बनती है। जैसे हमारी तरफ आल्हा में एक पंक्ति गाई जाती है जो इसके बिल्कुल अनुकूल हैं—

पान पुरान सुहागिन सुन्दर गोद खिलावत सुन्दर बाला।

पान पुरान पता नहीं किसलिए है, हो सकता है ये भी मंगलदायक शोभाविधायक हो। तो पान पुरान सुहागिन सुन्दर...पूरा छन्द बहुत अच्छा है इसलिए एकाध पंक्तियाँ सुनाता हूँ। इसके बाद है—

खाने को भंग नहाने को भंग चढ़ै को तुरंग

और आख़िरी पंक्ति है—

दोमंह एक तो देहु दयानिधि दो मृगनयनी कि दो मृगछाला

कहीं-न-कहीं इसकी अनुगूँज मुझे फ़िराक़ साहब की रुबाई में मिलती है। फ़िराक़ के यहाँ सौन्दर्य के जो कई रूप मिलते हैं उनमें फ़िराक़ साहब के अनुभव और निजता के कारण अपने आप मौलिकता और अद्वितीयता आ जाती है। जैसे मैं आपको उनकी ग़ज़ल का एक शेर सुनाता हूँ जो मुझे बहुत पसन्द है और मेरा ख़्याल है कि फ़िराक़ साहब को भी बहुत पसन्द था क्योंकि मैंने उनको अकेले में इन शेरों को गुनगुनाते हुए सुना है—

सर में सौदा भी नहीं दिल में तमन्ना भी नहीं
लेकिन इस तर्के मुहब्बत का भरोसा भी नहीं
मुद्दतें गुज़रीं तेरी याद भी आयी ना हमें
और हम भूल गये हों तुझे ऐसा भी नहीं
मेहरबानी को मुहब्बत नहीं कहते ऐ दोस्त
आह अब मुझसे तुझे रंजिशे बेजा भी नहीं

फ़िराक़ साहब अक्सर शब्दों के दो बार प्रयोग करते थे। उनके ऐसे शेर बहुत हैं जिनमें किसी शब्द का साथ-साथ दो बार प्रयोग किया गया है। जैसे—

शाम भी थी धुआँ धुआँ
हुस्न भी था उदास उदास

यहाँ भाषा के प्रयोग को लेकर अजीब बात है। जब आप कहते हैं कि 'धुआँ धुआँ थी' या 'उदास उदास था' तो वास्तविक दृष्टि से अर्थ में ये होता है कि एक तो ये कहना कि शाम धुआँ थी लेकिन इसकी जगह पर जब कहेंगे कि शाम धुआँ धुआँ थी तो अर्थ होगा बिल्कुल ठीक ठीक धुआँ नहीं थी, धुआँ जैसी थी। या जब कहा कि 'हुस्न भी था उदास उदास' तो 'हुस्न उदास था' इतना कहने से भी एक प्रभावशाली बिम्ब बनेगा लेकिन उदास उदास कहने वाला व्यंजित करना चाहता है कि मैं जिस उदासी की बात कर रहा हूँ वह उदासी सामान्य नहीं है कविता में। या बातचीत में श्रोता और कहनेवाले के बीच में भी एक तरीके से बहुत दाँवपेंच आ जाता है। इस तरीके से कहनेवाला पाठक या श्रोता को कहीं-न-कहीं सजेस्ट करता है कि उसकी 'उदासी' का मन्तव्य क्या है। इस तरीके से अर्थ का थोड़ा-सा विस्तार होता है। अब आप देखिए—

शाम भी थी धुआँ धुआँ
हुस्न भी था उदास उदास,
दिल को कई कहानियाँ
याद-सी आ के रह गयीं।

अब यहाँ 'याद-सी आके रह गयीं' नहीं है। बल्कि वो कुछ इस तरह से याद आयीं कि जैसे याद आ रही हो। इस तरीके से एक शब्द के दोहरे प्रयोग करके फ़िराक़ साहब अपने भाव की निजता को दिखाते हैं। यह उन्हें औरों से अलग करता है और ये प्रयोग सुनने में भी अच्छे लगते हैं और जो सुनने में अच्छा लगता है उसी में वह अर्थ समाया रहता है।

फ़िराक़ साहब की कविता में सौन्दर्य के बड़े कोमल और अछूते अनुभव व्यक्त

हुए हैं। ऐसे अछूते अनुभव अन्यत्र कविता में दिखलाई नहीं पड़ते। ऐसा एक शेर है—

किसी का यूँ तो हुआ कौन उम्र भर फिर भी
ये हुस्नो इश्क धोखा है सब मगर फिर भी

इस शेर को आप गाकर पढ़ेंगे, अच्छे से अच्छे राग में ढाल कर पढ़ें, तो इस शेर का मतलब चौपट हो जाएगा। ये शेर लिखा ही गया है वार्ता की लय में, उसी में से अपने अर्थ को खोल सकता है। यहाँ फिर भी के आगे कुछ भी कह सब कुछ कह दिया गया है। आगे है—

कहूँ ये कैसे इधर देख या न देख इधर
कि दर्द दर्द है फिर भी नज़र नज़र फिर भी

मुझे ये सोचने में और कहने में अच्छा लगता है कि फ़िराक़ साहब भी आँखों के अच्छे शायर हैं। मैं उर्दू के बारे में तो उस अधिकार से नहीं कह सकता जिस अधिकार से संस्कृत और हिन्दी के बारे में कह सकता हूँ। हालाँकि मेरी ये बात उर्दू के विषय में भी ठीक होगी कि कोई ऐसा बड़ा शायर नहीं होगा जिसने आँखों पर अच्छी कविताएँ न लिखी हों। हिन्दी में तुलसीदास और निराला हैं। मेरा ख़्याल है कि इस क्षेत्र में निराला तुलसीदास से भी बड़े हैं। प्राचीन भारत में आँखों के सबसे बड़े कवि कालिदास हैं। कभी समय मिला तो निराला द्वारा आँखों पर लिखी गयी कविताओं पर लिखूँगा। कालिदास ने आँखों पर कैसी कविताएँ लिखी हैं—इसका संकलन तैयार किया जाए तो अद्‌भुत होगा। मुझे याद आता है कि एक तो 'मेघदूत' में है ही—

प्रीतिस्निग्धैर्जनपदवधूलोचनैः पीयमानः

दूसरा बिम्ब बलराम के मदिरापान का है कि रेवती की आँखों की छाया बलराम की मदिरा के चषक में पड़ रही है और बलराम उसे पी रहे हैं। यह अद्‌भुत बिम्ब है। और सारी बातें छोड़ दीजिए तो वह कविता—'अमिय हलाहल मद भरे श्वेत श्याम रतनार...।' तो ख़ैर, फ़िराक़ साहब के यहाँ भी आँखों पर अच्छी कविताएँ हैं। 'जल से भरे नयना' वाली बात तो अभी मैंने आपसे की ही थी। दूसरी कविता है—'आँखों को नयन बनाने वाले दिन हैं', या—

तेरी वो नरम दोशीजा निगाही दिल नहीं भूला
उठी जब जब तेरी आँखें निगाहें अव्वली निकलीं

कुछ और कविताएँ ये आँखों पर लिखते तो मुझे अच्छा लगता। एक ये

है कि—

दिल के आईने पे पड़ती है इस तरह से निगाह
जैसे पानी में लचक जाए किरन क्या कहना
वो आँख ज़ुबान हो गयी है
हर बज़्म की जान हो गयी है।

ये एक तरीके से 'गिरा अनयन नयन बिनु बानी' का अनुवाद है।

फ़िराक़ साहब के यहाँ जब प्रगतिशील कविता उनकी सौन्दर्याभिरुचि से सम्पन्न होकर आती है तो वे अच्छी पंक्तियाँ होती हैं। जैसे—

न कहते ज़ुल्फ़े परीशाँ दास्ताने शामे ग़म
सुबह होने तक इसी अन्दाज़ की बातें करो
कुछ क़फ़स की तीलियों से छन रहा है नूर-सा
कुछ फ़िज़ा कुछ हसरते परवाज़ की बातें करो।

ख़ासतौर पर फ़िराक़ साहब ग़ज़ल के ही शायर हैं लेकिन उनकी कई नज़्में भी बहुत अच्छी हैं। उर्दू कविता में मजाज़ की नज़्म 'आवारा' हमारे समय की अद्वितीय नज़्म है। लेकिन और कई लिहाज से फ़िराक़ साहब की एक लम्बी नज़्म है—'जुगनू' जो मुझे बहुत पसन्द है। उस नज़्म को पढ़कर ये आशा बाँधती है कि खड़ी बोली में भी सूरदास जैसी कविताएँ लिखी जा सकती हैं। इस नज़्म में सूरदास की-सी मासूमियत और पवित्रता तो नहीं है लेकिन एक हद तक है क्योंकि माँ पर है वह कविता। यानी उस कविता को पढ़कर सूरदास की याद आ जाती है। फ़िराक़ साहब की जो दूसरी नज़्म मुझे पसन्द है वो है 'आधी रात'। इसमें आधी रात के स्वप्न में जैसे प्रकृति के सौन्दर्य का ख़ज़ाना खुल पड़ता है और तमाम प्रकार की सुगन्धें एक दूसरे से होड़ करके चलती हैं। ऐसे में जो भाव और विचार होते हैं, जैसे फ़िराक़ साहब उन सबको चित्रित करते हैं उस कविता में। और आख़िर में, 1962 में चीन की लड़ाई के समय फ़िराक़ साहब की कही वह मशहूर ग़ज़ल जो बहुत लोकप्रिय हुई थी। सब लोग उसको पढ़ते घूमते थे—

सुख़न की शम्माँ जलाओ बहुत उदास है रात
नवाए मीर सुनाओ बहुत उदास है रात
कोई कहे ये ख़यालों और ख़्वाबों से
दिलों से दूर न जाओ बहुत उदास है रात
पड़े हो धुँधली फ़िज़ाओं में मुँह लपेटे हुए
सितारो सामने आओ बहुत उदास है रात।

तथागत के अनुयायी

डॉ. भरतसिंह उपाध्याय की नियुक्ति दिल्ली विश्वविद्यालय के हिन्दू कॉलेज में सन् 1958ई. में हुई थी। उस समय उनकी उम्र 43 वर्ष की रही होगी, किन्तु वे गम्भीर विद्वान के रूप मे विख्यात हो चुके थे। 'पालि साहित्य का इतिहास' और 'बौद्ध दर्शन तथा अन्य भारतीय दर्शन' प्रकाशित हो चुके थे उस समय हिन्दी विभाग के अध्यक्ष डॉ. नगेन्द्र थे। हिन्दू कॉलेज में वरिष्ठ अध्यापक डॉ. दशरथ ओझा और डॉ. विजयेन्द्र स्नातक से उपाध्याय जी के अन्तरंग सम्बन्ध थे। कुछ वर्षों बाद हिन्दू कॉलेज में ही एक और विद्वान की नियुक्ति हुई—पं. कृष्णशंकर शुक्ल की। पं. कृष्णशंकर शुक्ल आचार्य रामचन्द्र शुक्ल के शिष्य थे। उन दिनों हिन्दू कॉलेज के हिन्दी विभाग का बहुत सम्मान था। लोग कहते हिन्दू कॉलेज के हिन्दी विभाग में दो शीर्षस्थ विद्वान हैं। ऐसा विभाग किसी और कॉलेज का नहीं।

उपाध्याय जी माडल टाउन में रहते थे। मैं अनेक वर्षों तक उनका पड़ोसी था। हमारे पारिवारिक सम्बन्ध रहे। कमला भाभी और मेरी पत्नी से पटती थी। अनिल (पुत्र) और सन्ध्या (पुत्री) उपाध्याय जी की सन्तानें माडल टाउन में ही हुईं। वियोगी हरि जी का उन पर बहुत स्नेह था। वियोगी हरि भी अपने दत्तक पुत्र भगवद् दत्त शिशु के साथ मॉडल टाउन में रहते थे।

उपाध्याय जी बहुत सहज थे, निहायत सीधी-सादी पोशाक में रहते—ग्रामीण की तरह। कपड़े प्रायः धुले नहीं रहते। कम बोलते। सड़क पर निगाह नीची करके चलते। उनके सीधेपन से कभी-कभी मनोरंजक प्रसंग घट जाते। एक बार बहुत परेशान से आये, बोले—'कहीं कोई लम्बी लकड़ी या लग्गी मिलेगी?' पड़ोस की किसी बुढ़िया ने उनसे पपीते तोड़ने के लिए कह दिया था। कभी कोई उनसे बाज़ार से समोसे लाने के लिए कह देता। कभी सब्जी लाने के लिए। वह चुपचाप काम कर देते। ख़ुद भी खाने का शौक था मिठाई खाने का शौक था। एक बार सब्जी की दुकान पर करेला खरीद रहे थे। मुझे देखकर बोले—'क्या बताऊँ, इधार रास्ते में जलेबी बनती

है, रोज़ कॉलेज से लौटते हुए खाने की आदत पड़ गयी है, करेले खाने से विकार नष्ट हो जाएगा।

अपने गुणों को छिपा रखने में वह सिद्ध थे। ओछापन एवं प्रदर्शन की प्रवृत्ति पर हँसते थे। घटनाओं और स्थितियों को बहुत दूर तक काल के सन्दर्भ में देखने का स्वभाव था। उनका अपना जीवन आचरण भी बुद्ध और उनके शिष्यों के जीवन-आचरण से प्रभावित था। बुद्ध के जीवन से तन्मय थे। बुद्ध, धर्म सेनापति, आनन्द आदि के बारे में बातें करते, ऐसा लगता जैसे अपने परिचित, आत्मीय जनों के बारे में बातें कर रहे हैं।

डॉ. भरतसिंह उपाध्याय का अध्ययन-लेखन उनकी आत्म-साधना का ही दूसरा नाम था। जिस तरह तुलसीदास ने विविध रूपों में राम की कथा कही है, उसी तरह उपाध्याय जी ने विविध रूपों में बौद्ध दर्शन एवं बुद्ध के ही व्यक्तित्व को उजागर किया है यह आत्म-साधना बुद्धमय होने की थी। बुद्ध के माध्यम से त्रिकालातीत होने की साधना थी। उपाध्याय जी देश एवं काल से ऊपर उठकर बुद्ध को साक्षात् करने की साधना में निरत थे। उनके साहित्य के पाठक को भी उनकी साधना का फल अनायास मिल जाता है। हिन्दी का गौरव था कि उसे भरतसिंह उपाध्याय जैसा साधक लेखक मिला। उपेक्षा आदि की बातें बाद में करेंगे। 'बुद्धकालीन भारत' की रचना उन्होंने बुद्धपद अंकित भूमि के दर्शन करने के लिए की है। देश-काल के बन्धन को तोड़कर बुद्ध का दर्शन न कर पाने की पीड़ा होती थी। 'बुद्धकालीन भारतीय भूगोल की वस्तुकथा' की पंक्तियों में इस पीड़ा की पहचान मिलेगी। यद्यपि यह पुस्तक बुद्धकालीन भारत के सर्वांगीण भौगोलिक अध्ययन के रूप में ही लिखी गयी है, फिर भी इसके विषय के अनेक महत्त्वपूर्ण पक्ष बुद्ध पद अंकित भूमि से ही सम्बद्ध हैं। अतः फाह्यान ने गृध्रकूट पर्वत शिखर पर रात भर दीपक जलाते हुए किसी प्रकार अपने आँसुओं को रोक कर कहा था, 'मैं फाह्यान इतनी देर बाद पैदा हुआ हूँ कि मैं बुद्ध से नहीं मिल सकता, मैं सिर्फ उनके चिह्नों और वास-स्थान को एकटक होकर निहार सकता हूँ।'

डॉ. भरतसिंह उपाध्याय ने फाह्यान की वह पीड़ा अपना ली थी। वे भी किसी प्रकार आँसुओं को रोके बुद्ध जीवन एवं चिन्तन के अनेक पक्षों पर लिखते रहे। सुदूर देश एवं काल में स्थित बुद्ध को देख पाने का यही मार्ग उन्होंने अपनाया था। उनकी लेखन शैली, विशेषतः क्रिया पदों पर ध्यान दीजिए।

'बुद्धत्व-प्राप्ति के सत्रहवें वर्ष में हम भगवान बुद्ध को फिर श्रावस्ती लौटते हुए देखते हैं।'

'इसी निकाय के एक सुत्त में हम भगवान को मथुरा के पास आते-जाते देख सकते हैं।' 'देखना' क्रिया का प्रयोग यों ही नहीं है। डॉ. भरतसिंह उपाध्याय बुद्ध

पर लिखते समय बुद्ध को देखते हैं। मन लगाकर लिखने की स्थिति में लिखनेवाले की जो स्थिति होती है वह समाधि की होती है, इसी बात को ध्यान में रख कर 'मानस का हंस' पढ़कर डॉ. रामविलास शर्मा ने अमृतलाल नागर को लिखा था—'तुम लगभग 400 पृष्ठों तक बाबा (तुलसीदास) के साथ रहे।'

डॉ. उपाध्याय ने बुद्ध के अत्यन्त निर्मम वीतराग और साथ ही करुणामय रूप को उभारा है। बुद्ध की निर्ममता उनकी महान करुणा की आधार भूमि है। यह वीतरागता और करुणा का वही मेल है जिसे सरहपा ने शून्य के तरुवर में करुणा के फूल कहा है, उपाध्याय जी ने बुद्ध के जिस रूप को उभारा है, उसे देखें तो वे परम योगी, ज्ञानी, ध्यानी किन्तु लोगों के सुख-दुख का बहुत ध्यान रखनेवाले महापुरुष ज्ञात होते हैं यही नहीं, उनकी करुणा उनकी वीतरागता से टकराती भी है। बुद्ध का ऐसा मानवीय रूप अन्यत्र न उभारा गया होगा। उपाध्याय जी ने अपनी निजता के आलोक में बुद्ध को पहचाना है, इसीलिए उनके तथागत हमारे बहुत आत्मीय भी लगते है, यों उनका वीतराग रूप हमसे बहुत दूर है। 'पालि साहित्य का इतिहास' में सुत्तपिटक का परिचय देते हुए उपाध्याय जी लिखते हैं—

''एक दिन भगवान गंगा की रेती में उक्काचेल नामक स्थान पर विहर रहे हैं। भिक्षु परिषद् को विज्ञापित करने के लिए बैठते हैं किन्तु सर्वप्रथम ध्यान आता है अपने सद्यः परिनिवृत्त शिष्य सारिपुत्र और मौदगल्यायन का। बुद्ध का मानवीय रूप फूट पड़ता है 'भिक्षुओं' सारिपुत्र और मौदगल्यायन के बिना मुझे यह परिषद् शून्य-सी जान पड़ती है। जिस दिशा में सारिपुत्र मौदगल्यायन विहरते थे, वह दिशा किसी और की न चाहनेवाली होती थी। इतना ही कह पाते हैं कि भगवान का मानवीय रूप उनकी बुद्ध रूप में परिवर्तित हो जाता है और 'भिक्षुओ आश्चर्य है तथागत को! अद्‌भुत है तथागत को! इस प्रकार के शिष्यों की जोड़ी के परिनिवृत्त हो जाने पर भी तथागत को शोक परिदेव नहीं है।'' (पृ. 225, तृतीय संस्करण)

उपाध्याय जी जीवन के सामान्य प्रसंगों के, बुद्ध जीवन-प्रसंगों के बारे में ऐसे बात करते मानो वे उनके गाँव के या घर के कोई बुजुर्ग हों—कुछ प्रसंगों का रस लेकर सुनाते, ''बुद्ध बोधप्राप्ति के बाद कपिलवस्तु लौटने वाले थे—यह समाचार सुनकर गोपा (यशोधरा) का पिता लम्बा-मोटा डंडा लेकर नगर-द्वार पर खड़ा हो गया, बोला—'आने दो इस गौतम को ठीक कर दूँगा। दुष्ट ने मेरी लड़की की जिन्दगी बरबाद कर दी। मैं इसे जीता नहीं छोड़ूँगा'।'' फिर हँसते हुए कहते, बुद्ध ने सुना तो मुस्करा उठे। इसी तरह चिंचा का प्रसंग सुनाते। कोसलराज प्रसेनजित भोजन अधिक मात्रा में करते थे, उसका वर्णन। समय देखकर कभी-कभी कहते इस समय तथागत विश्राम करते थे, इस समय उपदेश देते थे, आदि।

उपाध्याय जी ने बुद्ध की जीवनी पालिभाषा में लिखी है, कई हज़ार पृष्ठों में।

उपाध्याय जी के पुत्र अनिल ने बताया—पोथी के ऊपर पालि में जो लिखा है, उसका अर्थ है, 'भगवान, किसी पूर्व जन्म में मैंने संकल्प किया होगा कि आपका जीवन आपकी ही भाषा में प्रस्तुत करूँगा, यह मैंने पूरा किया।'

उन्होंने अपनी निजता को तथागत के भाव-रूप मे ढाल लिया था। कबीर की तरह वह कह सकते थे—'आठों जाम करउँ परिकरमा, जो कुछ करउँ सो सेवा।'

लेकिन एक बात वह प्राय: कहते—'बुद्ध के पास अपनी कमज़ोरियों के लेकर जाते हुए डर लगता है। बुद्ध कहते हैं—जो कुछ किया है सो भोगो। बुद्ध इतने निर्विकार दोषरहित हैं कि उनके पास जाने का साहस नहीं होता।' तथागत शब्द की व्याख्या करते—यथा आगत, तथागत अर्थात, जैसे संसार में आये वैसे ही गये। 'जस की तस धर दीन्ही चदरिया' वाली बात है।

कहते-'काम तो तुलसीदास ही आते हैं। तुलसीदास को मानो हमारी कमज़ोरियों से सरोकार है। तुलसीदास को पढ़ने पर लगता है कि कमज़ोरियाँ होना पाप नहीं। तुलसी कहते हैं, अरे भाई, कमज़ोरियाँ तुममें ही नहीं हैं। देखो, मुझमें भी हैं, राम बने किसलिए हैं? हमारे पास आओ, हम तुम्हें राम के चरणों में पटक देंगे।' उपाध्याय जी का व्यक्तित्व भक्तों के समान परदुखकातर था, किन्तु वह सन्देह भी करते थे। तुलसीदास की बहुत प्रशंसा करते फिर कहते 'फस्ट्रेटेड वे भी थे। आख़िर में कोई काम नहीं आया। हनुमान, शंकर, राम कोई बीमारी ठीक नहीं कर पाया। तभी तो तुलसी ने हनुमान को बुड्ढा तक कह दिया। कुछ ऐसा है जिसे करना राम के भी बस में नहीं—

तोसों कहा ना होय हा हा।
सो बुझइए मोहि हौं हूँ रहूँ मौन
जो बयो सो जानि लुनिए।

इसमें कोई सन्देह नहीं कि सांसारिक दृष्टि से असफल रह जाने का बोध और किसी सीमा तक उससे पैदा होने वाली यातना कभी-कभी उपाध्याय जी में दिखलाई पड़ती थी। उन्हें कभी सांसारिक असफलता से उतनी परेशानी नहीं होती थी। अयोग्य व्यक्तियों के अहंकार-प्रदर्शन से कष्ट होता था। स्वातन्त्र्योत्तर भारत के विश्वविद्यालयों के अध्यापकों, विशेषत: साहित्य के अध्यापकों का वेतनमान वगैरह बहुत ठीक हो गया है, पहले जैसी सरस्वती साधना नहीं रह गयी है। दिल्ली के अध्यापक नाना कारणों से देश के अन्य अध्यापकों से अधिक सम्पन्न हैं। उपाध्याय जी इन लोगों में खप नहीं पाते। जिन लोगों का वह सम्मान करते थे या करना चाहते थे, उनके पाखंडी और आचरण को देखकर उन्हें इन लोगों से विरक्ति होती थी, क्षोभ होता था। वह ऐसे लोगों पर हँसते भी बहुत

थे। लेकिन बकौल ग़ालिब वह 'पियाला ओ सागर' तो नहीं थे। कभी-कभी उन्हें पाखंड और क्षुद्रता की सांसारिक सफलता से यातना भी होती थी। लेकिन यह यातना भी उनकी शिष्टता एवं विनम्रता में ढल जाती थी।

उपाध्याय जी का विद्यार्थी जीवन बहुत उज्ज्वल था। उन्हें बी.ए. परीक्षा में अंग्रेज़ी विषय में विश्वविद्यालय में सर्वोच्च अंक मिले थे उन दिनों आगरा विश्वविद्यालय बहुत विशाल था। 'बौद्ध दर्शन एवं अन्य भारतीय दर्शन' पर उन्हें पुरस्कार मिला। 'पालि साहित्य का इतिहास' से अभूतपूर्व यश मिला। लेकिन दिल्ली में उन्हें उपेक्षा मिली। दिल्ली का वातावरण उनके अनुकूल नहीं था। दिल्ली कर्मभूमि कम भोगभूमि अधिक है। उपाध्याय जी का दूसरा विवाह हुआ। दो सन्तानें हुईं। पहली पत्नी से कोई सन्तान नहीं थी। जब उनके पुत्र अनिल के विवाह में गाजियाबाद गया तो पता चला कि पहली पत्नी की बहन आयी है। उन्होंने बताया कि उपाध्याय जी की प्रथम पत्नी भगवान देवी विवाह के बाद लगभग 19 वर्षों तक बीमार रहीं। चारपाई ही पकड़े रहीं। उपाध्याय जी उनकी तीमारदारी करते रहे। उन्हें वैवाहिक जीवन का कोई सुख नहीं मिला। पत्नी के देहान्त के बाद ससुरालवालों ने ही दूसरा विवाह करा दिया। कमला जी बहुत सुयोग्य, सुशील, मृदुभाषिणी, एवं सेवापरायण पत्नी रहीं। उन्होंने उपाध्याय जी का बहुत ध्यान रखा।

अब उपाध्याय जी का वैवाहिक जीवन सुखी था। मौका मिलते ही वह दिल्ली से भाग निकले। दो-तीन बार दिल का दौरा पड़ने के बावजूद उन्होंने अद्भुत कर्मठता का परिचय दिया। गाजियाबाद में ज़मीन खरीदी, मकान बनवाया। लगभग 7-8 वर्षों तक गाजियाबाद से मौरिस नगर, हिन्दू कॉलेज में आकर क्लास लेते रहे। लड़का बैंक में नौकरी करने लगा था। पुत्री पर बहुत स्नेह था। अनिल की शादी में शामिल होने उनके घर पहुँचा तो उपाध्याय जी बहुत अच्छे कपड़े का कोट-पैंट पहने थे। मुझे देख कर बिना पूछे ही शर्माते हुए-से बोले, 'अनिल ने कहा यही पहनो। थोड़ी देर में अनिल आया। उसने थोड़ी तेज़ी में कहा, कमीज़ नहीं बदली, दूसरी कमीज़ पहनिए। उपाध्याय ने थोड़ी दृढ़ता से उत्तर दिया 'सन्ध्या से पूछ लिया है, उसने कह दिया है यह कमीज़ ठीक है।' अनिल चुपचाप 'तब ठीक है', कहते हुए चला गया। हम सब हँसने लगे।

वह उस दिन शान्त, स्वस्थ लग रहे थे। हम सोच भी रहे थे कि उपाध्याय जी का स्वास्थ्य ठीक है। मन को लग रहा था कि अभी कम से कम 10 वर्ष और उनकी छाया बनी रहेगी।

अनिल ने बताया—पता नहीं क्या हुआ, 3-4 दिन पहले हर चीज़ अपने सोने के कमरे से बाहर निकलवा दी। पत्नी कमला और पुत्री सन्ध्या उसी कमरे

में सोती थीं। उन्हें भी दूसरे कमरे में सोने के लिए कहा। सन्ध्या रोने लगी तो कहा, 'अच्छा, आज सो लो, कल से मैं अकेला सोऊँगा।' दूसरे दिन भी वह स्वस्थ थे। दूध लेने वही जाते थे। दूना दूध लाये खीर बनवाने के लिए। हरे चने का सूप बनवाया। रात को कमरे में अकेले अन्दर से सिटकनी लगा कर सोये। कमला भाभी ने बताया—4 बजे के करीब कराहते हुए स्वर में, 'हे राम!' की आवाज़ सुनाई पड़ी। मैं घबरा कर उठी। पुकारा तो कोई आवाज़ नहीं। धक्का देकर दरवाज़ा तुड़वाया गया। वह ज़मीन पर पड़े थे सब कुछ समाप्त हो चुका था।

वह अपने लिए किसी को असुविधा नहीं देना चाहते थे। मृत्यु का वरण करते समय भी उन्होंने किसी को कोई असुविधा नहीं होने दी।

पूज्य को अपूजित रखना अपराध कहा गया है, लेकिन है वह वस्तुतः दुर्भाग्य। जो सम्माननीय है, उसे सम्मान देने की पात्रता सब में नहीं होती। जैसे सम्माननीय दुर्लभ होते हैं, वैसे सम्मान करनेवाले भी। स्वातन्त्र्योत्तर भारत में अभिनन्दनों, षष्टिपूर्तियों की बहार है। इन सम्माननीयों और सम्मानकों में इतनी हीनभावना है कि वे ईमानदार आदमी की चर्चा या उसका उल्लेख भी सहन नहीं कर सकते। विश्वविद्यालयों में जो स्थिति है, गैर विश्वविद्यालयी बुद्धिजीवियों की स्थिति उससे बेहतर नहीं। दिल्ली विश्वविद्यालय में डॉ. भरतसिंह उपाध्याय की उपेक्षा हुई। उन्हें उचित स्थान एवं सम्मान नहीं मिला, ठीक! किन्तु साहित्यकारों, पत्रकारों, बुद्धिजीवियों ने क्या किया? क्या उनकी ज़िम्मेदारी केवल लोगों की आलोचना करना है?

इस विषय में मेरा अनुभव कटु है। मैं इस अवसर पर यह कटुता नहीं प्रकट करना चाहता। लगभग 10 वर्ष पूर्व मैं हिन्दी के एक प्रसिद्ध समाचार विचार पत्रिका के उजले-धुले सम्पादक से उपाध्याय जी पर कुछ लिखने-लिखवाने के लिए मिला था। वह बहुत अच्छे कवि थे। बुद्धिजीवी भी समझे जाते थे। उन्होंने डॉ. भरतसिंह उपाध्याय का नाम भी नहीं सुना था। बुद्धिजीवी कवि निस्सन्देह पत्रकार थे। वह समाजवादी विचारों के कहे जाते थे। मैंने उन्हें बताया कि उपाध्याय जी की पुस्तक 'ध्यान सम्प्रदाय' की प्रशंसा डॉ. राममनोहर लोहिया ने बहुत की थी—ऐसा कमलेश जी कहते हैं। उन्होंने बहुत कृपा दिखाते हुए मुझसे उन पर कुछ लिख देने के लिए कहा। मुझे बहुत बुरा लगा। मैंने कुछ नहीं लिखा। बाद में सर्वेश्वर जी मिले। उन्होंने कहा, "देखा आपने इस आदमी को। आप लोग तारीफ़ करते हैं। आप उपाध्याय जी का सम्मान कीजिए। मैं जगह का इन्तज़ाम करवा दूँगा। मैं जानता हूँ उपाध्याय जी को।" मैंने उदास होकर कहा, "जाने दीजिए, यों भी उपाध्याय जी कहाँ तैयार होंगे।" उपाध्याय जी सचमुच तैयार होनेवाले नहीं थे। हमारे कुछ विद्यार्थियों, विशेषतः दीपक

ने उत्साहपूर्वक उपाध्याय जी का सम्मान करने की योजना बनायी। बौद्ध दर्शन विभाग के विद्यार्थियों ने काम करने का आश्वासन दिया। सोचा कि बहुत सादा समारोह करेंगे। बाबा नागार्जुन उनके प्रशंसक मित्र हैं, उन्हीं के हाथों एक पेन उपहार में देंगे। पेन देकर हम उनके लेखक के रूप का सम्मान करना चाहते थे। मुझे भ्रम क्या भरोसा हो गया था कि मेरी बात वे मान लेंगे। गाजियाबाद गया। उनसे कहा, 'ये विद्यार्थी कोई सम्पन्न तो हैं नहीं। इनका आप पर कुछ अधिकार बनता है। इनके प्रति आपका कुछ कर्तव्य भी बनता है। न ये सरकार हैं न सेठ, आप चलिए।' वे बोले—'आप कहते हैं, तो मैं सोचूँगा। आपको लिख दूँगा।' दूसरे दिन उनका पत्र आ गया है। वे तैयार नहीं हुए। उन्होंने सौम्य विद्यार्थियों को शुभाशीर्वाद भेज दिया था, बस।

बी–137
लोहिया नगर,
गाजियाबाद, उ.प्र.
30–12–87

प्रियवर डॉ. त्रिपाठी जी,

सादर, सप्रेम नमस्कार!

अभिनन्दन के प्रश्न को लेकर मैं रात भर परेशान रहा। छोटा हो या बड़ा, यह मेरी प्रकृति के अनुकूल नहीं है। उन सौम्य विद्यार्थियों से मेरे शुभाशीर्वाद कहना। बौद्ध साहित्य सम्बन्धी कार्य से जो कुछ मुझे लेना था, अवकाश प्राप्त करने से पूर्व ले चुका, अब तो सिर्फ यथासम्भव एकान्तवास और शान्ति ही चाहिए। बुद्ध के आदेशानुसार अब मैं अपने गृहस्थाश्रम के दायित्वों को पूरा करने में लगा हूँ और बुद्ध और बौद्ध धर्म को भी छोड़ चुका हूँ। अत: उसे भी क्या याद करना और उसके लिए क्या किसी से लेना। आपकी कृपा से सब कार्य ठीक चल रहे हैं। दोनों सुपुत्रियों को शुभाशीर्वाद और बेटी गुन्नू को बहुत-बहुत प्यार।

भवतु सर्वमङ्गलम्
आपका
भरतसिंह उपाध्याय

हम उपाध्याय जी का उचित सम्मान नहीं कर सके। यह हमारा दुर्भाग्य था। उनका सम्मान उनकी नहीं, हमारी ज़रूरत थी।

लेकिन उपाध्याय जी का सम्मान करनेवालों की कमी नहीं थी। उनके मित्रों, पाठकों, प्रशंसकों की बहुत बड़ी संख्या है। दिखावे के लिए नहीं, हृदय से सम्मान

करनेवालों की। उपाध्याय जी का आन्तरिक जगत अत्यन्त समृद्ध था। उसी के बूते पर वह अपनी उपेक्षा पर हँसते थे। उनके अनेक शिष्य उच्च पदस्थ हैं। 'पालि साहित्य का इतिहास' तुलसीराम वर्मा को समर्पित है। उपाध्याय जी ने उन्हें 'कल्याण मित्र' कहा है। श्री तुलसीराम वर्मा से मैं इस बार मिला। पहली बार अनिल के विवाह में, दूसरी बाद उपाध्याय जी की तेहरवीं में। मैंने उपाध्याय जी से पूछा था कि इनसे कितने दिनों की मित्रता है। उपाध्याय जी ने बताया कि हम बारह वर्ष के थे, पाँचवीं में पढ़ते थे तब से। अनिल के विवाह में तुलसीराम जी, उनके पुत्र-पुत्रवधू सब आये थे। अन्तिम कार्य में उनकी पुत्रियाँ, दामाद भी आये थे। देखते ही लिपट कर रोने लगे। 74 वर्ष की आयु में बच्चों की तरह हिचकियाँ ले-ले कर। उपाध्याय जी को दिल का दौरा पड़ा तो चिट्ठी लिखी थी—'अगर तुम चाहते हो कि मैं ज़िन्दा रहूँ, तो तुम भी ज़िन्दा रहो।'

ऐसा 'कल्याण मित्र' उन्हीं को जीवन में मिल सकता था। हाथी के दाँतों की नुमाइश में ऐसे लोग नहीं मिलते।

हमें चिन्ता उपाध्याय जी की रचनाओं की करनी चाहिए। 'पालि साहित्य का इतिहास', 'बुद्धकालीन भारतीय भूगोल', 'ध्यान सम्प्रदाय' जैसी पुस्तकें हिन्दी ही नहीं अन्य भाषाओं में भी दुर्लभ हैं। उन्होंने बुद्ध की जीवनी लिख रखी थी। कैसी शर्मनाक विडम्बना है कि बुद्ध की सर्वाधिक प्रामाणिक जीवनी के लिए हिन्दी में कोई सरकारी-गैर सरकारी प्रकाशक नहीं मिला उन्हें। उनके द्वारा लिखित बुद्ध की जीवनी प्रकाशित होनी चाहिए, हिन्दी में तत्काल और मूल पालि में लिखित बाद में। डॉ. भरतसिंह उपाध्याय द्वारा लिखित इस जीवनी में हमें बुद्ध के दर्शन होंगे। हम इससे वंचित रह जाएँ, इससे बड़ा दुर्भाग्य हमारे साहित्य का क्या होगा।

❑❑❑

अरुण प्रकाश

दिल्ली से अरुण प्रकाश का काफ़ी पुराना सम्बन्ध था। मुझसे परिचय बाद में हुआ। परिचय मैंने ही उनके घर जाकर किया। सन् 1990 के आसपास नागार्जुन तीन-चार दिनों के लिए मेरे घर आये थे। बोले—तुम्हारे यहाँ से अरुण प्रकाश के यहाँ जाऊँगा। सम्भवतः नागार्जुन ने ही उनका पता भी दिया। उनका घर पास में ही था। एक किलोमीटर से भी कम ही था। मैंने उनके घर का पता लगाया। एक सज्जन से पूछा तो उन्होंने बताया—वह देखो, झा साहब ऑफ़िस जा रहे हैं। मैंने देखा एक लम्बा-सा जवान आदमी पैंट-बुशर्ट में बस स्टैंड की ओर जा रहा है। चलते हुए लँगड़ा रहा है। मैं दौड़कर उनसे मिला नहीं, सोचा—घर देख लिया है, फिर कभी आराम से मिल लूँगा। फिर कुछ ऐसा हुआ कि नागार्जुन अरुण प्रकाश के घर नहीं जा पाये।

फिर अरुण प्रकाश मेरे घर मुझसे मिलने आये। उन्होंने बताया कि वे नौकरी छोड़कर अधिक समय लेखन को देने का इरादा रखते हैं। मैंने समझाने की कोशिश की कि ऐसा मत करो, आय का नियमित स्रोत होना चाहिए, लेकिन वे अडिग थे। नौकरी छोड़ दी। नेहरू प्लेस में किसी सरकारी या अर्द्धसरकारी संस्था में थे। जो पैसा मिला उससे दिलशाद गार्डन में ही एलआईजी फ़्लैट ख़रीद लिया। फ़्लैट प्रथम तल पर था। रहने की जगह हो गयी। बाक़ी ख़र्चा इधर-उधर पत्रकारिता करके निकाल लेंगे।

वे कहानीकार थे। पता नहीं तब तक कोई कहानी-संग्रह प्रकाशित हुआ था या नहीं। उनके लेखन से मेरा तब तक कोई परिचय नहीं था। मिलने पर बातचीत में वे राजनीति पर ज़्यादा बात करते, लेखन पर अपेक्षाकृत कम। साफ़ झलकता था कि उन्होंने मार्क्सवादी लेनिनवादी पार्टी की राजनीति में सक्रिय हिस्सा लिया है और उस पार्टी से अभी तक उनका सम्बन्ध है।

एक दिन विश्वविद्यालय के उत्तर परिसर में पंजाबी विभाग के अध्यापक-साहित्यकार मोहनजीत सिंह से पंजाब के आतंकवाद पर बात हो रही थी।

उन्होंने कहा—इस विषय पर हिन्दी में एक बहुत अच्छी कहानी लिखी गयी है 'भैया एक्सप्रेस'। मैंने पूछा किसकी कहानी है तो उन्होंने बताया अरुण प्रकाश की।

शेखर जोशी से मैंने अरुण प्रकाश का नाम लिया। इलाहाबाद के एक अन्य कहानीकार ने पूछा—कौन अरुण प्रकाश? तो शेखर जोशी ने कहा—'भैया एक्सप्रेस' वाले अरुण प्रकाश। मैं विस्मित-चकित प्रभावित हुआ। इतने प्रसिद्ध सम्भावनाशील युवा कहानीकार से मेरा परिचय हुआ। वह मेरे घर के पास ही रहता है। इतना विनम्र है आदि-आदि बात कही। कहानी पढ़कर कहानीकार से परिचय मैंने रवीन्द्र कालिया के डेरे पर जाकर लगभग इसी तरह किया था। रवीन्द्र मॉडल टाउन में पास ही रहते थे।

दिलशाद गार्डन में मेरे घर से क़रीब एक किलोमीटर की दूरी पर पानी की ऊँची टंकी वाली सड़क की दूसरी तरफ़ एक बहुत बड़ा पार्क है। उसी से जुड़ा हुआ एक पार्क और है। हम टंकी के पास वाले पार्क में रोज़ जाते थे। यह बहुत बड़ा पार्क है। चार-पाँच एकड़ ज़मीन में फैला हुआ। कुछ दिनों तक इसमें कई हिरन रखे गये थे। एक बड़े पिंजड़े के आकार में पक्षी और ख़रगोश भी, लेकिन वह व्यवस्था चल नहीं पायी। अब वहाँ यह सब नहीं है। फिर भी थोड़ी-बहुत देखभाल होती है। पार्क अब डियर पार्क के नाम से मशहूर है। मैं मॉडल टाउन से दिलशाद गार्डन के बी ब्लॉक में रहने लगा था। सुबह सैर करने की आदत थी, डियर पार्क में जाने लगा। धीरे-धीरे पता चला कि दिलशाद गार्डन में अनेक साहित्यकार और साहित्यप्रेमी रहते हैं। वे इस पार्क में आने लगे। रमेश आज़ाद, भारतेन्दु मिश्र, हरिनारायण ('कथादेश' के सम्पादक), विजय (कहानीकार), राजेन्द्र नागदेव, विभांशु दिव्याल, हेमन्त कुकरेती, आलोक पुराणिक, राकेश तिवारी (जनसत्ता) आदि। अब वे यहाँ से कहीं दूर-दूर अलग जगहों पर चले गये हैं और कई नये लोग आ गये हैं—बलराम, रमेश प्रजापति, अशोक गुजराती, जे.के. सिंह, कमलेश, राकेश आदि। कुछ दिनों के लिए मदन कश्यप और उपेन्द्र कुमार भी यहाँ आते थे। मदन कश्यप पास में ही रहते थे और उपेन्द्र कुमार बहुत दूर से गाड़ी में आते थे। चाय-समोसा लाते थे। हम लोग चाय ज़रूर पीते बिस्कुट या फेन के साथ। इसमें अधिकांश साहित्यकार, साहित्यप्रेमी, अध्यापक या पत्रकार थे। हम लोगों ने इसे नाम दिया—बतकही मण्डल। शर्त एक थी कि इसमें साहित्यचर्चा नहीं होगी। यह मण्डल दशकों से चल रहा है। सन् 1986 में जब जाना शुरू किया था तब पार्क के दौड़कर दो चक्कर लगाता था। अब सप्ताह में एक दिन सिर्फ़ इतवार को ही रिक्शे से आता-जाता हूँ। पाँच मिनट से ज़्यादा चल नहीं पाता। लोग सहारा देते हैं। बतकही मण्डल

का एक इतिहास बन गया है, लेकिन यहाँ सिर्फ़ इतना है। हाँ, एक नाम भूल गया शम्सुल इस्लाम का। मेरे बस्ती ज़िले के थे। भाषा विभाग में कार्यरत थे। अब नहीं हैं। डियर पार्क या बतकही मण्डल में गाहे-बगाहे आने वाले मित्रों-साहित्यकारों की संख्या कम नहीं है—योगेन्द्र आहूजा, महेश दर्पण, संजय चतुर्वेदी आदि। एक बार नित्यानन्द तिवारी भी आये हैं। शिवमूर्ति कई बार। उन्होंने एक बार मुझे पिटने से बचाया है जिसका उल्लेख मैं अन्यत्र कर चुका हूँ, लेकिन वीरेन डंगवाल का आना सबसे अलग और अविस्मरणीय था। 16 फ़रवरी को मेरा जन्मदिन बतकही मण्डल में मनता है। अनौपचारिक बेड़मी पूड़ी, रसदार आलू की सब्ज़ी, इमरती या बालूशाही खायी जाती है। देखा वीरेन डंगवाल आ रहे हैं। अनाहूत योगेन्द्र आहूजा के साथ। वीरेन अन्तिम लड़ाई कैंसर से लड़ रहे थे। देह भाषा और वाणी से पता ही नहीं चलता था कि वह व्यक्ति बीमार है।

मुझे कैसा लगा—क्या कहूँ। इतना बड़ा दान, इतनी जीवन-समृद्धि, इतनी आत्मीयता—वही दे सकता था। मेरे मन में कोरोना के इन मृत्यु दिनों में वीरेन डंगवाल की छवि जीवित रहने की शक्ति दे रही है, जबकि फ़रवरी, 2020 को मैं नब्बे वर्ष में प्रवेश कर गया हूँ। इसी बतकही मण्डल में अरुण प्रकाश भी शामिल हो गये।

अरुण प्रकाश अपने को डेढ़ गोड़ का आदमी कहते थे। वे दमे के क्रॉनिक मरीज़ थे। दो मिनट चलते तो हाँफने लगते। थोड़ी देर सुस्ता लेते, फिर चलते। फेफड़े बेहद कमज़ोर थे। शुगर ज़रूर रहा होगा। होमियोपैथी से अपना इलाज कर लेते। सिगरेट पीते, शराब पीते...। होटल में बैरे का भी काम किया था। पिता समाजवादी पार्टी की ओर से सांसद थे। स्वतन्त्र स्वभाव, वामपन्थी आन्दोलन में सक्रिय भागीदारी के चलते अपने जीवन का रास्ता ख़ुद चुना था। पत्नी और दो छोटे-छोटे बच्चे थे। एक लड़का, एक लड़की। अरुण प्रकाश ने अपने राजनीतिक जीवन के बारे में व्यवस्थित रूप से कभी नहीं बताया। राजनीतिक क्षेत्र में अनगिनत युवा कार्यकर्ताओं से उनकी आत्मीयता थी। उनकी जानकारी और सम्पर्क का क्षेत्र आश्चर्यजनक तौर पर विस्तृत था। वे हर क्षेत्र पर बात करते थे, कर सकते थे। और साहित्य, पत्रकारिता, राजनीति के प्राय: हर उल्लेखनीय व्यक्ति को व्यक्तिगत रूप से जानते थे। वे भी इन्हें जानते थे। वे सर्वेश्वरदयाल सक्सेना जैसे तुनकमिज़ाज साहित्यकार-पत्रकार के आत्मीय और प्रशंसक थे। कमलेश्वर के ख़ास। मैनेजर पाण्डेय के निकट। मेरे मित्र थे राजकुमार सैनी। एक दिन पता चला कि सैनी से उनकी पुरानी मित्रता है। मैं नहीं जानता था। यशवन्त व्यास से मेरा परिचय उन्होंने ही कराया।

पता नहीं किस संयोग से वे से.रा. यात्री के इतने निकट थे। प्रकाश चन्द्रायन, मनोज रूपड़ा और अनेकानेक से जिनका नाम मुझे याद आता रहेगा।

वे अपार जीवनानुभवों और जानकारियों के सागर थे। जैसे-जैसे परिचय बढ़ा उनका व्यक्तित्व खुलता गया। वे परम आत्मीय हो गये। मुझसे बहस करते, झगड़ते, मनते, लेकिन वाणी और आचरण में मैंने उनमें दो भाँत कभी नहीं देखा। समस्याओं को झेलने में उत्साह की कमी कभी नहीं थी। लँगड़ाते, कराहते, साँस फूलती तो होमियोपैथी की दवाई खा लेते। फिर उत्साह से प्रेरणादायक बातें करने लगते।

मैंने उन्हें दूसरों की प्रशंसा करते ज़्यादा पाया, निन्दा या आलोचना करते कम। उनकी शारीरिक और स्वास्थ्य की स्थिति उनकी सक्रियता और मन:स्थिति से विपरीत होती। वे उपस्थित होने का कोई अवसर नहीं चूकते। संयम और शिष्टता से काम लेते। जहाँ भी रहते अनुपेक्षणीय होते।

इसी स्थिति में दिल्ली की नौकरी छोड़ मुम्बई में नौकरी की। अनवरत यात्राएँ कीं। अनुवाद किया, फ्रीलांसिंग की, अभाव झेला, लेकिन हमेशा तने रहे। दीन-हीन कभी नहीं रहे।

कभी-कभी पैसे लेते तो कहे हुए समय पर या उसके पहले ही मिलकर या फ़ोन पर कहते—सर ! (मुझे सर कहते थे। अध्यापक था शायद इसलिए) आज इस समय आपसे मिलने आ रहा हूँ। प्राय: बियर या और कोई बोतल लाते। पीते और जाते समय लिफ़ाफ़ा पेश कर देते। इसमें कभी कोई चूक नहीं हुई।

चेहरे पर स्फूर्ति रहती। आलस्य बिलकुल नहीं। वामपन्थी संगठनों के कार्यक्रमों में अनिवार्यत: मौजूद मिलते। बढ़-चढ़कर हिस्सा लेते। संगत, सतर्क और विदग्ध वक्ता थे। प्रभावशाली और मौक़ा पड़ने पर विरोधी को चुप कर देने वाले। गोष्ठियों के उपरान्त होनेवाली पेय गोष्ठियों में उत्साहपूर्वक होते। क़ायदे से धीरे-धीरे पीते। मदिरा और सिगरेट, अच्छा खाना और सत्संग का शौक़ था। घर जल्दी पहुँचने की बेताबी नहीं होती। बस का सफ़र कम करते। ऑटो या टैक्सी से आते-जाते, शायद लँगड़ेपन के कारण भी।

दिल्ली से बाहर आना-जाना भी औरों की अपेक्षा कम नहीं कुछ ज़्यादा ही था। अपनी बीमारी और शारीरिक स्थिति के बावजूद वे मुझे लेकर चित्तौड़ गये। मुझे लेकर का मतलब मुझे सँभालने और देखरेख करते रहने की ज़िम्मेदारी लेकर। हमारे साथ डलहौजी गये। पहाड़ी जगह जहाँ ऊपर-नीचे चलना पड़ता था, कमरे में रहते। हम लोगों से कहते—आप लोग जाकर घूम आइए। दुर्लभ जीवट था। जीवट तो था ही, संयम और शिष्टता ऐसी थी जो जीवट को आदरणीय बना देती है।

अरुण प्रकाश में तेज के साथ संस्कारी शामकता थी। उनकी पीढ़ी के साहित्यकारों में ऐसा संयम मैंने अन्यत्र कम पाया है। मेरे व्यक्तिगत अनुभव की बात है यह उनके स्वाभिमान को धार देता था। वे उम्र में मुझसे छोटे थे, लेकिन उनका व्यवहार और आचरण मुझसे अधिक उत्तरदायित्वपूर्ण था, यह मैं महसूस करता था। कुछ अनुभव तो ऐसे हुए कि उनका संयम अकल्पनीय लगा।

स्वयं प्रकाश ने उनके साथ मुझे भी निमन्त्रित किया। चित्तौड़ जिस गाड़ी से गया उसमें हमारा टिकट एक अपर बर्थ और एक नीचे का था। वे अपर बर्थ पर चढ़ नहीं सकते थे। मुझे ऊपर रहना पड़ा। मुझे पेशाब जल्दी-जल्दी होती है। पैर मेरे भी ख़राब हैं। ऊपर की बर्थ से नीचे उतर नहीं सकता था। कभी-कभी पेशाब हो जाती है और मुझे पता नहीं चलता। रात को शर्मनाक स्थितियाँ घटित हुईं। सवेरे अरुण प्रकाश उठे तो चाय पीने के बाद जब मैं उनके साथ नीचे वाली बर्थ पर संकुचित शरमाया बैठा हुआ था, हँसकर बोले—रात को पानी की बोतल भी ऊपर ले गये थे सर! दुर्घटनाएँ उनके शरीर ने झेली थीं, लेकिन वह हँसी-मुस्कान, वह संयम मेरे चित्त पर लौह लेखनी से अंकित है। चेहरे पर कोई खीझ तक नहीं। आदर, सेवा, लिहाज़, बुढ़ापे का ऐसा मन। मैं क्या कहता! संवृत एव पुज्यते।

प्रगतिशील लेखक संघ के महासचिव कमला प्रसाद ने 'वसुधा' का 'रामविलास शर्मा विशेषांक' निकालने की योजना बनायी। कहा–आप सम्पादन कीजिए। मैंने असमर्थता प्रकट की। उन्होंने फिर कहा—अरुण प्रकाश आपके सहायक होंगे। मैं तैयार हो गया।

हम बनारस के लोग अपनों को चिढ़ाने का कोई अवसर नहीं चूकते। नामवर जी हम लोगों को अक्सर तंग करते, संगत में बैठकर मज़ा लेते। मैं सम्पादक हो गया। मौक़ा मिला। नामवर जी रामविलास शर्मा के अथक प्रशंसक थे। हम लोगों को डॉ. शर्मा का पाठक और प्रशंसक उन्होंने ही बनाया। बाद में कुछ ऐसा गड़बड़ हो गया कि नामवर सिंह की निकटता प्राप्त करनी हो तो आप डॉ. शर्मा के आलोचक-विरोधी बन जायें। नामवर सिंह ने डॉ. शर्मा की प्रशंसा में दो अभूतपूर्व लेख लिखे थे—'केवल जलती मशाल' और 'इतिहास की शव-साधना'। बाद में उनके लेखन की निस्सारता साबित करते हुए लेख लिखा था 'इतिहास की शव-साधना'। यह लेख डॉ. शर्मा की ठीक बरसी के अवसर पर प्रकाशित हुआ। मुझे यह अनुचित और ऊल-जलूल लगा। 'वसुधा' के डॉ. शर्मा वाले अंक के सम्पादकीय में सम्पादकद्वय ने लिखा—आदरणीय डॉ. नामवर सिंह के तीन लेख प्रकाशित किये जा रहे हैं। तीनों लेख एक ही लेखक डॉ. नामवर सिंह के हैं।

मैं डॉ. शर्मा द्वारा नामवर सिंह पर लिखित वह लेख भी छापना चाहता था जो सर्वाधिक निद्रा-नाशक था—बाजरे की कलगी वाला लेख। अरुण प्रकाश असहमत हुए। उन्होंने अतिशय विनम्रता से कहा—सर! यह अंक आप डॉ. शर्मा पर निकाल रहे हैं या नामवर सिंह पर!

यह समझ मुझमें नहीं थी। उनके कहने से आ गयी। मुझे हर्ष और कुछ-कुछ गौरव की अनुभूति हुई कि ऐसे विवेकवान व्यक्ति के साथ मैं काम कर रहा हूँ। विवेकी सीमा पहचानता है, मूर्ख नहीं पहचानता। मैं नामवर जी से कभी-कभी छूट ले लेता था। वे मुझे क्षमा कर देते थे। 'वसुधा' का विशेषांक प्रकाशित हुआ तो मैं यह सोचकर परेशान था कि नामवर जी नाराज़ होंगे। उनकी प्रतिक्रिया सबसे पहले मिली। मुझे नहीं कमला जी को। 'अंक बहुत अच्छा निकाला है' और लोगों ने भी सराहा। अंक में एक टिप्पणी छोटी-सी प्रो. इरफ़ान हबीब की है और एक कामरेड अली अशरफ़ की। मैं चाहता था कि डॉ. रामविलास शर्मा पर कोई मुस्लिम वामपन्थी या उर्दू लेखक कुछ लिखे और मेरी यह इच्छा डॉ. वेदप्रकाश के सहयोग से पूरी हुई। प्रो. इरफ़ान हबीब और कामरेड अली अशरफ़ से उन्होंने ही सामग्री प्राप्त की।

अरुण प्रकाश के यहाँ आना-जाना शुरू हुआ। उनकी पत्नी बीना जी ज़्यादा पढ़ी-लिखी नहीं हैं, किन्तु शिष्ट और मृदुभाषी। पति के आर्थिक-सामाजिक और सबसे बढ़कर लेखकीय व्यक्तित्व के ऊँच-नीच, फैलाव-सिकुड़न को सँभालने वाली और चुपचाप साथ देने वाली। बच्चे दोनों बहुत अच्छे। प्रिय और उल्लसित कर देने वाले। यह ताड़ लेने में मुझे देर नहीं लगी कि अरुण प्रकाश ज़िद्दी स्वभाव के हैं। परिवार की चिन्ता करने वाले, परिवार के सदस्यों की योग्यता पर गर्व करने वाले और कभी-कभी बातचीत में प्रकट करने वाले भी, किन्तु परिवार पर अपनी ज़िद का बोझ डाल देने वाले भी विशेषत: पत्नी पर। मध्यवर्ग के हिन्दू परिवार का मानसिक ढाँचा प्राय: ऐसा ही होता है। इसलिए यह मुझे सहज लगा। अरुण प्रकाश अपनी भावनाएँ छिपा नहीं पाते थे। असहमति प्रकट करने में संकोच नहीं करते थे। बड़ी बात यह थी कि अगर अपने समकालीन लेखकों की उससे बहुत मेल-मिलाप न हो तो भी रचनाओं की प्रशंसा रागद्वेष से मुक्त होकर करते थे। यह उनका दुर्लभ गुण था। मनोज रूपड़ा की कहानियाँ, पंकज बिष्ट की 'टुण्ड्रा प्रदेश', अवधेश प्रीत की 'अली मंज़िल', रमाकान्त श्रीवास्तव की 'चैम्पियन' कहानी को पढ़ने का आग्रह उन्होंने मुझसे किया।

हमारा उनका साथ कुल मिलाकर पन्द्रह-बीस वर्षों का रहा। लगभग पूरा समय हमने उन्हें लगातार खाँसते, कराहते, लँगड़ाते चलते, हँसते, उत्साह से प्रफुल्लित होते,

बहस करते, मुस्कराते-तैश खाते हुए, आदर देते हुए, कभी-कभी गाते और अक्सर संस्मरण सुनाते, गोष्ठियों में प्रभावशाली ढंग से भाग लेते, कहानी सुनाते देखा और सुना।

मित्र मण्डली की एक स्वाभाविक प्रवृत्ति है, बैठकी में जो मित्र अनुपस्थित हो उसका मज़ाक़ उड़ाना। बनारस में तो इसीलिए लोग मण्डली से उठकर जल्दी जाते नहीं थे कि हटे नहीं कि मज़ा लेने के पात्र बन जायेंगे। सो, यही बात दिलशाद गार्डन की बैठकी में भी है। अरुण प्रकाश में एक प्रकार की सर्वज्ञता का भाव रहता। आप चाहे जिस व्यक्ति की बात करें, चाहे जिस घटना की बात करें, अरुण प्रकाश उससे परिचित ही नहीं मालूम पड़ते—इस भाव-मुद्रा में अपनी बात रखते मानो आप लोग क्या जानें, असल बात तो मैं जानता हूँ। अरुण प्रकाश की यह मुद्रा बनावटी या ग़लत न होती तो भी मित्रों को लगता कि वे अपने को सब पर थोप रहे हैं या अपने को ज़रूरत से ज़्यादा महत्त्व दे रहे हैं। सभी स्थितियों में अपने को अधिक जानकार की स्थिति में पेश करना—सबको खटकता कम मज़ाक़ का विषय ज़्यादा बनता, उनकी अनुपस्थिति में।

दूसरी बात मशहूर थी—उनके घर की चाय, लेकिन चाय किसी और वजह से चर्चा का विषय थी। होता यह कि अरुण लम्बी, दीर्घ बैठकी पसन्द करते थे। आप उनके यहाँ जाइए तो चाय तो मिलेगी ही, उसकी घोषणा पहुँचते ही कर दी जाती, लेकिन चाय का इन्तज़ार आगन्तुक को देर तक करना पड़ता। कभी-कभी घण्टा-डेढ़ घण्टा तक। अक्सर बीच-बीच में आगन्तुकों को चेताना पड़ता—चाय नहीं आयी। कभी-कभी बिना चाय पिये आने का आग्रह करना पड़ता। हो सकता है बीना जी को चीनी-चाय लेने बाज़ार जाना पड़ता हो। यार लोग बात करते अरुण प्रकाश के यहाँ चलें, लेकिन वहाँ चाय पीकर आना पड़ेगा। कहने की ज़रूरत नहीं, चाय का स्वाद देरी की क्षतिपूर्ति कर देता। सिर्फ़ चाय पिलाने का सवाल ही नहीं, अरुण प्रकाश खाने-पीने और खिलाने-पिलाने के शौक़ीन भी थे। वैसा सलीक़ा कम लोगों में होता है। वे बड़बोले नहीं थे। वे अपने बारे में जो बातें करते या प्रकट करते वे कल्पित नहीं सच होतीं।

अरुण प्रकाश को दीर्घ जीवन नहीं मिला, लेकिन उन्हें जितना जीवन मिला उसी में दीर्घ जीवन का विषम अनुभव प्राप्त किया। पत्रकारिता और फ़िल्म पटकथा लेखन के अनुभव ने उनकी रचनाशीलता को व्यापक और सघन बनाया। उनके साहित्यिक लेखन पर इनका प्रभाव झलकता है, लेकिन उनकी असल पूँजी वह

विषम जीवनानुभव है जो उनके अपेक्षाकृत अपर्याप्त जीवनावधि को देखते हुए आश्चर्यजनक एवं विशिष्ट है और उनकी रचनात्मक उत्कृष्टता की संकेतक है।

अरुण प्रकाश का कथा-साहित्य मूल्यों का आग्रही है। संघर्ष उनके यहाँ मानवीय मूल्य, ऐतिहासिक मूल्य है। 'मूल्य' शब्द का प्रयोग आलोचना में ख़ूब किया जाता है। इन मूल्यों को रचनाकार इनकी सन्दर्भवत्ता से सजीव बनाते हैं। वे कहानी के रेशे-रेशे में टकराते हुए आख़िर में अपनी मौजूदगी पूरे पाठ से प्रकट करते हैं। वे आद्यन्त संवेदनानिर्मित की प्रक्रिया में निरन्तर होते हैं। संवेदनानिर्मित की प्रक्रिया मूल्यनिर्मित की भी प्रक्रिया है यानी उसमें जो नैरन्तर्य है, वह जीवन की व्यापक विविधता में फैलकर आकार ग्रहण करता है। कभी-कभी लगता है कि मूल्यों की बात जैसे कि संघर्ष की बात रेटरिक मात्र है, लेकिन जीवन की स्थितियों का बेलगाम लगने वाला यह रचनात्मक फैलाव रचना को मूल्यवान बनाता है। मूल्य यानी कथा के आस्वाद की सार्थकता। शब्द मात्र नहीं शब्दार्थ। शब्दार्थ जो जीवन-स्थितियों में अतीत और भविष्य को अपनी धार से काटता हुआ वर्तमान की तात्कालिकता में अनुभूत होता है।

अरुण प्रकाश की अधिकांश कहानियाँ पारिवारिक ढाँचे पर लिखी गयी हैं। मूल्य ऊबड़-खाबड़ असह्य स्थितियों से टक्कर लेते हुए व्यंजित होते हैं। मूल्य कथित नहीं होते व्यंजित होते हैं। पारम्परिक मूल्यों को नवता प्रदान होती है। अरुण प्रकाश के यहाँ विषमता को झेलने वाले दो परस्पर विरोधी समुदाय या वर्ग हैं। निम्न और खाता-पीता वर्ग जिसे अरुण प्रकाश 'अशराफ़' लिखते हैं। अशराफ़ यानी भद्रलोक। यह शब्द शायद बिहार में ज़्यादा प्रचलित है। अरुण प्रकाश की कहानियों में बहुत आता है। एक कहानी में तो इतना आता है कि खीझ होने लगती है। अरुण प्रकाश के कथा-साहित्य में मानवीय मूल्यों का संरक्षण और उनकी पुन:प्रतिष्ठा मुख्यत: निम्न, निम्नमध्यवर्ग के पात्र करते हैं। अशराफ़ के यथास्थितिवादी मानवीय निरपेक्ष हरकतों के विरुद्ध। हिन्दी कथा-साहित्य विशेषत: कहानी-साहित्य में इसकी धारा है। धाराप्रवाह के रूप में यह शायद अविज्ञपित है, लेकिन पठित और प्रशंसित है। इसके लिए अरुण प्रकाश की ऐसी कहानियों पर विचार होना चाहिए।

स्थितियाँ विषम हैं। यह विषमता यथार्थ में है और यथार्थ में द्वन्द्व है। द्वन्द्व यथार्थ को यथास्थित नहीं रखता। वह यथार्थ को अपने से बाहर फेंकता है। द्वन्द्व पात्रों के मन में भी है। वह यथार्थ से मुक्त होकर बाहर भी झाँकता है। यथार्थ मुक्ति की आशा या स्वप्न को यथार्थ का ही एक आयाम मानना चाहिए। संस्कृति के इतिहास में–साहित्य में यथार्थ के इस आयाम स्वप्न का निर्णायक महत्त्व है।

यथार्थ के द्वन्द्व का यह आयाम पात्र को दारुणता से बाहर फेंकता है और जीवन क्षेत्र में नये सिरे से जूझना सिखाता है। विषमता की दारुणता से मुक्ति की आशा और संकल्प कथा पाठ का फल है।

अमरकान्त की कहानी 'डिप्टी कलक्टरी' के अन्त में सकलदीप बाबू नारायण को ग़ौर से देखकर मुस्कराते हैं। असफलता का समाचार पाकर जिसका चेहरा पीला और पतला पड़ गया था, मूँछें झाड़ू की तरह फड़फड़ाने लगी थीं। वह असफल मृतवत् गहरी नींद में पड़े नारायण को देखकर घोरतम निराशा में मुस्कराता है। इस मुस्कराहट को जल्दी में पढ़कर आगे नहीं बढ़ जाना चाहिए।

सन्तान की असफलता, असफलता ही नहीं, पिता सन्तान की हर प्रकार की कमज़ोरी पर, दुखी होता है। नारायण की असफलता सकलदीप बाबू को दुखी कर रही है। वह सन्तान की असफलता से टूट गये हैं, लेकिन असफलता का दुख तीव्रतम बिन्दु पर पहुँचकर सोते पुत्र का मुँह देखकर वात्सल्य में पहुँच जाता है। इस वात्सल्य में जिजीविषा और आशा भी सम्मिलित है। सोते हुए नारायण के चेहरे में पिता सकलदीप ने उसके बचपन की भी छवि देखी होगी और यह मुस्कान इस सारी प्रक्रिया और उस विलुप्त समुच्चय को बाँधे-सँभाले है। बड़ी बात यह है कि पुत्र जीवित है। सकलदीप बाबू की मुस्कान शतविध मनोविकारों का संश्लेष है।

मतलब यह कि विषम यथार्थ को चित्रित करने वाली कथा का मूल्याग्रह रीतिबद्ध नहीं, सघन द्वन्द्वात्मक प्रक्रिया का परिणाम होता है। यह बात सभी मूल्याग्रही कहानियों पर लागू नहीं की जा सकती। निर्णायक द्वन्द्वात्मक व्याप्ति है आग्रह नहीं।

अरुण प्रकाश विषमता की तीव्रता को कम करके आँकने वाले नहीं, मूल्यपरक जिजीविषा की शक्ति को कम न मानने वाले कहानीकार हैं। उनके सकारात्मक पात्र स्थितियों से जूझने वाले पात्र हैं। उनमें संघर्ष, स्वाभिमान का तेज है। अरुण प्रकाश के ऐसे जुझारू पात्र प्राय: निम्नवर्ग के हैं। आप उन्हें निम्नवर्गीय प्रवक्ता कहानीकार भी कह सकते हैं।

रचनाकार का रचना-जीवन उसके व्यक्तिगत जीवन से कहीं अधिक विशद, जटिल और व्यापक होता है। साथ ही उसका अपना व्यक्तिगत जीवन भी कार्यरत रहता है। अरुण प्रकाश का कथा-संसार, उनके पात्र अरुण प्रकाश के जूझने-जूझने से उल्लास प्राप्त करने वाली मूल्यग्राहिता के प्रतीक मालूम पड़ते हैं। कठिन संघर्ष के बीच छोटी-सी राहत भी उन्हें सुखानुभव दे जाती है। यह सुखानुभव निम्नवर्गीय जुझारू पात्र का हिस्सा है, अशराफ़ का नहीं। कठिन संघर्षों के बीच यह पात्र विजेता बनकर निकलता है। यह पात्र हारना नहीं जानता। नि:स्वार्थ जुझारू कभी हारता नहीं।

उसके पास इतना कम होता है कि हारने के लिए उसके पास कुछ होता ही नहीं। लेकिन सुखानुभव उसे असीम पारमार्थिक सुख दे जाता है। परमार्थ धार्मिक साधना की उपलब्धि का शब्द है। यहाँ जान-बूझकर अरुण प्रकाश के पात्रों के अनुभव को व्यंजित करने के लिए प्रयोग किया जा रहा है। छोटे आदमियों के सुख छोटे नहीं होते। वस्तुतः वे अशराफ़ के तथाकथित बड़े-बड़े सुखों से कहीं अधिक वास्तविक होते हैं। नामवर सिंह की 'कहानी : नई कहानी' में भक्ति साधना का उल्लेख यों ही नहीं टपक पड़ा है।

'छाला' और 'यह सपना तुम्हारा नहीं' छोटी-छोटी कहानियाँ हैं। 'छाला' निम्न मध्यवर्ग के छोटे बाबू की और 'यह सपना तुम्हारा नहीं' मुम्बई के एक अल्पराशि से चलने वाले फ़िल्म स्टूडियो के बिहारी चपरासी की।

छोटे भाई के पैर को जूता काटने लगा है। वह बड़े भाई की चप्पल पहनकर कॉलेज चला जाता है। नंगे पैर कॉलेज तो नहीं जा सकता। कहानी का नायक बड़ा भाई क्या पहनकर दफ़्तर जाये। आख़िर में वह छोटे भाई के जूते को ही पहनकर जाता है। रास्ते में वह तेज़ी से बढ़ा जा रहा था। पसीने से बग़लें भीग गयी थीं। अचानक उसे पाँव में जलन महसूस हुई। ठीक चार क़दम चलने के बाद उसे आगे चलना मुश्किल लगने लगा। उसे लग रहा था जैसे एक अंगारा किसी ने एड़ी पर रख दिया है, पर चलना तो था ही, क्योंकि एक्जीक्यूटिव इंजीनियर की डाँट वह खाना नहीं चाहता था। ऑफ़िस आधा मील और रह गया था। महीने की अट्ठाईस तारीख़ थी। जेब टटोली तो उसमें कुल एक रुपया बत्तीस पैसे। सामने रिक्शा आ गया। अब क्या हो। जी कड़ा कर रिक्शा किया। रिक्शेवाले ने पैसे कम नहीं किये। पूरे बारह आने लिये। क्रोध और बेबसी में वह ऑफ़िस पहुँचा। क्रोध किस पर? अपने पर कि जूते के काट खाने के बावजूद वह रिक्शे पर ऑफिस क्यों आया ! भवेश आलसी या कामचोर बाबू नहीं है। काम को वह मना नहीं कर पाता। वह दिन भर ताबड़-तोड़ काम करता रहा। उस दिन एक्जीक्यूटिव इंजीनियर नैयर उसके पास फ़ाइलें भेजता रहा और वह काम करते हुए उन्हें लौटाता रहा। आख़िरकार, वह आगे बढ़ा और फ़ाइलों को उसके टेबल पर रख दिया। नैयर ने फ़ाइलों पर नज़र डाली। 'ये सब हो गयीं!' उसके स्वर में हैरानी थी।

"जी।"

इस छोटे से जवाब को सुनकर नैयर उछल पड़ा, "माई गॉड मि. भवेश! इट्स ए रिकॉर्ड इन दिस ऑफ़िस !" उसने घड़ी देखी। फिर पूछा, "कुल कितनी फ़ाइलें थीं?"

"जी इक्कीस।"

"वंडरफुल ! आई एम गोइंग टू फ़ॉरवर्ड योर प्रोमोशन एप्लीकेशन !"

"थैंक्यू सर !" कहकर भवेश मुड़ा।

"मैं तुम्हारे प्रोमोशन की अर्ज़ी को फ़ॉरवर्ड करने जा रहा हूँ।' इस वाक्य में जादू था। उसकी ज़िन्दगी की सारी प्रतिकूल बेरस, पीड़क परिस्थितियों का तिलिस्म मानो टूट गया। काटखाने वाला जूता, 28 तारीख़ को जेब में बचा पैसा, सबकी वेदना धुल गयी। ऑफ़िस वाले सहयोगियों के तंज़ पर वह चिढ़ने के बजाय हँसने लगा। घर जल्दी लौटने की इच्छा होने लगी। लौटा तो रास्ते में चौक के पास आते ही मछलियों की गन्ध आने लगी। बाबू साइकिल शॉप के नज़दीक एक रिक्शा लगा था। रिक्शा देखते ही उसकी जान में जान आ गयी। तेज़ चलने की वजह से उसे लग रहा था, छाला अब फूटेगा—अब फूटेगा। रिक्शे से घर के सामने उतरते ही उसने बाक़ी पैसे रिक्शे वाले को थमा दिये। घर में पहुँचा। बीवी ने ज़ख़्म पर मलहम लगाने को कहा तो भवेश ने उसके कन्धे पर हाथ रखकर कहा, "जानती हो मुझे प्रोमोशन मिलने वाला है।"

'सूखत धान परा जिमि पानी' सूखते धान को पानी की ज़रूरत होती है। उसका जीवन पानी के अधीन है। भवेश की जीवन-स्थितियों को प्रोमोशन की ज़रूरत है। ज़रूरत प्रोमोशन के आश्वासन को महासुख का स्वाद देती है। बड़े लोगों के पास पहले से ही इतनी बड़ी सामग्री होती है कि उन्हें सुख दे पाना बहुत कठिन है। छोटे लोगों को छोटा-सा आश्वासन, सहारा भी महान सन्तोष और सुख देता है। अरुण प्रकाश के यहाँ जैसा कि पहले कहा गया है—ऐसा सुख प्राय: ज़रूरतमन्द पात्र काम करके परिस्थितियों से जूझकर प्राप्त करते हैं। यानी इस सुख का नैतिक आधार होता है। अरुण प्रकाश के यहाँ सुख नैतिक अनुभव है।

एक और कहानी है 'यह सपना तुम्हारा नहीं', शीर्षक थोड़ा आक्रामक है। यह आक्रामकता स्वाभाविक है। अभावग्रस्त श्रमिक की यत्किंचित् सफलता की ललकार है। अशराफ़ भद्रलोक की बड़ी-बड़ी सफलताओं की तुलना में यह कहीं अधिक वास्तविक है क्योंकि यह मेहनतकश अभावग्रस्त व्यक्ति की ज़रूरत से जुड़ी है और उसकी ज़िन्दगी की एक ज़रूरी कमी को पूरा करती है अपनी सीमाओं में। चुन्नी एक फ़िल्म स्टूडियो में चपरासी-चौकीदार है। फ़िल्म स्टूडियो कोई बहुत चलता हुआ समृद्ध नहीं है, किन्तु उसका कारोबार देखने वाला भल्ला चुन्नी पर व्यंग्य करता रहता है। उसे सेठ कहता है। चुन्नी समझता है कि वह ग़रीब है। भल्ला से एडवांस लेता रहता है। इसलिए वह व्यंग्य में 'सेठ' कहता है। चुन्नी अपने बड़े

भाई के साथ रहता था। बड़े भाई की शादी होने को हुई तो चुन्नी को अलग रहने की ज़रूरत पड़ी। मुम्बई में गन्दे नाले के पास राजीव नगर के नाम की ख़ाली पड़ी जगह में चुन्नी ने अपने श्रमिक साथियों के सहयोग से खाट डालने भर की खोली प्राप्त कर ली। खोली की जगह प्राप्त करके उसने मुम्बई में बसने का राशन कार्ड भी बनवा लिया।

यह उसका सपना था। सपना यथार्थ का ही एक आयाम होता है। सपना न पागलपन होता है, न हवाई। वह यथार्थ से ही पैदा होता है। जो सपना जितना ही ज़्यादा प्राप्य या सम्भव होता है, उसका न होना उतना ही दुखद और विषम होता है। चुन्नी के लिए मुम्बई की एक गन्दी जगह पर खाट भर की जगह की खोली बना लेना असम्भव नहीं होना चाहिए, लेकिन दुष्कर है इसलिए सपना है। खोली उसकी ज़रूरत है। उसका उल्लास आश्चर्यजनक वास्तविकता आधारित श्रमार्जित अतएव नैतिक है। छोटी-सी खोली और भरपूर सुख देने वाली। ज़िन्दगी की एक कमी को पूरा करने वाली।

अरुण प्रकाश ने उसकी स्थिति की जो रचना की है, वह अचूक सर्जनात्मक है। सपना देखने की, उसके पूरा होने की ऐसी पार्श्वभूमि तैयार की है जो 'तीसरी कसम' में हिरामन के स्वप्न निर्माण के उन्माद, चम्पा के फूल की गन्ध, चुड़ैल परी के विभ्रम की याद दिला देती है। चुन्नी ने इस सफलता में वाचक को दावत दी है। शराब पी और पिलायी। वह शराब के नशे में कहने को है, नशा तो खोली पाने का है। यह नशा सपना और उसके पूरा होने के उल्लास की भूमि है। चुन्नी का दुख तो समझ में आता था, लेकिन उसके सुख और आत्मविश्वास की जड़ समझ में नहीं आ रही थी। चुन्नी नशे में भी गम्भीर होता जा रहा था, उसकी आवाज़ सुख और क्रोध के बीच झूल रही थी।

अचानक तेज़ी से वह उठा और खम्भे से लटके थैले से उसने छोटी-सी किताबनुमा कोई चीज़ निकाली और झपटकर सामने पटक गया।

"देखो साब देखो, मेरा राशन कार्ड ! इसी खोली का है। मेरा फोटू लगा है। मेरा पता लिखा है।"

"देखो साब देखो! साला अपुन भी बॉम्बे का हो गया। साब ! तुमको मालूम सरकार ये खोली हटवाएगी तो मेरे को रहने की जगह देगी। अब्बी इसको बेचो तो तीस हज़ार मिलेगा। ये साला भल्ला भिखारी मेरे को फ़िलिम में क्या चांस देगा। एक तो घर नहीं उसके पास। अपुन भी बॉम्बे का है, बोलो साब है कि नहीं !"

चुन्नी के सपने और उसके पूरे होने के उल्लास, भल्ला के प्रति उसका आक्रोश ये सब कहानी की सर्जनात्मक रचना के ऐसे बिन्दु हैं जिनका संश्लेष है। वह हमारे समय के भारत की आर्थिक, राजनीतिक, सामाजिक आयामों की भी व्याख्या करती है। वह स्वतन्त्र भारत की ख़ामियों और उसकी सफलताओं को देखने की समझ भी देती है कि हमारे देश में सब कुछ बुरा ही नहीं हो रहा है, दबे-कुचले लोगों को भी थोड़ा ही सही, कुछ सँभलने, उन्हें अपनी बात करने का अवसर भी मिल रहा है थोड़ा-थोड़ा।

नामवर जी ने ठीक कहा था–छोटी कहानी छोटे मुँह बड़ी बात कहती है।

'भैया एक्सप्रेस' और 'जलप्रान्तर' अरुण प्रकाश की अधिक चर्चित कहानियाँ हैं। यह चर्चनीयता विचारणीय है। दोनों समकालीन राजनीतिक-सामाजिक घटनाओं, आतंक और विनाश के वातावरण के प्रभाव में लिखी गयी हैं। जहाँ तक मेरी जानकारी है पंजाब की आतंकवादी घटनाओं पर हिन्दी में कोई और कहानी नहीं है। तात्कालिकता के दबाव में कुछ लिखना मुश्किल नहीं। युद्ध के समय, अकाल के समय, चुनाव के समय—पत्रिकाओं, कवि सम्मेलनों, रेडियो, टी.वी. पर इनकी बाढ़ आ जाती है, लेकिन तात्कालिक घटनाओं या आन्दोलन पर रचना कर पाना दुष्कर है। तात्कालिकता को मानवीय दस्तावेज़ में रूपान्तरित करना होता है। तात्कालिकता पर आधारित कृतियों में शोर-शराबा, अतिकथन का रंग प्राय: ज़रूरत से ज़्यादा गाढ़ा हो जाता है। कह सकते हैं कि तात्कालिकता को लेखन में भुनाया जाता है। ऐसी कृतियाँ क्षणजीवी होती हैं। घटनाओं से जो गर्मी पैदा होती है, उसके धीरे-धीरे कम या ख़त्म होने के साथ-साथ वे भी लुप्त हो जाती हैं।

'भैया एक्सप्रेस' में पंजाब की आतंकवादी स्थिति को आडम्बर के साथ चित्रित नहीं किया गया है। कहानी बिहार के एक मामूली श्रमिक के छोटे भाई, उसकी माँ और उसके हाल ही के विवाह—उसकी भावी भौजाई के सम्बन्ध-सन्दर्भों में रची गयी है। बिहार के लापता श्रमिक रामदेव के ही पारिवारिक सम्बन्ध-सूत्र पंजाब में सिक्ख परिवार की महिला से जोड़कर अखण्ड मानवीय विशेषत: मातृत्व की करुणा भूमि रची गयी है। वहाँ बिहार के पिछड़े श्रमिक की माँ की वेदना और पंजाब की सिक्ख माँ की वेदना एकात्म होकर सर्जनात्मक होती है। क्षेत्र, मज़हब, जाति, ऊँच-नीच से कहीं ऊपर तात्कालिकता की भूमि पर अपनी सर्जनात्मक करुणा की वेदना का अनुभव रचा गया है।

"अन्दर से मनजीत कौर की तेज़ आवाज़ आयी। दरवाज़े से ही मनजीत कौर ने एक झोला सरपंच के पाँव के पास फेंका। उफनती मनजीत कौर पर जैसे दौरा पड़ गया हो।

'ये विशुनदेव का सामान है। वह दुनिया में नहीं है।' कहते-कहते मनजीत कौर फूट-फूटकर रोने लगी। हिचकियों के बीच उसने कहा, "मुझसे बोलकर गया कि अम्बरसर से घरवालों के लिए कपड़े लेने जा रहा हूँ। देस जाना है। अम्बरसर से लौट आता तो यहाँ से पैसे लेकर जाता। तीन बजे दिन में गया। बस बिगड़ने से शाम हो गयी... के पास रोककर मारकाट हुई उसी में...

"मैं तीन दिनों तक रोती रही। मेरे भी बेटे हैं। ये फँस जाने के डर से बात छिपा रहे थे... 'कल मैं भी झूठ बोली।' मनजीत के अन्दर बैठी माँ ने उफान मारा। उसने आगे बढ़कर रामदेव को छाती से लगा लिया और अपनी ओढ़नी से उसके आँसू पोंछने लगी।" पंजाब के आतंकवाद की पृष्ठभूमि राजनीतिक, साम्प्रदायिक और आर्थिक है। उन सबके विवरण से बचते हुए आतंकवाद के जन-सामान्य में भय की गूँज कहानी में व्याप्त है। भिन्न स्थितियों के संयोजन से रचनाओं को उदात्त करुणा में अंकित कर दिया गया है। 'भैया एक्सप्रेस' तात्कालिक घटनाओं पर आधारित रचनाकर्म का उदाहरण है। पंजाब का संकट बिहार के एक श्रमिक के परिवार को कैसा ग्रस्त करता है और इस संकट ग्रास में बिहार और पंजाब खेत मज़दूर और खेत मालिक दोनों कैसे एक हैं—एक मज़दूर की माँ की वेदना से पंजाब की माँ कैसे कराहती है! और कहानी का सर्वाधिक मार्मिक अंश रामदेव के भाई की दुर्घटना की स्वीकृति में है। रोने-पीटने में नहीं।

प्रभावान्विति की निर्मिति होती है। वह रचना का सार या उसका निचोड़ होती है। चूँकि वह पूरी रचना में व्याप्त होने के बावजूद अपूर्व निर्धारित होती है जीवन प्रक्रिया की भाँति, इसलिए पहले से ही उसका प्रभाव प्रकट या स्पष्ट नहीं होता। 'भैया एक्सप्रेस' सारत: आतंकवाद का वर्णन-चित्रण नहीं, उसके माध्यम से बिहार के एक मज़दूर की और उसके परिवार पर पड़ने वाली विपत्ति की वेदना है। उसी प्रकार 'जलप्रान्तर' देखने-पढ़ने में बिहार में विनाशकारी बाढ़ का विशद और प्रभावशाली वर्णन-विवरण है। इस विनाश काल में भी राजनीतिक पार्टियों के सदस्य दलगत और व्यक्तिगत संकीर्णता में कैसे तत्पर हैं। दिगन्त प्रसरित जलप्रवाह की लहरों का फुंकारना, शिव मन्दिर की सीढ़ियों पर क्रमश: पानी का चढ़ना, लोगों का डर के मारे जगह बदलना, विभिन्न रोगों का फैलना इन सब का विशद वर्णन-चित्रण पाठक को भी बहा ले जाता है, लेकिन यह सारा कथा-विस्तार भाव केन्द्रित होता है

पण्डिताइन पाहुन की दाम्पत्य वेदना में। पुजारी पाहुन का भोलेनाथ में अडिग विश्वास, उनकी आजीविका, पण्डिताइन का आक्रोश—आक्रोश जो रूपान्तरित वृद्ध दाम्पत्य के सम्बन्ध सूत्र में केन्द्रित होता है। निष्ठा, प्रेम जैसे शब्द नितान्त असमर्थ होते हैं। दीर्घ साहचर्य सम्भूत सम्बन्ध, जीवित इतिहास एकात्म में बदल जाता है। जहाँ शब्दों के सामान्य अर्थ दीर्घ साहचर्य की प्राण तरंग से सम्बन्धित होते हैं वहाँ दिखावे का तिरस्कार होता है और सामान्यत: शिकायत, उपेक्षा, तिरस्कार में लुका-छिपा रहता है। संकट में, बीमारी में वह जीवन सर्वस्व भावोन्माद में प्रकट होता है। वृद्ध दाम्पत्य प्रेम दीर्घ साधना का फल या वरदान है। 'जलप्रान्तर' में वह सम्बन्ध पण्डिताइन को उन्माद-ग्रस्त कर देता है। फिर पाहुन के अलावा और कुछ नहीं—"कोई काम नइ देत ! रातियो रेडियो में कहलकह जे गंगा के पानी खतरा के निसान आर ऊपर बढ़ जेतह..."

कहानी में राजनीतिक दलगत, व्यक्तिगत स्वार्थ, बीमारी मानो बाढ़ की विभीषिका के ही अंग हैं। वे एक ही विभीषिका के विभिन्न आयाम हैं। ये सब कहानी के एक ही पक्ष में हैं और उनके बीच आहत, वेदना वृद्ध दाम्पत्य की है जो अपने प्रभाव में खण्डित नहीं महाकाव्यात्मक है। अरुण प्रकाश के सर्जक को पर्याप्त समय मिला होता तो ऐसा कुछ और रचे जाने की सम्भावना थी।

'विषमराग' की पहली कहानी है—'ना'। श्यामसुन्दर अधेड़ हो गये थे। बाप जीवित नहीं था, माँ थी। उसके पास इतने पैसे नहीं थे कि बेटे की शादी कर पाती। पोता देखने की इच्छा ज़रूर प्रबल थी। फूल सुन्दरी भी इसी तरह बाप विहीन ग़रीब माँ की बेटी थी। दोनों माँओं की भेंट मेले में हुई और अधेड़ श्यामसुन्दर और 14-15 वर्षीय फूल सुन्दरी की शादी हो गयी।

"सुन्दरी को जीवन में पहली बार टिन की एक पेटी मिली और साथ में एक ताला-चाभी। पेटी में नयी साड़ियाँ, ब्लाउज के कपड़े, चाँदी की पाजेब, बिछुआ, शीशा-कंघी, सिन्दूर की डिबिया जैसी चीज़ें भरी थीं। बरसों तक उतारे गये कपड़ों को पहनते-पहनते सुन्दरी नयेपन के गन्ध को भूल चुकी थी। वहीं अब वह बार-बार पेटी खोलकर नये कपड़ों की गन्ध को सूँघती। कपड़ों को बार-बार उलट-पुलट कर देखती और अपने अविश्वास को मिटाने की कोशिश करती।"

सुन्दरी की गृहस्थी चल पड़ी थी। उसके अधेड़ पति से उसे पारिवारिक सुख मिल रहा था। तीन बेटियाँ और दो बेटे थे कि कालाजार में उसके पति श्यामसुन्दर की मृत्यु हो गयी।

वह विधवा हो गयी। पति की मृत्यु ने उसको अधबीच में छोड़ दिया। वाचक की अम्मा अकेली गाँव में रहती थीं। वाचक ने सोचा सुन्दरी अब अम्मा के ही पास रहकर उनकी सेवा करे। इस प्रकार अम्मा और सुन्दरी और उसके बच्चे भी वहीं गुजर-बसर कर लेंगे, लेकिन सुन्दरी ने यह स्वीकार नहीं किया। उसने अपने पति की दुकान सँभालने और बच्चों की देखभाल अकेले करने की ज़िम्मेदारी का रास्ता चुना। नयी स्थिति की चुनौती का मुक़ाबला करने का फ़ैसला किया।

वाचक की सहानुभूति का अस्वीकार—'ना' वैयक्तिक और वर्गीय पराजय का अस्वीकार है। ना ही अनपढ़, विधवा, पाँच छोटे-छोटे बच्चों की माँ, दलित स्त्री इस प्रतिरोध का कारक बनती है। मानवीय सुख नैतिक होता है। नैतिक, सामाजिक और वैयक्तिक दृष्टि से नैतिक। इस सुख में जूझने की क्षमता अंगीकृत है।

कथा पात्र इस नैतिकता का निर्माण करते हैं—श्रमिक मज़दूरों की तरह अपने कठोर जीवन आचरण से ईंट-गारे का बोझ इकट्ठा कर कुदाल, हथौड़ी, छेनी से काट-छाँटकर। मानवीय सुख में दुख समाविष्ट होता है—वह अपने और पराये दुख को आत्मीय करके सुखानुभव करते हैं। अमानवीय सुख सुख नहीं भोग होता है जिसमें न अपना दुख शामिल होता है न पराये का।

विचारधारा से प्रेरित रचनाकार के लिए पात्रों से सहानुभूति और आत्मीयता हानिकर भी हो सकती है। वह रचनात्मक आतुरता के रूप में प्रकट हो सकती है। पात्रों से सहानुभूति की अपेक्षा पात्रों की स्थितियों की समझ और बेलौस चित्रण में है। मानवीयता अमानवीयता का निर्णय स्थितियों के संयोजन का फलीभूत प्रभाव करेगा। रचनाकार की सहानुभूति नहीं। विचारधारा और रचनात्मकता का यह सम्बन्ध निर्वाह दुस्साध्य है। मेरे ध्यान में अमरकान्त की कहानी 'हत्यारे' याद आती है जिसमें ग़ैर-ज़िम्मेदार छोकरों को ऐसी कहानी में निरन्तर खलनायक दिखाया गया है। सहानुभूति की बू भी कहीं नहीं छलकती। पाठक पहले उन पर हँसता है और बाद में घृणा और आक्रोश से भर उठता है। और ज़्यादा सोचने पर उसका ध्यान उनकी बेरोज़गारी और निर्वासन पर जाता है। नेहरू युग के अन्तिम दिनों के मोहभंग से व्याप्त और राजनीतिक विरोधियों द्वारा फैलायी जाने वाली निराशा उनकी ग़ैर-ज़िम्मेदार हरकतें सहानुभूति में बदल जाती हैं और उनका अपना एक कहानी-पाठ सामने आता है। 'हत्यारे' विचारधारा के अनातुर कठोर चित्रण की कहानी है, लेकिन यह कहानी किसी निर्माण या नैतिक सुख या रूप प्रस्तुत करने वाली कहानी नहीं है। 'हत्यारे' के पात्रों की ग़ैर-ज़िम्मेदारी उनसे हटकर कहीं अलग चली जाती है

और वे स्वयं ऐसे शिकार बन जाते हैं जिनसे छूटने या बचने का उनके पास कोई रास्ता नहीं है। समय से अभिशप्त नौजवान पात्र।

समय और पात्रों की समझ रचनाकार को संवेदनशून्य-सा और कठोर बनाती प्रतीत होती है। यह संवेदनशून्यता और कठोरता कौशल या छल है।

भारतीय सन्दर्भ में उपर्युक्त कहानियों का सम्बन्ध विशेष रूप से नेहरू युग की स्थितियों से है। परवर्ती युग में अव्यवस्था है, शोषण है, किन्तु वह निम्न, निम्नमध्य वर्ग, दलितों, नारियों के लिए सर्वथा अवकाश रहित नहीं है। उस युग में ऐसे साहित्यकारों की कमी नहीं थी जो सर्वनिषेध की मुद्रा को आधुनिकता का लक्षण मानते थे। स्वातंत्र्योत्तर भारत सर्वथा प्रगतिहीन या प्रगति की सम्भावनाओं से शून्य नहीं था। पंचवर्षीय योजनाएँ, ज़मींदारी उन्मूलन, बैंकों का राष्ट्रीयकरण, आरक्षण, शिक्षा का प्रसार—इन सबका भी थोड़ा-बहुत अपेक्षाकृत कम ही सही, प्रभाव पड़ रहा था और पड़ रहा है। 'दाज्यू', 'तेवर', 'पंचलैट', 'हलवाहा', 'एक और ज़िन्दगी', 'यह सपना तुम्हारा नहीं' कहानियाँ इस थोड़े-बहुत अवकाश की दस्तावेज़ी गवाह हैं।

अरुण प्रकाश की दो कहानियाँ हैं—'अच्छी लड़की' और 'बहुत अच्छी लड़की'। अच्छा हिन्दी का ऐसा विशेषण है जो अपरिभाषित अर्थ में सर्वाधिक प्रयुक्त होता है कि वह लगभग निरर्थक हो गया है। जिसको कुछ नहीं कहना है, लेकिन नाराज़ नहीं करना है। कामचलाऊ तरीक़े से टाल देना है, उसे अच्छा कह देना है। ऐसे शब्द को विशिष्ट अर्थ देना कहानी में पात्र को विशिष्ट प्रवृत्तियों या ग्रन्थियों से उसकी पहचान बनाना सच पूछिए तो पात्र को समय के साथ पहचानना है। ऐसे पात्र समय के साथी और प्रगल्भ होते हैं। उनकी ग्रन्थियाँ अपने समय की जीवन प्रणालियों और उनकी शर्तों की उपज होती हैं। 'डिप्टी कलक्टरी', 'दाज्यू', 'एक और ज़िन्दगी' के पात्र विशिष्ट समय की पहचान कराते हैं। प्रेमचन्द की 'बूढ़ी काकी' को, भीष्म साहनी की 'चीफ़ की दावत' की वृद्धा के साथ-साथ रखें तो बात साफ़ हो जाती है। 'अच्छी लड़की' लोगों की निगाह में अच्छी लड़की है और वह इसी तरह की अच्छी लड़की बनी रहना चाहती है। वह अपनी उम्र और बढ़ती उम्र की अनिवार्य एवं जायज़ आवश्यकताओं को दबाकर अच्छी लड़की बनी रहती है। वह अड़तीस की हो गयी है और लड़की है। वह मेहनती है और ज़हीन। नौकरी याफ़्ता है। पिता की मृत्यु के बाद माँ के साथ-साथ घर सँभालने में उसने अपने

वर्तमान को होम कर दिया था। अब तो उसके भाई पढ़-लिख गये और नौकरियों में लगे हैं। बस मकान टेलीफून हो जाये। वह तो कार भी ख़रीदना चाहती है। यह सब हो जाये तो शादी कर लेगी। वह बहुत अच्छी लड़की है।

नीलम यानी यह लड़की कथावाचक से बात कर रही थी। उसने शिकायत में कहा, "हाँ, तुम्हारी शादी तो सबसे आख़िर में होगी तब शायद तुम्हारी मम्मी कार्ड देगी।"

"मैं नहीं कह सकता कि इसका असर क्यों ऐसा हुआ, लेकिन वह फ़ोन पर रो रही थी। पहले हिचकियाँ फिर धीरे-धीरे नाक सुड़कना सुनाई देने लगा। मुझे काटो तो ख़ून नहीं। अड़तीस साल की अच्छी लड़की अपनी शादी के कार्ड की बात सुनकर रो क्यों रही है?" इसकी जानकारी ही कहानी की 'अच्छी' को परिभाषित करती है। अच्छाई को व्यंग्य और यातना का सूत्र बनाती है।

नीलम अपने सच्चे मन को छिपाती रहती है। वह दूसरे लोगों की निगाह में अच्छी बनी रहने के लिए अपने से और दूसरों से भी छल करती रहती है। उसके शरीर और मन की ज़रूरत उसकी शादी है और माँ को शादी की जल्दी नहीं, क्योंकि शादी के बाद उसकी नौकरी की तनख़्वाह से परिवार वंचित हो जायेगा। नीलम के अपने मन पर माँ और भाइयों की हित चिन्ता का मन आरोपित है। इसीलिए ज़रा-सी खरोंच लगने पर आन्तरिक वास्तविकता बाहर आ जाती है और वह असह्य ग़ुस्से में आ जाती है। रोने लगती है। खुलकर रोती भी नहीं, फूट-फूटकर रोती है, सुबकती है। अरुण प्रकाश के पाठक इस अच्छाई की नैतिकता पर शक करेंगे। यह कहानी हमारे युग की नयी नैतिकता गढ़ती है। 'अच्छी' की परत उघाड़ती है। नैतिकता जो है, उसके आधार पर गढ़ती है। क्या होता अगर नीलम माँ और भाइयों को मासिक सहायता शादी करने के बाद भी करती। यह भी उसके जूझने का तरीक़ा होता। तब वह स्वस्थ होती, सहज और सुखी भी। संवेदना में वे परसाई के निकट हैं। उनके यहाँ ईमानदारी और सहानुभूति या करुणा पाने की शर्तें कठोर हैं। दूसरों की निगाह में भला मानस बनने के लिए अपनी शारीरिक या भावनात्मक आवश्यकताओं की अनदेखी करना—और अच्छी लड़की कहलाना—नैतिक नहीं है। अरुण प्रकाश के यहाँ ईमानदारी की खरी परीक्षा देकर सकारात्मक पात्र सुखी और सन्तुष्ट होते हैं उनमें एक तरह का नैतिक स्वाभिमान होता है। जैसे 'ना' की फूल सुन्दरी या 'विषमराग' की गूजरी। परिस्थितियों की विषमता से भरसक जूझना उनके पात्रों की सकारात्मकता की अनिवार्य शर्त है।

अच्छी कहलाने के लिए अपने मन से चोरी करना—यह आत्मछल और आत्म-यातना सकारात्मक नहीं है। परसाई के यहाँ ऐसे पात्रों की हँसी उड़ायी गयी है जो करुणा पाने के लिए भीष्म की शरशय्या पर पड़े रहते हैं।

अच्छी लड़की के बिलकुल विपरीत, दुनियादारी में बिलकुल छत्तीस 'बहुत अच्छी लड़की' की नायिका अनिता राव है। कहानी शुरू होती है—"चढ़ते वक़्त कोई सीढ़ियाँ गिनता है क्या?"

यह उद्घाटन वाक्य संस्कृत के सिद्ध नाटककारों के वस्तु निर्देश जैसा है। सीढ़ियाँ अनिता राव चढ़ रही हैं। ऑफ़िस जाने-पहुँचने की सीढ़ियाँ भी और जीवन में ऊपर उठने की सीढ़ियाँ भी। अनिता राव जीवन की हर परिस्थिति को अपने अनुकूल ढाल कर लाभ उठाने में कुशल हैं। वे हिन्दी कहानी की बेजोड़ ग़ैर-रोमांटिक दुनियादार—नये ज़माने की सधी पात्र। कहानी 'बहुत अच्छी लड़की' सधी क़लम से लिखी गयी है। प्रारम्भिक वाक्य से ही प्रकट है। सीढ़ियाँ चढ़िए, सीढ़ियाँ गिनने में वक़्त ज़ाया न कीजिए। सीढ़ियाँ ऊपर चढ़ने के लिए होती हैं और ऊपर पहुँचने के लिए सीढ़ियों को छोड़ते रहना पड़ता है। सीढ़ियाँ छोड़ते हुए ऊपर उठते रहना ही उचित है जिसे अनिता राव प्रतिपादित करती हैं। अपनी पारम्परिक संवेदनाओं में पला हुआ पाठक चौंकता है और आहत होता है। अनिता राव ऊपर पहुँचने की साधना में आत्मतुष्ट, संयत और विकल्पहीन समाधान में स्थित हैं। आप उन्हें खुलकर 'खल' या अवसरवादी नहीं कह सकते। विषम स्थिति में अपने आप को निरन्तर दुखाते रहना सिर्फ़ दुनिया की निगाह में सती सावित्री एकनिष्ठ बने रहने की क्या कोई अनिवार्यता है?

विकास राव की मृत्यु के बाद अनिता के अकेलेपन की त्रासदी, दीपक से सम्बन्ध आगे बढ़ने पर सुषमा से उसकी बातचीत का अंश—कहानी का संवाद हमारे समाज में स्त्री-पुरुष के सम्बन्धों की उत्कृष्ट समाजशास्त्रीय पहचान है। पुरुष के लिए लड़की भविष्य है और औरत अतीत जैसा वाक्य सिद्ध विचारक लिख सकता है—मोना, विकास राव और अनिता की बच्ची पहले वास्तविकता थी अब विकास राव की मृत्यु के बाद 'भावुकता' बनकर रह गयी थी। यह भावुकता अनिता की बाक़ी ज़िन्दगी के लिए अवरोध बन गयी है। अवरोध शब्द कामचलाऊ है। यह भावुकता न अनिता के काम की है और न ख़ुद मोना (बच्ची) के काम की। दीपक से शादी करने के बाद अन्ततोगत्वा अनिता मोना की पूरी माँ नहीं रह जायेगी। वह मोना को बेहद प्यार करने वाले एक सन्तानहीन दम्पती को गोद दे देती है।

वहाँ मोना माँ-बाप का पूरा प्यार पायेगी और दीपक के रूप में वह अपने पूरे जीवन का साथी संरक्षक पायेगी। अकेली ज़िन्दगी का अन्त बुढ़ापा कैसा होगा। असुरक्षित, असहाय—इन सारी बातों को ध्यान में रखकर अनिता निर्णय लेती है। 'कहानी : नई कहानी' में 'नई कहानी' की प्रस्तावना करते हुए नामवर सिंह ने 'समझ' को नई कहानी की संवेदना का आधार माना है। बहुत अच्छी लड़की की 'अनिता राव' इस समझ की प्रतीक पात्र है, लेकिन इस समझदारी-भरे निर्णय में अतीत की स्मृति या कोई दंश नहीं है। क्या यह समझदारी अन्ततः इकहरी नहीं है? ऐसे बेझिझक निर्णय क्या नैतिकता की परिधि में आ सकते हैं! दीपक से शादी करने के पूर्व पहली पत्नी के क्लेम को सुरक्षित कर लेना समझदारी में स्वार्थ की चौकसी का रंग गाढ़ा नहीं हो जाता? अनिता राव के निर्णय का बेझिझकपन पाठक की प्रतिक्रिया में झिझक पैदा करता है—यही शायद आधुनिकता का व्यंग्य है। 'बहुत अच्छी लड़की' की अनिता राव हिन्दी कहानी में अपने तरह की पात्र है और यह पात्र ज़िन्दगी में देखी-सुनी पहचानी है। कल्पना में गढ़ी हुई नहीं, कहानी में पहली बार आयी है अपने लिए नैतिकता का विधान रचते।

बहुत अच्छी लड़की के मन में अपने भविष्य की चिन्ता सबसे ऊपर है। यह अनैतिक नहीं। अपनी बेटी की भी चिन्ता है, किन्तु उसके मन में यह बात कभी नहीं आती कि उसे लड़की को अपने पास ही रखकर जीवन संघर्ष करना चाहिए। उसकी समझदारी इस स्वीकृति में है कि वह समाज-पुरुष समाज के वर्चस्व और लिप्सा में अपने और अपनी बेटी—दोनों के भविष्य को ख़तरे में डाल देगी। देखा जाये तो यह स्वीकृति अरुण प्रकाश की प्रवृत्ति के प्रतिकूल है, किन्तु अनिता राव मुम्बई में रहने वाली उस ज़माने की महिला है जिसे एडवरटाइजिंग की बाज़ारू स्थितियों ने वही नैतिकता रचने को विवश कर दिया है। माँ-बेटी के सम्बन्ध, वात्सल्य को भविष्य चिन्ता की समझदारी ने समेट लिया है। ('जो ज़ख्म गहरा था भर गया वो'—नासिर काज़मी) वह किसी लिजलिजी भावुकता की नहीं—भावुकता को पीछे धकेलकर अपनी जैसी स्थिति में पड़ी हुई नारी के लिए एक रास्ता सुझाती है। इसीलिए बहुत अच्छी लड़की है। अलग से कहने की ज़रूरत नहीं कि स्त्री के लिए यह रास्ता नया बाज़ार ही दे सकता था। 'बहुत अच्छी लड़की' में कहानी की नायिका का बेझिझकपन, पूर्व पत्नी के रूप में 'क्लेम' प्राप्त कर लेने की आतुरता, पूर्व पति और बेटी को छोड़ने में किसी दंश या आघात का न होना, भावुकता से रहित होना नहीं, पारिवारिक भावना से रहित होना है। वह मानसिक द्वन्द्व से रहित पात्र है।

बाज़ारू अपसंस्कृति की प्रबल पात्र जो पुरातात्त्विक, ऐतिहासिक धरोहर को बेचकर या ध्वस्त करके अपने लिए निवास बनाती है।

अरुण प्रकाश निम्न मध्यवर्गीय और निम्नवर्गीय जीवन के विविध रूप उभारते हैं। पात्र व्यथा की भरपूर शिद्दत झेलते हैं। बेरोज़गारी में युवा मित्रों की आत्मीयता के रूप, फटे जूते की कील से पैर में छाला पड़ जाने और रिक्शेवाले को पैसा न दे पाने का संकट, यानी असहनीय तकलीफ़ के बावजूद चलते रहने का कष्ट। और ऐसे में बाबू द्वारा दिया गया तरक़्क़ी का आश्वासन। यह आश्वासन झूठी तसल्ली भी हो सकता है, फिर भी वह निम्न मध्यवर्गीय जीवन में बहुत उल्लास लाता है। जिनको जीवन में उल्लास की छोटे-छोटे सहारों की ज़रूरत होती है, उन्हें ये मिल जाने पर कितना सुख देते हैं। स्वातंत्र्योत्तर भारत में जीवन की स्थितियों और पात्रों की रचना रेणु के यहाँ चमत्कार पैदा करती है। याद कीजिए 'पंचलैट' का पेट्रोमेक्स जला लेने वाला युवक, 'ठेस' का कारीगर। अनेक समकालीन कहानीकारों ने इस तरह की ध्यान आकृष्ट करने वाली कहानियाँ लिखी हैं कि वे आज की कहानी की नयी प्रवृत्ति का संकेत करती हैं।

नेहरू युग के शुरुआती दौर में ही नये निर्माण के दौर में आबादी का व्यापक फेर-बदल होने लगा। नगरों, विशेषकर महानगरों—दिल्ली, मुम्बई, कलकत्ता में ग्रामीण क्षेत्र में नये युवकों को नौकरी, शिक्षा, स्वास्थ्य, आर्थिक योजनाओं, राजनीति में नये अवसर मिलने लगे। वे अपने जैसों को छोड़कर शहर में आ गये, वहीं बस गये। और सुविधाजनक, शिक्षित तथाकथित सांस्कृतिक जीवन, यानी टेलीविज़न, क्रिकेट, अख़बार वाला जीवन जीने लगे और गाँव में अपने जैसों को छोड़कर उनसे सहानुभूति रखने लगे। जो पीछे छूट गया, वह नये साहित्य का विषय बना, रेणु का साहित्य विशेषतः इसी आत्मीय पीछे रह गये लोगों का साहित्य है। यह सम्भावनाशील है। यह विपन्नता में देश की सांस्कृतिक सम्पन्नता को दिखाती है। यह मिथकों, आश्चर्यजनक कथाओं-कहानियों, चमत्कारिक आख्यानों से भरपूर है और जीवन व्यवहार में समायी है। रेणु का ऐतिहासिक रचनात्मक महत्त्व और आकर्षण का आधार यही ग्रामीण जन-जीवन है—नव शहराती दृष्टि से देखा गया।

अरुण प्रकाश मूलतः उद्देश्याग्रही कथाकार हैं। उनके अन्तस् में समाजवादी सामाजिक व्यवस्था है और तदनुकूल सांस्कृतिक-सामाजिक सम्बन्धों का मॉडल है। वह मॉडल वर्तमान की नवीनतम जटिलताओं और उलझनों से जूझता हुआ व्यवहार में आता है। आता ज़रूर है। पात्रों की स्थितियों के चित्रण में कोई भावुकता नहीं—

यथार्थता का निरपेक्ष चित्रण और फिर उसकी परिणति। ज़िद्दी सकर्मकता से संकेतिक करने की प्रवृत्ति। जहाँ यह सम्भव नहीं है जैसे कि 'यह कहानी नहीं' या 'बेला एक्का लौट रही है, वहाँ असहाय सहानुभूति या करुणा सर्जनात्मक चेतना से नये पात्र उभरते हैं। वर्ग विभक्त शोषक शासक व्यवस्था एवं वातावरण में मानवीय परम्परा निःशेष नहीं हो गयी है। स्थितियों में लड़ने के अवकाश हैं। जो कुछ है और जो कुछ बचा है, जो कुछ नया बन रहा है, उसमें जूझने और जूझने से जो सुख, सन्तोष और सार्थकता प्राप्त होती है उसका अवकाश है। उसमें दलित, शोषित, अभावग्रस्त सामान्य व्यक्ति का स्वाभिमान सुरक्षित रह सकता है। ऐसे पात्र और ऐसी कहानियाँ पाठकों की स्वीकृति और प्रशंसा अनायास प्राप्त करती हैं। और वे ऐतिहासिक-सामाजिक संरचना का विश्वसनीय कोई अनदेखा देखा पक्ष भी उजागर करती है।

हम कई लोग—भगवानदास मोरवाल, अजय बिसारिया, क्रान्तिपाल, वेदप्रकाश और नीरज डलहौजी गये। मनमोहन बावा के होटल में ठहरे। रावी नदी देखने की योजना बनी। होटल के ऊपर थोड़ी चढ़ाई पर मनमोहन बावा का निवास था, वहाँ चाय पीने गये। न किसी ने उनसे कहीं जाने के लिए कहा—न उन्होंने कोई बात की। हमारी अनुपस्थिति में वे अकेले कमरे में रहे कई घण्टे। मिलने पर नॉर्मल तरोताज़ा—न अपने से न किसी हमजोली से कोई शिकायत मानो वे भी साथ गये थे ऐसा बर्ताव।

ऐसा नॉर्मल बने रहने के लिए अन्दर की बहुत मज़बूती चाहिए। स्थिति की समझ और दूसरों के मन की भी समझ चाहिए। ऐसी मज़बूती अक्सर बुढ़ापे में भी नहीं आती। अरुण प्रकाश में जो हेकड़ीपन, स्वाभिमान था—हमारे गाँव में जिसे टैचड़ीपन कहते हैं। उसका इस समझ से गहरा सम्बन्ध है। जो है वह है। रो-गाकर क्या करोगे ! क्या होगा ! स्पिनोजा या लीविनित्स ने कहा है कि प्रार्थना करने से कुछ नहीं होता। प्रार्थना से रीझकर ईश्वर अपने नियम नहीं बदलेगा। हाँ, वह सहने की शक्ति ज़रूर दे सकता है। जीवन-भोग की अपार लालसा थी। खा-पी सब कुछ लेते थे, लेकिन बहुत अच्छा खाना-पीना पसन्द करते थे। मैंने एक बार उनके हाथ का बनाया खाना उनके घर पर खाया है। वह स्वाद मछली का मैं भूल नहीं सकता। एक बार होली के दिन पुआ और कटहल की रसदार सब्ज़ी खायी है। याद है।

कई बार गोष्ठियों की तदनन्तर खान-पान गोष्ठी में हमारा साथ हुआ। मैं रात देर तक घर के बाहर नहीं रह पाता। उनका मामला उलटा था। वे आराम से पीते-खाते। फिर हम दोनों को दिलशाद गार्डन ही लौटना होता।

अरुण प्रकाश अपनी सीमित अल्पकालिक जीवन-यात्रा में आजीविका और अपने स्वास्थ्य के लिए जूझते रहे। जूझने के लिए जैसा ज़िद्दी स्वभाव होना चाहिए था, वह उनका था। जानकारी और पढ़ाई इतनी थी–पत्रकार, लेखक थे। इस बुद्धिजीविता के साथ-साथ एक पार्टी वर्कर की कर्मठता और चौकस ज़िम्मेदारी का अहसास भी था। कार्यक्षेत्र में जहाँ मौजूद होना चाहिए था, वहाँ मौजूद होने की निष्ठा भी थी। शारीरिक दुर्बलता उनकी अक्षमता को ललकारती रहती थी और अक्सर वे चुनौती स्वीकार करते थे। फिर पारिवारिक ज़िम्मेदारियाँ थीं। परिवार में वे आदर्श पति और पिता बने रहने की कोशिश करते थे। और जैसा कि स्थितियों में अनिवार्य था। वे कर्तव्य परायण बने रहने की तैयारी करते थे और झुँझलाते-उलवाते रहते थे—कुछ भी हो कभी ऐसा नहीं लगा कि वे निराश होकर बैठ गये हों—आने-जाने, व्यवहार, बर्ताव, मौज लेने में उन्होंने अपनी प्रणाली बना रखी थी।

शहर में आना-जाना प्रायः वे टैक्सी या ऑटो से ही करते थे। अपने लिए टैक्सी वालों और ऑटो वालों को पटा रखा था। मोहल्ले में आने-जाने के लिए रिक्शा। संगी-साथियों के साथ पार्क में इधर-उधर जाना हो तो टालते नहीं, इतना उत्साह दिखाते थे। यह और बात है कि थोड़ी देर चलने में ही साँस उखड़ने लगती। साँस उखड़ने की तकलीफ़ की शिकायत कभी नहीं करते, ठहर जाते। थोड़ी देर रुककर फिर चलने लगते। पिछड़ जाते, लेकिन जहाँ पहुँचना है पहुँचकर ही रुकते। रुकते, साँस लेते रहते और बहस में गप्पबाज़ी में बढ़-चढ़कर पेश-पेश हिस्सा लेने लगते। हाव-भाव ऐसा होता कि किसी को उनसे सहानुभूति रखने या तरस खाने की जुर्रत भी नहीं हो सकती थी। मैं जल्दी लौट आता। वे आराम से खा-पीकर बैठकी में अन्त तक रहते और देर से लौटते। कभी कोई फ़र्क़ नहीं पड़ता। न वे मुझसे और रुकने के लिए कहते न मैं उनसे जल्दी करने के लिए कहता। मुझे अपराधबोध ज़रूर होता।

संघर्ष-आकुल जीवन ने उन्हें अगणित अनुभव और जानकारियाँ दी थीं। राजनीति, साहित्य, होटल उद्योग, फ़िल्म इंडस्ट्री, फ्रीलांस, सरकारी नौकरी जैसे क्षेत्रों का अनुभव था। फिर वे चुपचाप या तटस्थ रहने वाले जीव नहीं थे। अदबदाकर आग्रहपूर्वक जीवन क्षेत्रों का अनुभव प्राप्त करके उन्हें शब्दों में उतारते। उनके साहित्य को पढ़कर लगता है कि लेखक इन पात्रों और उनकी स्थितियों, उनके मानसिक द्वन्द्वों को सीधे तौर पर जानता है। ये लेखक के देखे या सुपरिचित पात्र हैं। बहुशः तो लेखक उनके साथ उनकी मुश्किलों में साथ रहा है, उनका सहभोग्या है। उनकी कहानियों के पात्र और उनकी स्थितियाँ जीवनांश हैं। वे सचमुच झेली गयी हैं। उनकी ग्राह्यता और स्वीकार्यता का यही कारण है।

अरुण प्रकाश ज़िन्दगी और मौत के बीच झूलते रहे थे। हरिनारायण जी ने बताया कि एक बार भोपाल में उनका ऑक्सीजन 10 रह गया था। ज्ञान चतुर्वेदी ने तत्परता से उन्हें बचा लिया। कमला प्रसाद ने सहायता की। हालत बिगड़ती गयी। दिलशाद गार्डन वाला फ़्लैट बेचकर बेटे के साथ आईएफ़एस फ़्लैट में गये। वहाँ सुविधा थी, ऑक्सीजन का सिलेंडर घर में ही रखा रहता। बात उसी उल्लास-उत्साह से करते—स्फूर्ति इस हालत में भी फटी पड़ती। ऑक्सीजन लगी रहती नाक से। बीच में ज़रूरत पड़ने पर अन्दर आकर ख़ुद नली लगा लेते और बातों में लग जाते। जाने लगो तो रोकते और बोलते। जलपान में कोई कमी नहीं। ख़ुद न भी पीते-खाते आने वाले की पूरी ख़ातिर–तवज्जो करते।

इसी दौर में उनकी किताब 'गद्य की बात' की मैंने रिव्यू की। छपने पर उन्हें बताया गया तो प्रसन्न हुए। आने वालों से बार-बार कहते–मेरी किताब की त्रिपाठी जी ने समीक्षा की है। उन्हें किताब अच्छी लगी। और इस हालत में वे लिख नहीं पाते थे—बोलकर सुभाष गौतम से 'व्योमकेश दरवेश' की उन्होंने समीक्षा की। किताब उन्हें अच्छी लगी, लेकिन पुनरुक्तियों के बारे में लिखा—लगता है जैसे बिरयानी के बीच-बीच में कंकड़ आ जाते हों।

अरुण प्रकाश के मित्र उन्हें देखने आते। उनके अच्छे हो जाने की बात करते। एक दिन लीलाधर मंडलोई सपरिवार आये, सरोज जी के साथ। मंडलोई ने अपने हाथ से उन्हें खाना खिलाया। अरुण प्रकाश ऐसी आत्मीयता को उपलब्धि मानते थे। जीवन भर उन्होंने ऐसी कमाई की थी। यही उनकी जिजीविषा का आधार थी। उन्होंने अनेकानेक पारिवारिक और लेखन-योजनाएँ बना रखी थीं। वे विद्यापति पर बृहद् उपन्यास लिखना चाहते थे। लिखना शुरू कर भी दिया था।

इसी अन्तिम बीमारी के दौरान उन्होंने 'गद्य की बात' किताब लिखी। 'उपन्यास के रंग' लिखा। ये किताबें उन्होंने परिश्रम और समझ के साथ लिखी हैं। समकालीन गद्य की विधाओं पर ऐसी सूझ-बूझ के साथ लिखी गयी यह पहली किताब है जो विगत और ऐतिहासिक विकास की दृष्टि से गद्य की विधाओं पर बात करती है। समकालीन लेखकों द्वारा लिखे गये उल्लेखनीय उपन्यासों पर उन्होंने उचित समीक्षात्मक लेखों का दुर्लभ आदर्श रूप प्रस्तुत किया है। अरुण प्रकाश ने कथा क्षेत्र में जो योगदान किया है, उससे कहीं अधिक योगदान की सम्भावना थी।

वे मुझे मानते तो थे ही, मेरी चिन्ता करते थे और मेरी मानसिक, शारीरिक सुरक्षा और सुविधा का भी ध्यान रखते थे। मुझे लिखने की प्रेरणा और आश्वासन

देते थे। उनके साथ बैठकर मुझे यह महसूस होता कि मुझे लिखते रहना चाहिए। लोग अपने से बड़ी उम्र के लोगों से प्रेरणा प्राप्त करते हैं। अरुण प्रकाश मुझे प्रेरणा देते थे। यहाँ तक कि उनकी सम्भावना में मैं अपनी सम्भावना देखता था। उनके जाने पर मुझे निराला की यह पंक्ति अक्सर याद आती है—*मुझ भाग्यहीन का (की) तू सम्बल।*

अरुण प्रकाश अन्ततः विक्षुब्ध परेशान-मिज़ाज रचनाकार और व्यक्ति थे। सामाजिक-आर्थिक स्थितियों की विषमता के कारण उनकी शारीरिक अक्षमता का अहसास उन्हें आग्रही बनाता और अत्यधिक विक्षुब्ध भी करता। इस विक्षोभ को वे अपने लेखन और वैयक्तिक व्यवहार से पाटते रहते होंगे। वह विक्षोभ अपने परिवार और निहायत आत्मीयजनों के बीच कभी-कभी या अक्सर फट भी पड़ता होगा, लेकिन उनका अपना आग्रह, अपनी क्षमता, निष्ठा और ईमानदारी तथा सबसे बढ़कर अपने लेखन स्वीकृति की भी इच्छा रखता होगा। वह कभी-कभी ही, बहुत कम फूटता था, लेकिन यह लोग नोट कर लेते थे।

मैंने यह सब पहचाना। मुझसे उनकी जब भेंट हुई उसके साथ डेढ़ साल के अन्दर ही उन्होंने अपना कहानी-संकलन 'मँझधार किनारे' मुझे समर्पित किया। मैं थोड़ा चकित हुआ। अच्छा तो लगा ही। 'भैया एक्सप्रेस' और 'जलप्रान्तर' का लेखक अपनी रचना मुझे समर्पित करे। वे मुझे बताते नहीं थे, मुझे पता चल जाता कि 'नंगातलाई का गाँव' हक़ अदा न हुआ। नामवर जी पर लिखे गये लेख की वे न केवल प्रशंसा कर रहे हैं, बल्कि इसकी जगह-जगह नोटिस ली जाये, इसका भी प्रयास कर रहे हैं।

मुझसे उन्होंने कभी कुछ नहीं चाहा। उनके जीवन काल में अपनी किताब, 'कुछ कहानियाँ : कुछ विचार' में उनकी कहानी 'भैया एक्सप्रेस' के बारे में 10-12 पंक्तियाँ ज़रूर हैं। उनके समवयस्क अन्य कई लोगों के बारे में ज़्यादा हैं।

वे शायद मेरी निश्चितता से प्रभावित हुए हों। मैं पाठकों को करुणा द्रवित नहीं करना चाहता—मेरी दो पुत्रियाँ हैं उनकी शादी हो चुकी थी। शायद अरुण प्रकाश को लगा हो इनके परिवार में एक पुत्र की ज़रूरत है। अरुण प्रकाश गति, वाणी और लेखन में स्फूर्तिमय—मूल्यों की स्थापना में भरसक व्यस्त, आवश्यकता से अधिक की चिन्ता से मुक्त।

ऐसे युवा रचनाकार की आत्मीयता पाकर मैं धन्य हो उठा।

□□